樵川系列丛书之十

蔡忠明　傅再纯　李军　著

邵武历代进士辑考

西南大学出版社
国家一级出版社
全国百佳图书出版单位

图书在版编目(CIP)数据

邵武历代进士辑考 / 蔡忠明, 傅再纯, 李军著. --
重庆：西南大学出版社, 2024.6. -- ISBN 978-7-5697-
2518-6
Ⅰ.K827=2
中国国家版本馆CIP数据核字第2024MD7574号

邵武历代进士辑考
SHAOWU LIDAI JINSHI JIKAO

蔡忠明　傅再纯　李军　著

选题策划：段小佳
责任编辑：段小佳
责任校对：曾庆军
装帧设计：殳十堂_未氓
排　　版：江礼群
出版发行：西南大学出版社
　　　　　地址：重庆市北碚区天生路2号
　　　　　邮编：400715
经　　销：全国新华书店
印　　刷：重庆市圣立印刷有限公司
成品尺寸：170 mm × 240 mm
印　　张：17.5
字　　数：302千字
版　　次：2024年6月　第1版
印　　次：2024年6月　第1次印刷
书　　号：ISBN 978-7-5697-2518-6

定　　价：98.00元

编委会

主　　　任　叶永青

常务副主任　蔡忠明

副　主　任　兰美香　李友生　罗群荣　薛信遥　肖志平

编　　　委　邓东旭　丁建发　黄长迎　傅再纯　段芹莉

序

科举制是中国帝制时代设科考试、选才任官的制度。它始创于隋,确立于唐,完备于宋,兴盛于明、清两代。科举不只是单纯的官僚选拔考试,还是一项集政治、文化、教育、社会等多方面功能的基本建制,上及官方之政教,下系士人之耕读,使整个社会处于一种循环流动之中,在中国社会结构中起着重要的中介和维系作用。诚如科举学研究专家刘海峰所言:"唐宋以后,科举在当时国家的政治生活和社会结构中占据着中心地位,科举考试成为人文、教育活动的首要内容,是贯穿帝制中国后期的一根制度支柱和文化主脉。科举制不仅对中国隋唐至明清1300年间的政治、教育、社会、文化等各方面具有重大而深远的影响,而且为东亚国家的科举制和西方国家的文官考试制度所借鉴,对当今中国社会的文化教育也还有深刻影响。"

科举考试最高层次的成功者称进士。金榜题名,他们便成为"天子门生",风光无限,恩荣与尊遇自不待言。宋代民间流行的谚语"朝为田舍郎,暮登天子堂",即道出士子进士及第后,其政治身份和社会地位发生的巨变。宋代的宰执、学士、教授、儒林名流、州县长官,多由进士出身。进士的授职迁转速度也远较别途为优。明代中叶以降,"非进士不入翰林,非翰林不入内阁",更加彰显进士出身的优越地位。科举成为寒门子弟跻身士林、猎取官爵、施展抱负的最重要的途径之一。

福建是科举大省，科名鼎盛。特别是两宋时期，随着经济重心和政治重心的逐渐南移，福建的社会经济与文教事业取得长足发展。宋人陈必复言："衣冠文物之盛，必称七闽。"据不完全统计，宋代福建进士人数多达7000余人，约占全国进士的四分之一，名列全国第一。在数千名进士中，涌现出一大批政治家、军事家、科学家、文学家与艺术家，屹立在中华英杰谱系中，令后人引以为豪！

邵武，古称昭武，地处武夷南麓，雄踞闽江上游，系闽西北门户、历史名城。两宋时期邵武儒学兴盛，人文荟萃。宋代地理著作《舆地纪胜》言其地"颇好儒，所至村落皆聚徒教授，有古之遗意"。又云"昭武人喜以儒术相高，是为儒雅之俗；里人获荐登第，则厚赆庆贺，是为乐善之俗"；"儒学之风尤盛，弦诵之风相闻"。南宋时期，邵武的理学异军突起，理学宗师朱熹多次游学其地，他的学友、弟子中多有邵武人，弘治《八闽通志》云："西山得道南之绪，而考亭师友则蒙谷、台溪、云岩、月洲。理学渊源，上接伊洛，比屋弦诵之声，洋洋盈耳，当时号小邹鲁。"

宋代邵武的科举处于巅峰时期，科第蝉联，名人辈出，代表性人物有：矢志报国的一代名相李纲、廉洁奉公的监察御史上官均、博学多才的书学理论家黄伯思、学识渊博的音韵学家黄公绍等人。这些杰出人物都是通过科举跻身进士行列，有的在政坛上发挥重要的作用，有的在文化领域取得出色成就。

进士群体作为中国传统文化精英的代表，受到学术界的高度关注，取得了丰硕的研究成果。然而，既有研究无论是通史著作，还是断代史著作，对于区域性进士群体的研究都相对较少。以福建为例，只有戴显群、方慧编著《福建科举史》对福建省科举进行的全面、系统研究，刘海峰《福建教育史》与多洛肯《明代福建进士研究》等少数著作也有涉及全省进士的讨论。而针对市县一级进士情况的研究就更加薄弱了。就此而言，《邵武历代进士辑考》的出版是一个可喜的突破。在我看来，该书有以下三大特色：

其一，内容丰富，脉络清晰。该书正文五章，紧密围绕"邵武历代进士群体"这一主题，分别考订进士人数、考证登科记录、辑录进士生平事迹。同时，论述科举家族与地理分布、地方教育与科举等重要问题。此外，该书还附录《邵武历代举人名录》《宋代邵武宰辅任期集证》《邵武历代尚书考》三篇文章。可以说，该书既系统地呈现出邵武历代进士群体的总体面貌，又准确地考证了进士人物的仕历及事迹,并且针对进士群体与科举家族的时空分布、科举与地方教育、宰辅与尚书等科举精英人物等主题展开论述。

其二,资料丰富,考证翔实。针对不同文献资料对邵武历代进士的记载不一、真伪难辨的问题,作者做了大量工作。首先是广泛搜集资料,综合利用正史、方志、文集、碑铭、家谱与今人论著等各种资料;其次是对于不同文献资料的记载,考辨真伪,核订异同;最后则是补录遗漏,澄清事实,厘清邵武进士群体的整体面貌。经重新考订,认定邵武历代进士285人(其中29人存疑)。

其三,以古鉴今,经世致用。科举制虽已成历史,但科举研究对于当前的国家治理、人事改革、教育改革与文化复兴,仍然具有借鉴价值。科举制在很大程度上保证了帝制时期官员选拔的相对公平公正。宋代以后,程朱理学逐渐成为科举考试的指导思想,无形地推动了传统道德价值观念的普及。科举制产生了动员全社会学习文化的效果,参与科考的士子和一般民众都心向科举,促进了学校教育和社会教化的普及,提升了民众的文化素质和知识水平。

《邵武历代进士辑考》是邵武市政协原主席蔡忠明同志、文史委傅再纯同志与西南大学李军博士共同撰写的著作。三位同志各尽所长,密切协作,查阅了大量史书、方志、家谱、碑刻,以及与科举相关的文献资料。作者不辞辛劳收集资料、分类摘录、梳理核对,而后分朝代、考仕历、辨真伪、补遗漏。

书成,忠明兄弟问序,对我来说,有多重理由不好推辞;少年时代我就知道福建省有座邵武城。二十岁出头的三叔辞去城市的工作,毅然参加鹰厦铁路建设,后来留在邵武机务段工作,我对邵武这个地方印象特别深刻。没想到,我大学毕业第一个工作地点也在邵武,当时住在药村对面的富屯溪西岸;1969年,邵武建人民会堂,我还去挑过砖。1985年,我在福建师范大学中文系任古代文学教研室主任,邵武市人民政府和福建社科院、福建师大中文系在邵武市举办全国首届严羽学术研讨会,我协助蔡忠义市长、蔡厚示研究员、系主任郑松生教授、副主任齐裕焜教授操持会务,来自全国各地的著名专家学者云集,他们对沧浪亭、诗话楼遗址津津乐道,邵武这座历史文化名城焕发青春。后来,我撰写《福建文学发展史》,阅读了许多邵武文献,我的著作给予李纲、三严(严羽、严仁、严粲)、黄清老、黄镇成等作家、诗人很高的评价。随着年岁增加,阅历增长,近年搜集到的《邵武府志》已有数种,对邵武科举人物、山川地理的知识积累也较从前丰厚，回过头来再看邵武，又增添了更深的热爱。为《邵武历代进士辑考》撰序，也是绝好的一次了解学习邵武历史文化的机会。感谢忠明兄弟等为我提供一次良好的学习机会！

《邵武历代进士辑考》马上问世了，我相信此书对于弘扬中华优秀传统文化，赓续历史文脉，增强文化自信，推动邵武和整个闽北文化的研究都有着极为重要的意义。

陈庆元

福建师范大学文学院原院长、教授、博导

2024年6月

前 言

科举取士是从隋至清的中国社会遴选人才的主要途径,在国家为求人才,在个人为求入仕。长达千余年的科举制度孕育了中国历史上一个独特的社会群体——进士群体。作为科举功名金字塔的顶部建构,进士被视为"天子门生",享受到王朝的特权和社会的尊崇。金榜题名是一件十分光荣的事情。这不仅是个人的成就,对于他的家庭和乡里而言,也是一种荣耀。而进士数量则是研究和衡量一个地区的文化、教育、风俗、吏治等"文明"程度的重要标准之一。因此,广泛搜集、考证、整理、编辑出版地区性历代进士名录,并力求全面、系统、准确地考证进士人物的仕历、事迹,彰显名宦、乡贤的魅力,无疑是当今继承、弘扬中华优秀传统文化的一项基础性工作。这既是当今研究地域文化、乡贤文化的基础,也是增强文化自信、赓续历史文脉,促进、提升地域文化建设的重要前提。

一、邵武历代进士研究的文献综述

邵武进士名录见诸历代方志中的《选举志》。其中福建省志有:明黄仲昭纂《八闽通志》,王应山纂《闽大记》《闽都记》,何乔远编纂《闽书》,清陈寿祺纂《福建通志》,民国陈衍等纂《福建通志》。邵武历代府志、县志,计有15部,其中宋《和平志》、元《武阳志略》、元末明初《武阳志》、明《邵武郡志》、明成化丙申《邵武府志》、明成化甲辰《邵武府志》、清康熙《邵武府志稿》等7部志书已佚。存世有明弘治《邵武府志》（全书25卷，现存9卷）、嘉靖《邵武府志》、万历《邵武府志》、清康熙《邵武府续志》、乾隆《邵武府志》、咸丰《邵武县志》、光绪《重纂邵武府志》、民国《重修邵武县志》。这些地方志均有记载进士人物。从存世的光绪《重纂邵武府志》序中可知，该志吸收了此前佚失的宋元明6部方志内容。

现代全国性断代进士名录，以傅璇琮、龚延明、祖慧所著《宋登科记考》（上下册）和龚延明主编的《宋代登科总录》（全14册）收录的进士名录较为广博翔实。福建省内的研究，如刘海峰著《福建教育史》、戴显群与方慧编著《福建科举史》、多洛肯著《明代福建进士研究》等有对各府县进士人数进行统计。于冉冉《南宋闽北进士研究》、邱海松《宋代闽北地区进士的昌盛及其影响》等硕士论文都有涉及闽北各县（市/区）进士人数，但缺乏完整的名录。福建省地方志编纂委员会编《福建省志·人物志》则只摘取部分知名人物。这些资料因采用的样本不同，统计的进士人数不尽相同。近年来，随着对传统文化的重视，福建不少市县都在整理当地的进士名录，如《泉州历代进士名录》《顺昌历代进士》等等，基本都是摘录其中某部方志的记载，鲜有对本区域历代方志记载的进士进行比对、辨析研究。管窥所及，迄今为止，福建省尚未出版过一本县级历代进士系统考证的专著。

二、本书着力解决的问题

邵武现代文献对本地进士人数有过多种表述，有说188人、251人，甚至有304人，近年文献均表述为271人。查阅历代通志、府志、县志，又发现各方志因资料来源和观点立场的不同，对邵武历代进士的记载取舍有异，不尽相同。若说邵武有多少进士，就要看采用的是哪一本书的资料。近年来，大量历代科举研究文献的出版，电子文献检索手段的多样化，皆为研究邵武历代进士提供了极大的方便。

本书的研究对象是"邵武历代进士"。地域范围以今福建省邵武市的行政区划为重点，古代为邵武县，系明清邵武府治所。邵武历代载有9位武进士，因历代方志将武进士、武举列于选举之末，仅优于杂途，足见于武进士与文进士不可等同视之。因而本书亦以文进士为研究重点,而不将武进士列入邵武进士名录。

本书着力于比对、考辨不同文献资料对邵武历代进士的记载,注明出处、纠正问题、提出疑问,补录遗漏,力图澄清事实,重新考订,厘清邵武进士群体的整体面貌。

(一)定人数

本书通过查阅8部存世历代方志和3部相关文献,统计出邵武市历代进士累计有288人,其中宋进士248人,元进士3人,明进士24人,清进士13人。经甄别、考证,核减12人,依据相关文献补录9人。重新考订后,认定邵武进士为285人。在这285名进士中,有29人存有疑问,尚有待日后作进一步考证。

(二)考出处

本书第二章参照《宋登科记考》体例,撰写小传,注明邵武进士人物在各志书、文献中的记载情况,为今后研究者提供检索方向。志书的记载主要采自"选举"章节,分姓氏按年代排列。宋元明进士引用的文献主要参考《宋登科记考》《元代进士集证》《明代登科总录》。

(三)出校注

校对不同资料的相关记载,结合当地家谱、近代出土的墓志铭等,以"按语"的形式,对进士人物进行补充说明。引用资料以"注脚"加以说明。同一人物在不同文献中有时会有不同的写法,如黄韶,民国《福建通志》作"黄韶";龚伟,民国《邵武县志》作"龚讳"。又如谢锡朋,《八闽通志》、道光《福建通志》、民国《福建通志》作"谢锡朋",而嘉靖《邵武府志》、《闽书》、咸丰《邵武县志》、光绪《邵武府志》、民国《邵武县志》作"谢锡明",乾隆《邵武府志》则作"谢锡期"。还有杜耒写作"杜采""杜来"。其原因也不尽相同,有的系转载抄录错误,有的是排版印刷之误,有的人名本来就有多个写法。因此,本书对于此类情形,均以年代较早的志书为准。

同一个人物有时在不同文献中出现不同的登科时间、不同的贡举类型。如上官彦华出现三个登科时间，三种贡举类型，弘治《八闽通志》作"淳祐十年特奏名"；嘉靖《邵武府志》一作淳祐十年特奏名，一作嘉定十二年乡举；崇祯《闽书》作嘉定十二年进士，且附说明"淳祐十年特奏名"；民国《福建通志》作"嘉定十二年进士"；咸丰《邵武县志》、民国《邵武县志》作"淳祐十年特奏名"。但其"宜黄丞"官名一致。对于这种情况，本书从明代早期志书，记为"淳祐十年特奏名"。

（四）去重复

历代方志包括省、府、县三级方志，同一级方志又有两种以上的不同时代版本，不同方志的进士名录不尽相同。有的志书对同一人物有重复记载现象，这个问题主要出现在对宋进士的记载上。一是同一人物因别名，记作二人，如赵善恭，"初讳善仪"，《八闽通志》《闽书》、道光《福建通志》、民国《福建通志》均重复记作赵善恭、赵善仪二人，实为同一人。二是同一人物不同贡举重复记载，如黄伸，咸丰《邵武县志》、民国《邵武县志》既作嘉祐六年进士，又作嘉祐元年释褐，同一进士名录出现二次。本书对这种情况以年代较早的明代志书为准，记作嘉祐元年释褐。三是疑为转录时抄录错误，如龚杲，作"龚果"；上官损作"上官捐"，其登科年榜相同，本书予以合并。

（五）纠错误

历代方志都有个别讹误之处。一是省志、府志将邵武府其他县进士记作邵武县进士。如建宁县宋进士丘翔，《八闽通志》《闽书》、民国《福建通志》作邵武县进士。嘉靖《邵武府志》作"不载籍"。泰宁县宋进士邹恕，《闽书》作邵武县进士。泰宁县宋进士叶祖武，嘉靖《邵武府志》、民国《福建通志》作邵武县进士。泰宁县明进士黄和，道光《福建通志》、咸丰《邵武县志》作邵武县进士。二是通过碑铭发现方志记载错误。如宋进士上官怡，现存于邵武市和平镇坎下村的《宋正奉大夫上官公神道碑铭》载："(孙男)曰怡，三试礼部未第而□"，当地上官氏家谱所载《宋正奉大夫上官公神道碑铭》亦并未说明上官怡是进士。三是引用资料含糊，不足以证实进士身份。如宋进士吴尚，仅见于光绪《邵武府志》，当地《吴氏族谱》对吴尚的身世也持怀疑态度;宋进士龚华,仅见于民国《福建通志》,《龚氏家谱》无载,《宋登科记考》亦不采纳,其为孤证,本书予以剔除。宋进士龚宝,家谱载为光泽人,无科名。四是将举人列为进士。如宋乡举龚图,民国《福建通志》、《宋登科记考》作邵武县进士;宋乡举龚戈,咸丰《邵武县志》、光绪《邵武府志》作邵武县进士;元乡举龚良彦,咸丰《邵武县志》、民国《邵武县志》作邵武进士。此外,本书不列武进士,如宋武进士龚笃生,《龚氏家谱》载"熙宁六年(1073)武进士,官授右班殿直",移出进士之列。

本书对以上几种情况分别进行甄别、考辨,将明显误载,或不符合本书要求的武进士,予以删减,计12人。

(六)提疑问

地方志为了彰显所在地方的文化教育实力,在记载科举名录时往往倾向于多多益善,尤其是清代志书根据当地家谱的记载,补录了一些宋元进士,其真实性是值得质疑的。本书对存疑进士认定的标准有三条:一是光绪《邵武府志》无载的为存疑进士,有上官泷、上官铭、上官衡孙、上官濂、上官涣申、上官益明、上官文正、上官涣元,这8人嘉靖《邵武府志》载为乡举,民国《福建通志》载为进士。二是《宋登科记考》无载的为存疑进士,有龚伟、龚询、龚国隆、龚敏、龚讽、龚远、龚邦彦、龚钟、龚彦彰、龚棨、龚伸、龚钺、龚昌、龚庆祖、龚戎、龚谯、上官归、上官端义、龚谷,这19人部分方志有载。三是史料记载有含糊矛盾之处的有2人:黄政、黎大忠。

以上29人暂存疑,留待今后考证。

(七)补遗漏

宋进士名录由于年代久远,文献缺失,大部分进士名录逸失,龚延明、祖慧所编著的《宋登科记考》、诸葛忆兵著的《宋代科举资料长篇》都提到宋代进士约11万人,但能够收集到的名录仅有4万余人。康熙《泰宁县志》卷七《选举志》转引邵武旧志的记载云:"宋世科第,此邦最盛。诸氏族人彀者,凡五百人。今考之志集,仅得百九十人。盖十亡其七矣。"光绪《邵武府志》卷十六《选举》亦提及，仅北宋熙宁三年叶祖洽榜"郡中登第者十四人，今逸其半"。可知现存邵武宋代进士名录势必存在缺失。本书根据最近出版的《邵武历代碑铭集录》，补录宋进士5人：朱矩、黄勋、何伟、丘珪、赵汝溴；同时，查找相关文献补录宋进士4人：施宜生、李经、卢熊、上官彦宗，合计9人。

三、邵武历代进士的时空分布

邵武地处闽北山区，在古代属于科举和教育事业比较发达的地区之一。宋代邵武进士家族更多的是集中在一个村落或一个片区，如进士之乡和平里：有上官氏进士64人、黄氏23人、危氏5人、虞氏1人，计93人，占邵武历代进士的40%。名相故里仁泽乡：该区域有"过河三宰相"之称，有南宋抗金名相李纲，南宋第二任宰相黄潜善，尚书右丞（副宰相）黄履。宋代历史文化名人有：兵部尚书黄中，书学理论家黄伯思。其中也不乏祖孙进士朱蒙正、朱致恭等科举世家。理学世家居东乡：如何兑、何镐父子，尤其何镐"朱子敬友之，常造其家，书问无虚月"。吴处厚始居平洒，以《青箱杂记》十卷流传于世，其裔孙吴英在水北莲花山下筑漱玉亭，"尝与朱子讲学其间"。其后世不乏理学名人，吴英之子孙吴昌寿、吴浩，皆从学于朱子。吴炎，拿口固竹人，娶光泽乌洲理学世家李吕之女。吴氏有吴公达、吴默、吴黯、吴點兄弟四人皆举进士，吴思、吴伟明父子进士。从已出土墓志铭看，该族葬地多为勤田（今城郊芹田），但其先世多居东乡。衣冠南渡谢坊村：工部尚书谢源明家族居仁荣乡同福里（今卫闽镇谢坊村），其先世为避"永嘉之乱"，南迁至此，为邵武最早的南迁汉民之一。谢源明一脉祖孙四代4进士，谢鸿、谢份等亦为谢坊人氏，宋代邵武谢氏13人，多与该家族相关。赵宋皇室踞郡城：建炎三年（1129），高宗为防止重演靖康之难皇室被俘的悲剧，将部分宗室迁到福州、泉州及闽北各处。其中，太宗七世孙"善"字辈6进士均居住邵武城区。四海为家龚氏家族：邵武历代方志载有龚氏进士48人，其中宋代45人，元、明、清各1人。邵武、光泽尊龚肃为始迁祖，其第五世龚愈生五子：龚勋、龚慎仪、龚保贞、龚耀卿、龚定言，即仁、义、礼、智、信五房。这五房后裔大多外迁他乡，如仁房龚慎仪之后，龚肃第9—18世有进士9人，迁居苏州一带。信房龚定言也迁往苏州一带，其子龚纪、龚纬名录载在《吴郡志》、乾隆《江南通志》,该房有进士6人,其中龚纪、龚纬、龚经三兄弟皆举进士。而智房一支有进士7人,礼房一支亦有进士多人,则不知迁往何处。

明清进士散落于城乡各处,并没有宋代那种明显的家族聚集地理分布状况。明进士23人,涉及19个姓氏,清进士13人涉及10个姓氏,但追溯每个进士的家世都非富即贵,如,明代徐溥、朱钦、米荣,孔经4人为军籍;黄克谦、谢燫等为官籍;清代黄机、黄彦博父子为官籍。这部分进士主要分布在城区,而纯粹的民籍或匠籍出身的进士仅占1/3。随着人口的流动,外地因官因商落籍邵武的新贵不断产生,到了清代后期,大行捐纳制度,富与贵紧密结合,平民向上流动机会已经大大减少。

州府的治所作为地方的政治中心,有着明显的地理区位因素,往往成为该级政区的经济中心与文化中心。北宋太平兴国四年(979)邵武设军建制,辖邵武、光泽、泰宁、建宁四县,至民国元年(1912)撤府建制,千余年间,邵武县始终是邵武军(路/府)的政治、经济与文化中心,科举人才数量在四县中始终雄踞榜首。以光绪《重纂邵武府志》统计为例,邵武府历代进士400人,其中,建宁县49人,泰宁县44人,光泽县36人,而邵武县达271人,占进士总数的67.8%,超过三分之二,充分显示出府城在政治、经济与文化中心优势。

邵武的进士人才在南平市十个县(区/市)中,位处闽北前列。据《南平地区志》统计,邵武县历代进士人数位列闽北第4名,与建瓯1152人、延平364人相比有较大差距,但与闽北其他县(区/市)相比仍然有较大的优势,而在明清期间位列第二,仅次于建瓯,仍位处前列。

但就福建全省而言,沿海地区的自然条件明显比内陆地区优越。宋、元、明、清四朝邵武军(路/府)进士人数分别为第7、4、8、9名。从排名顺序上看,若不考虑人数较少的元代,邵武历代军(路/府)进士人数基本都排在全省的末位,到清代甚至落后于汀州。这种差异是各地社会经济、教育、学风等综合因素影响的结果,也跟所辖区域范围较小、人口较少、地理位置相对偏僻有关。

四、地方教育与科举成效

科举考试密切依托于学校教育。所谓"科举必由学校",读书与入仕紧密结合在一起。地方文献载,"邵武有学,自宋始也"。宋代邵武兴建了军、县学校和许多书院,儒学人才辈出,扬名海内。其原因大体有二:一方面,邵武社会总体比较安定,长期未受战争破坏。宋仁宗以后,朝廷连续进行了三次大规模的兴学,使天下遍设学校,各地都建立了州(军)学和县学等官学。另一方面是缘于理学的兴起。福建理学始于北宋,繁荣于南宋,延续于元明清三朝。宋代的理学以洛学为主,理学正宗传播者多为闽人,理学渗透到福建文化的各个方面,成为福建文化的核心。宋代邵武的理学也较为发达,如福建理学的主要创始人游酢、杨时都是闽北人,与邵武渊源深厚。游酢是建阳长坪人,也是邵武籍端明殿大学士黄中的母舅;杨时则是将乐人,少年时游学于邵武。理学集大成者朱熹的居住地建阳、武夷山临近邵武,在邵武有众多的友人和弟子,他们在理学的传播过程中,创建了众多的书院、精舍等私学。如名臣黄中创办的蒙谷精舍、理学家何镐的台溪精舍、吴英创办的漱玉亭等讲学场所;地方私学如黄峭家族的和平书院、上官家族的北胜书院、高姓家族的东林书院、杨氏家族的会圣岩等等。官学和私学的普及和发展,促进了地方教育的繁荣。

蒙古人在攻灭南宋,统一中国的过程中,也对福建造成了严重破坏,学校和书院多被破坏和毁灭。加之元代选拔官吏不重儒生,科举迟迟不开,这些都导致元代地方教育的衰落。但是随着局势的稳定,朝廷也开始重视教育,虽然民间办学受到破坏,但官学得到一定程度的重建和修复。

明朝仍然重文轻武,推行科举取士政策,但更强调理学在考试中的重要性,教育和科举考试的内容都以四书、五经为主。作为程朱理学的发源地,福建士人十分热衷钻研理学著作,尤其是《四书集注》,因而在教育和科举各方面都取得了较快的发展。明代邵武的地方教育继宋代之后又进入鼎盛时期,府学、县学不断扩建和完善,从洪武到崇祯年间,府学共有大小31次修缮和扩建,县学修缮19次。

清代教育承接明制,自乾隆后人口暴增,府学已不足以容纳各县生员,因此在明末建造的樵川书院的基础上进行扩建,并将官方公地的租金、寺庙田租补助书院,地方官员也进行多次捐助。清代府学修缮扩建21次,县学修缮22次。与此同时作为启蒙教育的乡村社学、义学、族学不断增加。清雍正二年(1724)邵武乡村东、西、南、北各设社学一所,雍正七年(1729)又设正音书院一所。和平书院也得到重新修建,并由宗族学堂转变为多姓氏捐资筹建的地方性社学。

随着对教育的重视,大的宗族皆有开办私塾学堂。

教育的发展和社会政治、经济、文化的发展密切相关,一个地区教育的发展既是当地经济发展的结果,同时也对当地文化水平的提升起着直接的推动作用。如何加快发展社会经济、文化,让人才脱颖而出,这些历史的经验与教训是值得我们深思的。

五、邵武进士的历史地位

传统方志中都有"人物志",用以记载本地重要人物的生平事迹。这些传记大都采用史志传记体裁,继承了《史记》以来"不虚美,不隐恶"的史家传统精神,歌颂真善美,鞭笞假丑恶,为后世为官者树立了榜样。本书从方志中摘录出94位进士的传记。当中大多数都是爱国爱民、忠于职守、廉洁奉公,对社会发展和历史进步具有推动作用的人物。他们不仅体现了儒家孝悌忠信、礼义廉耻、智勇守节的道德情操,也是中华优秀传统文化的结晶,与当今社会主义核心价值观主张具有高度契合性。

1. 以身许国,忠于职守

宋进士李纲,两宋间著名大臣,忠于国家,奋力抗金,六遭贬谪,不管受到什么打击,报国之心矢志不渝。诚如理学宗师朱熹评价:"(李)纲知有君父而不知有其身,知天下之有安危,而不知身之有福祸,虽以谗间窜斥,屡濒九死,而其爱国忧君之志终有不可得而夺者,是亦可谓一世伟人矣。"宋进士何兑任辰州通判期间,冒死弹劾权贵秦桧,其子何镐劝他等秦桧死后再上奏,何兑说:"万一先死,瞑目有余憾矣"。宋末进士龚老行,看不惯贾似道专权,辞职回乡。德祐二年,率宗族仆人与文天祥部将吕武里应外合,赶走降将黄万石,光复邵武。次年,元兵杀害文天祥,龚老行得知,仰天大恸,绝食七日而死。明进士危行,授乐安知县,奉命巡江,途中病重,坚持巡视,病逝于途中。清进士张冕,任泉州教授时,英军入侵厦门,张冕与当地乡绅招募义勇数百,顽强抵抗外敌入侵。

2.忠贞气节,刚正不阿

如宋进士黄中美,知信德府,期间兵兴盗起,信德城陷落,"官吏多出降,中美誓死不屈"。宋进士朱蒙正是资政殿大学士黄履的外甥,蒙正知茶陵时,因生性刚正不阿,宁愿落职,也不与当权者同流合污。宋释褐龚敏,任闽清县令,有叫朱治的强盗与内侍官勾结,打家劫舍累金巨万,历任官员不能治他。龚敏到任,即将其抓捕归案,朱治托人"致三百金免死",龚敏将其驱出门外,次日"杖杀之,余盗远遁",并将朱治的家产分给贫苦农民,受害之家鼓舞相庆。明进士谢㷫,官拜御史,有凤阳同知贪赃枉法被发现,此人"夜遗百金求免",谢㷫义正辞严地呵斥,依法予以查办。

3.清正廉洁,一身正气

邵武自古就不乏廉洁奉公,甘于清贫的官吏,他们为官一任,两袖清风。如宋进士上官均,官至监察御史、龙图阁待制,"卒之日,家无余资",最后靠朋友的资助才办理了丧事;上官均之子上官愭,知南剑州(今延平)时,秉公办事,不徇私情,临近的邵武乡亲"莫敢诣之者",告老还乡时"俸禄无赢余,抵家,行囊已垂罄矣"。上官家族堪称廉吏世家,因此造就了延绵200余年的科举盛况。宋进士赵善恭,清廉寡欲,到湖北任职时,按惯例旅途"有雇夫钱六千余缗",善恭将该费用"悉归之官"。明进士龚敩,主管盐运,淡泊名利,每个月有剩余的工作经费二千金,分文不取,卸任归乡时"行橐萧然"。明进士王定,官及御史,去世时,儿子王孟荣前往奔丧,检查遗物时,"文卷外萧然无长物"。

4.勤于政事,体恤民情

如宋进士赵善俊,知庐州时,浙江大饥,"善俊设法周恤……凡土著流移,按户均给,而贷以牛种,生者予屋,死者以櫘"。宋进士赵善佐,知赣州,岁值大旱,善佐"节游宴,罢土木,宽诸县逋负,捐市人酒课"。宋进士谢师稷在福建任官期间,"以除弊兴利为己任,时建、剑、邵、汀四郡苦敷盐之弊,师稷按法除之"。宋进士吴炎,任职浙西,"缮筑黄田闸,资民灌溉,治绩为浙西诸郡为最"。熙宁年间,危雍任晋江知县,筑海堤,蓄灌溉,修建拦河坝,引水灌溉良田四千八百顷。宋进士上官损以特奏名授武平县簿,设立庐舍,筹集公粮,"凡贫病之民与行旅无所归者,皆得供养"。清进士黄炅,在兰溪知县任上时,引水入城,防止火患;筑堤疏水,防止水灾。"卒之日,几无以为敛。人称廉吏云。"

5.著书立说,传播学术

如北宋早期进士游烈,受业于胡安国之门,传播理学,邵武人了解理学始于游烈。宋进士、泉州教授吴英与朱熹"相得甚欢",曾邀请朱熹"讲学于莲花峰坞",著有《论语问答》。宋进士叶武子、饶幹、俞闻中都受学于朱子,致力于理学在闽北的传播发展。宋进士黄伯思精通诸子百家、天官地理,好古文奇字,善篆、隶、正、行、章、草、飞白,皆精妙,亦能诗画,编修《九域图志》。宋进士黄公绍博学古今,其《古今韵会》一书是集元代以前字书、韵书的大成之作。元进士、国史编修官黄清老著有《樵水集》《春秋经旨》《四书一贯》,又循循善诱,激掖后进,受业弟子多有成就。

上述的邵武籍进士,他们在外为官,扬正气、正风俗,立德立功立言,造福于民,也赢得了家乡民众的拥戴,将他们崇祀为乡贤,深受后世尊崇,至今仍为邵武乡贤之楷模,值得后人骄傲自豪!

目 录

第一章 邵武历代进士人数考订 ……………001
第一节 概述 ……………002
第二节 宋进士统计 ……………006
第三节 元进士统计 ……………024
第四节 明进士统计 ……………027
第五节 清进士统计 ……………033
第六节 历代武进士 ……………037
第七节 历代进士人数考订 ……………039

第二章 邵武历代进士汇考 ……………051
第一节 宋进士汇考 ……………054
第二节 元进士汇考 ……………103
第三节 明进士汇考 ……………104
第四节 清进士汇考 ……………116

第三章 邵武历代进士生平辑录 ……………121
第一节 宋进士生平辑录 ……………122
第二节 元进士生平辑录 ……………155

第三节　明进士生平辑录 …………………156
第四节　清进士生平辑录 …………………160

第四章　邵武进士家族及地理分布 …………163
第一节　进士家族的姓氏分布 ……………165
第二节　进士家族的地理分布 ……………183
第三节　宋代进士世家的婚姻圈 …………188

第五章　邵武地方教育与科举 ………………191
第一节　古代学校 …………………………192
第二节　科举会馆 …………………………208
第三节　科举牌坊 …………………………210
第四节　科举人才在各区域中的地位 ……213

附录一　邵武历代举人名录 …………………220
附录二　宋代邵武宰辅任期集证 ……………232
附录三　邵武历代尚书考 ……………………243
后记 ………………………………………………255

第一章 邵武历代进士人数考订

科举制度是中国历史上最重要的官员选拔制度。从隋炀帝大业元年（605）建立进士科，至清光绪三十年（1904）明诏废除，科举制度延续了1300年，对中国历史上的政治、教育、社会、文化等各方面都产生了重大而深远的影响。邵武地处福建西北，武夷山南麓，地理环境并不优越，然而历史上登科及第者不绝于书，特别是在两宋时期有"东南小邹鲁"之称。究其原因，实与文教普及和科举盛行密不可分。本章拟据八部地方志中的《选举志》和《宋登科记考》《元代进士集证》《明代登科总录》《明清进士题名碑录索引》的记载，对邵武历代进士人数进行梳理统计，并结合相关文献，在探讨全国及全省科举考试的大背景下，对不同的统计结果进行比对、考订，简析各方志记载的不同之处。

第一节　概述

科举制自隋代创立后，历代相承，不断发展壮大。唐中宗神龙二年（706），长溪（今宁德福安）人薛令之登第，成为开闽进士第一人，标志着闽人科举活动的开始。[①]唐代中后期，福建的科举活动开始活跃，但相比中原地区，福建登科人数并不算多。终唐之世，在近300年中，全国录取进士6642人，而福建有可信史料依据的进士仅56人，且大多集中在福州、泉州、莆田等沿海地区[②]，闽北山区几乎没有登科及第者。

五代十国时期，王审知治闽，奉中原王朝为正朔，没有开科取士。闽中士子需跋山涉水，远赴中原参加科考，因而登第人数较少。按清代陈寿祺《福建通志·选举志》卷一所载，五代福建进士共有14人。光绪《邵武府志》载："闽之进士，始于唐，邵则盛于宋。顾尝考《龚氏家谱》，慎仪父愈、兄勔同登后唐同光进士，慎仪亦举于南唐。"[③]光绪《邵武府志》的编纂者根据《龚氏家谱》的记载，认为

[①] 戴显群、方慧：《福建科举史》"自序"，黑龙江人民出版社，2012年，第1页。
[②] 刘海峰：《福建教育史》，福建教育出版社，1996年，第20、25页。
[③] 邵武市地方志编纂委员会整理：光绪《邵武府志》卷十六《选举》，海峡书局，2017年点校本，第426页。

五代后唐时期龚愈、龚勋、龚慎仪父子三人是邵武历史上最早的一批进士。不过,唐、五代并没有留下任何一榜《登科录》,邵武府志、县志对于进士的记录历来都是"断自宋始",福建省志对邵武府的科举记载亦始于宋,因而,龚愈父子进士登科的说法尚未有确凿的史料支撑。

宋太祖赵匡胤即位后,深鉴五代时期武将专权跋扈之弊,始终强调文治,注重任用科举出身的文臣,使得宋代科举取士人数之多,在中国封建社会的历史上"是空前绝后的"。整个宋朝每年由科举入仕的平均人数是361人,约为唐代的5倍,元代的30倍,明代的4倍,清代的3.4倍。[①]据宋史学者张希清统计与考证:

北宋贡举(包括徽宗朝太学上舍贡士)共开科考试81榜,所取人数有具体记载者为:正奏名进士19595人,诸科16366人,合计为35961人;特奏名进士、诸科合计为16035人。正奏名、特奏名总计51996人。但是,以上统计数字尚有许多残缺。其中正奏名进士缺政和元年上舍及第者。据推算,应缺33人。这样,北宋当共取正奏名进士19628人,诸科16772人,特奏名当为23635人,三者合计则为60035人。

南宋贡举开科取士共49榜,登第人数有具体记载者为:正奏名进士23198人(含新科明法2人),特奏名进士19087人,共计42285人。以上统计数字也有残缺。其中正奏名进士缺四川类省试合格未赴殿试而赐第者(因史料匮乏,难以推算)。特奏名缺14榜,据已有统计数字的每榜平均人数推算,当缺7630人。据此,南宋共取特奏名进士26717人,正、特奏名总计为49915人。这样,两宋贡举所取总人数当为109950人,其中正奏名59598人,特奏名50352人。[②]

到了宋代,随着经济重心的南移,福建的社会经济与文教事业得到长足发展,科第特别兴盛。王应山《闽大记》所录的福建进士为5986人,这还不包括淳祐二年(1242)之后38年间11科所取的进士。关于福建宋进士人数还有一组数据:

美国学者John W.Chaffee(中文名贾志扬)的著作《棘闱:宋代科举与社会》,详细统计了地方志所载宋代全国各地进士数,其中福建共有进士7144名,

---

① 张希清:《论宋代科举取士之多与冗官问题》,《北京大学学报》1987年第5期。
② 张希清:《论宋代科举取士之多与冗官问题》,《北京大学学报》1987年第5期。

占全国进士总数的24.7%,较第二名的两浙东路多出2286名,排名全国第一。①

宋代邵武军的进士人数,根据贾志扬的统计,北宋为107人,南宋88人,合计195人。②刘锡涛《宋代福建人才的地理分布》统计北宋为105人,南宋86人,合计191人。③

具体到宋代邵武县的进士人数,《福建省志·人物志》统计为156人,④该数据应采自道光《福建通志》。然而历代地方志对宋代邵武进士的统计数据并不一致。经核对历代编撰的八部地方志记载,邵武县宋代进士各科人数统计见表1-1:

表1-1 各志书对邵武县宋代进士各科人数统计表(单位:人)

贡举类型	八闽通志	嘉靖邵武府志	闽书	道光福建通志	咸丰邵武县志	光绪邵武府志	民国福建通志	民国邵武县志
正奏名	131	132	145	140	144	151	153	144
释褐科	4	4	4	2	15	16	—	15
特奏名	16	16	14	14	24	24	22	24
年无考	—	40	—	—	13	42	46	13
合计	151	192	163	156	196	233	221	196

注:为方便排版,表格中所引文献均不加书名号,全书统一同。

从列表中可以看到,八部地方志就有7组数据,人数的统计差别非常大,少的为151人,多的为233人。

这种现象不仅邵武是这样,全国也是如此。宋代举行过118榜常科考试,取士总计约11万人,由于年代久远,文献散佚,大部分的登科名录未能保留下来。宋代凭借朱熹、文天祥两大名人得以留下《绍兴十八年同年小录》《宝祐四年登科录》,另有《太平治迹统类》保存了完整的一榜进士登科名录。这三榜登科人数约占两宋总登科人数的1%。⑤龚延明、祖慧等学者经过十余年的努力,

---

① [美]贾志扬:《棘闱:宋代科举与社会》,江苏人民出版社,2022年中译本,第279页。
② [美]贾志扬:《棘闱:宋代科举与社会》,江苏人民出版社,2022年中译本,第279页。
③ 刘锡涛:《宋代福建人才的地理分布》,《福建师范大学学报》2005年第2期。
④ 福建省地方志编纂委员会编:《福建省志·人物志》(上),中国社会科学出版社,2003年,第602-627页。
⑤ 傅璇琮主编:《宋登科记考》"叙例",江苏教育出版社,2009年,第2页。

也才搜集到两宋4万余人登科名录,撰成《宋登科记考》,也就是说至少60%的宋代登科名录或已湮没,或散落在茫茫的史籍中,能够留存至今有名有姓的进士不到40%。《八闽通志》载,邵武府仅熙宁三年(1070)一榜,遗失的进士名录就有70%。①正因为如此,地方志编纂者根据资料来源和观点立场的不同,统计出的结果也不尽相同。

元朝科举的规模小,开科16榜,每榜录取数及总录取数不仅无法与宋、明、清相比,甚至低于金朝。元代登科录只留下《元统元年进士录》一榜,登科名录大多佚失,各志书记载的元代邵武进士有1~2人之差,史料完全可信的仅有黄清老1人。

相比之下,明清进士名录较为清晰完整。一方面,明清以来地方志有连续修撰,史料丰富;另一方面,北京孔庙院内有明清以来的题名碑,其中明代77座,清代118座,另有明洪武十八年(1385)至永乐十年(1412)的10座题名碑在南京国子监,虽然南京国子监的题名碑已毁,但文献保留了碑记。明代登科录留存有大量的文献资料,如《明代进士登科录》《皇明贡举考》《类姓登科考》等,近代有《天一阁藏明代科举录选刊·登科录》《明代登科总录》等,但地方志对邵武明代进士的记载仍有1~4人之差。

清代有《明清进士题名碑录索引》《增校清朝进士题名碑录》,以及近代对这些碑录的研究资料和连续不断的方志记载,因此邵武清代进士名录没有歧义。历代方志及文献对邵武县进士的统计见表1-2:

表1-2 历代志书及文献中邵武县进士人数统计表

朝代	八闽通志	嘉靖邵武府志	闽书	道光福建通志	咸丰邵武县志	光绪邵武府志	民国福建通志	民国邵武县志	明清进士题名碑录索引	元代进士集证	宋登科记考
宋代	151	192	163	156	196	233	221	196	—	—	216
元代	1	1	1	2	3	2	2	3	—	1	—
明代	—	—	20	24	24	23	23	24	23	—	—
清代	—	—	—	13	13	13	13	13	13	—	—
合计	152	193	184	195	236	271	259	236	36	1	216

① [明]弘治《八闽通志》卷五十一《选举·科第·邵武府·宋》(2006年修订本,第1117页):"熙宁三年庚戌,叶祖洽榜,按,本郡有《瑞轩记》,是年郡人登榜者九十有四人,今逸其七。"

完整记载邵武宋元明清四朝进士的地方志有五部,因资料的来源和统计的口径、规则不同,统计数据有很大的差别,其中道光《福建通志》为195人,咸丰《邵武县志》为236人,光绪《邵武府志》为271人,民国《福建通志》为259人,民国《邵武县志》转载咸丰《邵武县志》为236人。

第二节 宋进士统计

宋代科举科目较为复杂,大体包括常科、非常科与恩科三大类。常科也称正科,有进士、诸科、武举;非常科又称特科,指制举、童子科;恩科是科举常科与非常科取士之外的一种补充,包括特奏名和特赐第。因此,宋代进士名目繁多,有正奏名、诸科、释褐科、特奏名等等。

释褐科,"释褐"的本意是脱去布衣而换穿官服,比喻做官或进士及第,入仕为官。咸丰《邵武县志》卷十二《选举》载:"始于宋初,凡以太学生恩赐出身者谓之释褐。"[1]即从太学上舍优等生中考选官员。[2]

特奏名,所谓"特奏名"主要是为了照顾那些在省试或殿试中屡次被淘汰的士人,特赐本科出身,为区别于"正奏名"而称之"特奏名"。咸丰《邵武县志》卷十二《选举》载:"特奏名昉于开宝三年,诏举进士诸科不中,曾经十五举以上者,试论一道,皆赐本科出身。嘉祐以后,南省就试进士,五举年五十;诸科六举年六十;尝经殿试进士三举,诸科五举,虽文不合格,毋辄黜,皆以名闻。"[3]特奏名的出身是皇帝特恩赏赐的,故又称"恩科""恩榜"。经特奏名取得出身的人都年龄较大,因此,特奏名也称"老榜"。按照张希清《论宋代科举取士之多与冗官问题》的统计,宋代特奏名占进士总数45.8%。但是特奏名的任官起点低,且升迁

---

[1] [清]咸丰《邵武县志》卷十二《选举》,1986年点校本,第282页。
[2] 按王安石变法,推行三舍法,即太学生分为外舍、内舍、上舍三舍。初学者入外舍,由外舍升内舍,由内舍升上舍。每月一私试,每年一公试,补内舍生。隔年一舍试,补上舍生(参见《宋史·选举志》三《学校试》)。
[3] [清]咸丰《邵武县志》卷十二《选举》,福建省邵武市地方志编纂委员会,1986年点校本,第281页。

更为艰难,有的特奏名只有虚衔,不予实职。宋朝廷不可能指望这些人成为国家栋梁,更多的是对落第文人的一种笼络和恩典,对这一大批士人的笼络,有利于维护、稳定宋朝的统治。

以下对各志书宋进士人数、贡举种类进行统计分析。

(一)各志书宋进士人数统计分析

(1)明弘治《八闽通志》统计:正奏名131人,释褐科4人,特奏名16人,合计151人。①

(2)明嘉靖《邵武府志》统计:正奏名132人,释褐科4人,特奏名16人。年榜无考者,据该志载"举进士年榜莫考者五人:龚定之、龚震之、龚老行、饶敦仁、饶敦信。前志失收,今考爵里可征者三十五人"②,计40人,其中龚定之、龚震之、龚老行、危无咎4人在咸丰《邵武县志》已明确年榜,合计为192人。

(3)明崇祯《闽书》统计:正奏名145人,释褐科4人,特奏名14人,合计163人③。该志没有将年榜无考的进士列入。

(4)清道光《福建通志》统计:正奏名140人,释褐科2人,特奏名14人,合计156人,④年榜无考者未载入。

(5)清咸丰《邵武县志》统计:"按邵邑科分可征者共一百四十五人",即正奏名145人,另有释褐科15人,特奏名24人,年榜无考者13人,计197人。⑤该志将"黄伸"重复记载,既作元祐元年释褐,又作元祐六年进士。现从明代志书,记为元祐元年释褐,即正奏名为144人,合计196人。

(6)清光绪《邵武府志》统计:正奏名151人,释褐科16人,特奏名24人,年榜无考者42人,合计233人。其年榜无考者据该志载"科分无征而爵里可考者,旧志载六十二人"⑥,这62人中有光泽县1人,泰宁县13人,建宁县6人,邵武县42人。

---

① [明]弘治《八闽通志》卷五二《选举》,2006年修订本,下册,第302-310页。
② [明]陈让:《邵武府志》卷八《选举·进士·宋》,明嘉靖刻本,2004年点校本,第301-357页。
③ [明]何乔远:《闽书》卷一百一十五《英旧志·缙绅·邵武府·邵武县》,福建人民出版社,1995点校本,第3446-3451页。
④ [清]陈寿祺:《福建通志》卷百四十七至卷百五十《宋选举》,清同治十年刻本,影印原书。
⑤ [清]咸丰《邵武县志》卷十二《选举·进士》,福建省邵武市地方志编纂委员会,1986年点校本,第276-282页。
⑥ [清]光绪《邵武府志》卷十六《选举》,2017年点校本,第426-440页。

(7)民国《福建通志》统计：正奏名153人，特奏名22人，年榜无考46人，合计221人。①年榜无考者：龚昊、龚荣正、龚钺、龚伸、危无咎5人在咸丰《邵武县志》中补录了登科年份。龚谷为元进士，误载乡举龚图，该志未将上舍释褐列为进士，但把赵善恭(一名善仪)记作二人。

(8)民国《邵武县志》转载咸丰《邵武县志》，两志进士名录完全一致，即正奏名145人，释褐科15人，特奏名24人，年榜无考13人，计197人，"黄伸"重复记载，合并后实为196人。②

(9)《宋登科记考》记载邵武县进士216人，③其中有登科年份进士171人，年榜无考进士45人。该书主要参考《八闽通志》、嘉靖《邵武府志》、民国《福建通志》。

(二)各志书贡举种类分析

1.正奏名

明弘治《八闽通志》和嘉靖《邵武府志》记载的宋代正奏名进士人数最为接近，分别为131人、132人，《八闽通志》缺危建侯、危梦亨，而嘉靖《邵武府志》缺上官怡，两志正奏名仅一人之差。道光《福建通志》为140人，《闽书》为145人，咸丰《邵武县志》和民国《邵武县志》均为144人，光绪《邵武府志》为151人，民国《福建通志》153人。(见表1-3)

表1-3 宋代邵武县正奏名进士人数统计表

贡举类型	八闽通志	嘉靖邵武府志	闽书	道光福建通志	咸丰邵武县志	光绪邵武府志	民国福建通志	民国邵武县志
正奏名	131	132	145	140	144	151	153	144

2.释褐科

明代三部志书《八闽通志》、嘉靖《邵武府志》、《闽书》对宋代释褐科的记载

---

① [民国]沈瑜庆、陈衍等：《福建通志》卷三三《选举志》，民国二十七年刻本。
② [民国]《重修邵武县志》，民国二十五年刻本，邵武市地方志编纂委员会影印原书，第240-244页。
③ 傅旋琮主编：《宋登科记考》，江苏教育出版社，2009年。

完全一致,均记为4人。道光《福建通志》仅保留北宋嘉祐元年黄履、黄伸2人,未载上官公陟、上官闵。咸丰《邵武县志》、民国《邵武县志》根据《上官氏家谱》《龚氏家谱》补录了释褐科名单,比前志增加11人,为15人,光绪《邵武府志》再补录1人,为16人。民国《福建通志》则未将释褐科记为进士。(见表1-4)

表1-4　宋代邵武县释褐科人数统计表

贡举类型	八闽通志	嘉靖邵武府志	闽书	道光福建通志	咸丰邵武县志	光绪邵武府志	民国福建通志	民国邵武县志
释褐科	4	4	4	2	15	16	—	15

3.特奏名

特奏名大致分两组数据,16或14以及24或22。《八闽通志》和嘉靖《邵武府志》记为16人,《闽书》、道光《福建通志》为14人。咸丰《邵武县志》、光绪《邵武府志》、民国《邵武县志》记为24人,民国《福建通志》记为22人。

表1-5　宋代邵武县特奏名人数统计表

贡举类型	八闽通志	嘉靖邵武府志	闽书	道光福建通志	咸丰邵武县志	光绪邵武府志	民国福建通志	民国邵武县志
特奏名	16	16	14	14	24	24	22	24

虽然宋代特奏名在各志书的记载不一,但主要出自上官氏、龚氏两个家族,与家谱记载基本一致。清咸丰《邵武县志》卷十二《选举》就提到"本郡旧志所登仅上官氏十六人,今于《龚氏家谱》得八人,合之得二十四人汇书之。"①特奏名主要出现在南宋,24个特奏名,北宋仅有上官愉、龚询、龚讽3人。

邵武上官氏、龚氏两个家族为宋代邵武科举世家,有相对多的特奏名可以理解,但并不是说其他家族就没有特奏名进士,而是其他家族缺失宋代家谱资料。龚氏家谱初修于宋,明清之后都有续修。光泽理源《龚氏族谱》载:"我族谱牒之修,自宋元以迄明清可稽者十余次,乾隆丁酉、嘉庆乙亥、同治丁卯、民国六

---

① [清]咸丰《邵武县志》,1986年点校本,第282页。

年历经会修,以嘉庆乙亥为最盛,有廿九支族参修。"①邵武现存的龚氏族谱有光泽牛田《龚氏宗谱》1996年合修本,邵武茅埠《龚氏族谱》六修本,光泽理源《龚氏族谱》十五修本。上官氏也一样,其族谱初修于北宋末建中靖国元年(1101)。而其他姓氏家谱或是初修于明清,或是遗失,或是没有后裔留在邵武,以至特奏名缺失。

4. 年榜无考者

是否记载年榜无考进士,是各志书统计出入较大的主要原因。《八闽通志》、《闽书》、道光《福建通志》概不记载登科年份不明的进士。嘉靖《邵武府志》初次记载"年榜数莫考者40人",需要说明的是这40人指的是邵武府,并没有明确为邵武县,光绪《邵武府志》、民国《邵武县志》基本计入邵武县,而咸丰《邵武县志》则选择性载入"科分无征而爵里可考,旧志载十一人。于本传中得一人。于《宋诗存》得一人。"②合计13人。该志还纠正了旧志年榜无考者的疑误,明确龚伸、龚钺系特奏名,龚昊、龚荣正、危无咎系释褐。光绪《邵武府志》载有"科分无征而爵里可考者,旧志载六十二人",这62人当中除了光泽县1人,泰宁县13人,建宁县6人,邵武县为42人③。民国《福建通志》记载最多,在全盘接收嘉靖《邵武府志》的基础上又增加龚氏7人,合计47人,其中宋进士46人,元进士1人。

五部志书累计记载年榜无考者56人,但各志书又都选择性记载,仅吴季连、黄铸、黄滂、黄沔、危无咎5人五部志书均有记载,而龚谷实为元进士,龚图为乡举。列为年榜无考的龚定之、龚震、龚老行、龚昊、龚荣正、龚钺、龚伸、危无咎计8人,在后志中又补充了登科年份。(见表1-6)

表1-6 宋代邵武县年榜无考进士人数统计表

贡举类型	八闽通志	嘉靖邵武府志	闽书	道光福建通志	咸丰邵武县志	光绪邵武府志	民国福建通志	民国邵武县志
年无考	—	40	—	—	13	42	46	13

---

① 光泽理源《龚氏族谱》,1996年会修谱本,谱存光泽县。
② [清]咸丰《邵武县志》卷十二《选举·进士》,1986年点校本,第281页。
③ [清]光绪《邵武府志》卷十六《选举》,2017年点校本,第436—437页。

八部志书对邵武进士的认定有所不同,同一个人物不同的志书取舍不一。历代志书记载的宋进士名录合计有248人,元进士3人,明进士24人,清进士13人,合计288人。其中宋进士占86.2%,元进士约1%,明进士8.3%,清进士4.5%。

表1-7 各志书(文献)中宋代邵武县有登科年份的进士名录

序号	姓名	进士登科时间	宋登科记考	八闽通志	嘉靖邵武府志	闽书	道光福建通志	咸丰邵武县志	光绪邵武府志	民国福建通志	民国邵武县志	备注
1	黄政	太平兴国八年(983)	√	x	x	x	x	x	√	√	x	
2	龚伟	雍熙二年(985)	x	x	x	x	√	√	x	√		
3	龚识	端拱元年(988)	√	√	√	√	√	√	√	√		
4	龚询	端拱元年(988)	x	x	x	x	√	√	x	√	特奏名
5	龚纬	淳化三年(992)	√	√	√	√	√	√	√	√		
6	黄奭	咸平三年(1000)	√	√	√	√	√	√	√	√		
7	龚纪	咸平三年(1000)	√	√	√	√	√	√	√	√		
8	上官昇	大中祥符二年(1009)	√	√	√	√	√	√	√	√		
9	上官师旦	大中祥符五年(1012)	√	√	√	√	√	√	√	√		
10	龚国隆	大中祥符五年(1012)	x	x	x	x	x	√	x	√	释褐科
11	龚宗元	天圣五年(1027)	√	√	√	√	√	√	√	√		
12	龚会元	天圣八年(1030)	√	√	√	√	√	√	√	√		
13	黄坰	天圣八年(1030)	√	√	√	√	√	√	√	√		
14	危序	宝元元年(1038)	√	√	√	√	√	√	√	√		
15	上官凝	庆历二年(1042)	√	√	√	√	√	√	√	√		
16	黄汝奇	庆历二年(1042)	√	√	√	√	√	√	√	√		
17	虞肇	庆历二年(1042)	√	√	√	√	√	√	√	√		

续表

序号	姓名	进士登科时间	宋登科记考	八闽通志	嘉靖邵武府志	闽书	道光福建通志	咸丰邵武县志	光绪邵武府志	民国福建通志	民国邵武县志	备注
18	高照	庆历六年(1046)	√	√	√	√	√	√	√	√	√	
19	游烈	皇祐元年(1049)	√	√	√	√	√	√	√	×	√	
20	吴公达	皇祐元年(1049)	√	√	√	√	√	√	√	×	√	
21	吴处厚	皇祐五年(1053)	√	√	√	√	√	√	√	√	√	
22	上官汲	皇祐五年(1053)	√	√	√	√	√	√	√	√	√	
23	黄仪	皇祐五年(1053)	√	√	√	√	√	√	√	√	√	
24	危雍	皇祐五年(1053)	√	√	√	√	√	√	√	√	√	
25	黄履	嘉祐元年(1056)	√	√	√	√	√	√	√	×	√	释褐科
26	黄伸	嘉祐元年(1056)	√	√	√	√	√	√	√	×	√	释褐科
27	龚昊	嘉祐元年(1056)	√	×	×	×	√	√	√	×	√	释褐科
28	黄通	嘉祐二年(1057)	√	√	√	√	√	√	√	√	√	
29	上官恺	嘉祐二年(1057)	√	√	√	√	√	√	√	√	√	
30	孙迪	嘉祐二年(1057)	√	√	√	√	√	√	√	√	√	
31	龚仕忠	嘉祐二年(1057)	×	×	×	×	√	√	√	√	√	
32	吴默	嘉祐六年(1061)	√	√	√	√	√	√	√	√	√	
33	黄侑	嘉祐六年(1061)	√	√	√	√	√	√	√	√	√	
34	龚程	嘉祐八年(1063)	×	√	√	√	√	√	√	√	√	
35	吴黯	治平四年(1067)	√	√	√	√	√	√	√	√	√	
36	龚敏	治平四年(1067)	×	×	×	×	√	√	√	×	×	释褐科
37	上官均	熙宁三年(1070)	√	√	√	√	√	√	√	√	√	
38	上官济	熙宁三年(1070)	√	√	√	√	√	√	√	√	√	

续表

序号	姓名	进士登科时间	宋登科记考	八闽通志	嘉靖邵武府志	闽书	道光福建通志	咸丰邵武县志	光绪邵武府志	民国福建通志	民国邵武县志	备注
39	何与京	熙宁三年(1070)	√	√	√	√	√	√	√	√	√	
40	何与狷	熙宁三年(1070)	√	√	√	√	√	√	√	√	√	
41	萧维申	熙宁三年(1070)	√	√	√	√	√	√	√	√	√	
42	孙谔	熙宁六年(1073)	√	√	√	√	√	√	√	√	√	
43	上官彝	熙宁九年(1076)	√	√	√	√	√	√	√	√	√	
44	龚讽	熙宁九年(1076)	×	×	×	×	×	√	√	√	√	特奏名
45	谢浚	元丰二年(1079)	√	√	√	√	√	√	√	√	√	
46	莫表深	元丰二年(1079)	√	√	√	√	√	√	√	√	√	
47	李夔	元丰二年(1079)	√	√	√	√	√	√	√	×	√	
48	黄德裕	元丰二年(1079)	√	√	√	√	√	√	√	√	√	
49	吴思	元丰二年(1079)	√	√	√	√	√	√	√	√	√	
50	上官合	元丰五年(1082)	√	√	√	√	√	√	√	√	√	
51	吴點	元丰五年(1082)	√	√	√	√	√	√	√	√	√	
52	危建侯	元丰五年(1082)	√	×	√	√	√	√	√	√	√	
53	龚远	元丰五年(1082)	×	×	×	×	×	√	√	√	√	
54	上官恢	元丰八年(1085)	√	√	√	√	√	√	√	√	√	
55	上官愭	元丰八年(1085)	√	√	√	√	√	√	√	√	√	
56	朱蒙正	元丰八年(1085)	√	√	√	√	√	√	√	√	√	
57	朱朝倚	元祐三年(1088)	√	√	√	√	√	√	√	√	√	
58	黄邦彦	元祐三年(1088)	√	√	√	√	√	√	√	√	√	
59	危詠	元祐三年(1088)	√	√	√	√	√	√	√	√	√	

续表

序号	姓名	进士登科时间	宋登科记考	八闽通志	嘉靖邵武府志	闽书	道光福建通志	咸丰邵武县志	光绪邵武府志	民国福建通志	民国邵武县志	备注
60	龚邦彦	元祐三年（1088）	×	×	×	×	×	√	√	√	√	
61	龚贶	元祐三年（1088）	×	√	√	√	√	√	√	√		
62	龚夬	元祐六年（1091）	√	×	×	×	√	√	√	×	√	
63	上官怡	元祐六年（1091）	√	√	×	√	√	√	√	√	√	
64	上官恂	绍圣元年（1094）	√	√	√	√	√	√	√	√	√	
65	黄中美	绍圣元年（1094）	√	√	√	√	√	√	√	√	√	
66	吴尚	绍圣元年（1094）	×	×	×	×	×	×	×	×	×	
67	黄潜善	元符三年（1100）	√	√	√	√	√	√	√	√	√	
68	黄伯思	元符三年（1100）	√	√	√	√	√	√	√	√	√	
69	吴伟明	崇宁五年（1106）	√	√	√	√	√	√	√	√	√	
70	谢锡朋	崇宁五年（1106）	√	√	√	√	√	√	√	√	√	
71	谢祖仁	崇宁五年（1106）	√	√	√	√	√	√	√	√	√	
72	朱缶	大观三年（1109）	√	√	√	√	√	√	√	√	√	
73	上官公陛	大观四年（1110）	√	√	√	√	×	√	×	√	√	释褐科
74	上官愔	政和二年（1112）	√	√	√	√	√	√	√	√	√	
75	李纲	政和二年（1112）	√	√	√	√	√	√	√	√	√	
76	季陵	政和二年（1112）	√	√	√	√	√	√	√	√	√	释褐科
77	卢奎	政和二年（1112）	√	√	√	√	√	√	√	√	√	
78	谢如意	政和二年（1112）	√	√	√	√	√	√	√	√	√	
79	上官公绰	政和二年（1112）	√	√	√	√	√	√	√	√	√	
80	上官惕	政和二年（1112）	√	√	√	√	√	√	√	√	√	

续表

序号	姓名	进士登科时间	宋登科记考	八闽通志	嘉靖邵武府志	闽书	道光福建通志	咸丰邵武县志	光绪邵武府志	民国福建通志	民国邵武县志	备注
81	邓邦宁	政和五年(1115)	√	√	√	√	√	√	√	√	√	
82	上官维祺	政和五年(1115)	√	√	√	√	√	√	√	√	√	
83	谢寻	政和五年(1115)	√	√	√	√	√	√	√	√	√	
84	上官致孝	政和五年(1115)	√	√	√	√	√	√	√	√	√	
85	谢喆	政和五年(1115)	√	√	√	√	√	√	√	√	√	
86	朱震	政和五年(1115)	√	√	√	√	√	√	√	√	√	
87	上官闵	政和六年(1116)	√	√	√	√	×	√	×	√	√	释褐科
88	龚钟	政和六年(1116)	×	×	×	×	×	√	√	×	√	释褐科
89	何兑	重和元年(1118)	√	√	√	√	√	√	√	√	√	
90	邓根	重和元年(1118)	√	√	√	√	√	√	√	√	√	
91	上官祝	重和元年(1118)	√	√	√	√	√	√	√	√	√	
92	上官公举	重和元年(1118)	√	√	√	√	√	√	√	√	√	
93	上官阙	重和元年(1118)	√	√	√	√	√	√	√	√	√	
94	上官问	重和元年(1118)	√	√	√	√	√	√	√	√	√	
95	谢诗	重和元年(1118)	√	√	√	√	√	√	√	√	√	
96	上官愉	重和元年(1118)	√	√	√	√	×	√	√	√	√	特奏名
97	上官全节	宣和六年(1124)	√	√	√	√	√	√	√	√	√	
98	谢祖信	宣和六年(1124)	√	√	√	√	√	√	√	√	√	
99	龚麟	宣和七年(1125)	×	×	×	×	×	×	×	×	√	释褐科
100	上官汝明	建炎二年(1128)	√	√	√	√	√	√	√	√	√	
101	张鸿举	建炎二年(1128)	√	×	×	√	√	×	√	√	×	特奏名

续表

序号	姓名	进士登科时间	宋登科记考	八闽通志	嘉靖邵武府志	闽书	道光福建通志	咸丰邵武县志	光绪邵武府志	民国福建通志	民国邵武县志	备注
102	黄章	绍兴二年(1132)	√	√	√	√	√	√	√	√	√	
103	朱邑	绍兴二年(1132)	√	√	√	√	√	√	√	√	√	
104	上官烨	绍兴二年(1132)	√	√	√	√	√	√	√	√	√	
105	龚彦彰	绍兴二年(1132)	×	×	×	×	×	√	√	√	√	
106	黄中	绍兴五年(1135)	√	√	√	√	√	√	√	√	√	
107	谢如圭	绍兴五年(1135)	√	√	√	√	√	√	√	√	√	
108	孙镇	绍兴五年(1135)	√	√	√	√	√	√	√	√	√	
109	龚荣	绍兴五年(1135)	×	×	×	×	×	√	√	√	√	特奏名
110	龚伸	绍兴五年(1135)	×	×	×	×	×	√	√	√	√	特奏名
111	冯谔	绍兴十二年(1142)	√	√	√	√	√	√	√	√	√	
112	龚概	绍兴十二年(1142)	√	×	×	×	×	√	√	√	√	
113	黄彻	绍兴十五年(1145)	√	√	√	√	√	√	√	√	√	
114	上官归	绍兴十七年(1147)	×	×	乡举	进士	√	×	×	×	×	释褐科
115	上官端义	绍兴十七年(1147)	×	×	乡举	进士	√		√	×	√	释褐科
116	谢鸿	绍兴十八年(1148)	√	√	√	√	√	√	√	√	√	
117	谢份	绍兴十八年(1148)	√	√	√	√	√	√	√	√	√	
118	黄璋	绍兴十八年(1148)	√	×	×	×	×	√	√	√	×	
119	朱致恭	绍兴二十一年(1151)	√	√	√	√	√	√	√	√	√	
120	黄永存	绍兴二十四年(1154)	√	√	√	√	√	√	√	√	√	
121	黎太忠	绍兴二十四年(1154)	×	×	×	×	×	√	√	√	×	
122	赵善俊	绍兴二十七年(1157)	√	√	√	√	√	√	√	√	√	

续表

序号	姓名	进士登科时间	宋登科记考	八闽通志	嘉靖邵武府志	闽书	道光福建通志	咸丰邵武县志	光绪邵武府志	民国福建通志	民国邵武县志	备注
123	谢源明	绍兴三十年(1160)	√	√	√	√	√	√	√	√	√	
124	赵善佐	绍兴三十年(1160)	√	√	√	√	√	√	√	√	√	
125	吴英	绍兴三十年(1160)	√	√	√	√	√	√	√	√	√	
126	丘翔	绍兴三十年(1160)	x	√	√	√	x	x	x	√	x	建宁人
127	赵善滂	隆兴元年(1163)	√	√	√	√	√	√	√	√	√	
128	黄遹	隆兴元年(1163)	√	√	√	√	√	√	√	√	√	
129	谢酬酢	隆兴元年(1163)	√	√	√	x	√	√	√	√	√	
130	上官粹中	隆兴元年(1163)	√	√	√	√	√	√	√	√	√	特奏名
131	上官骏	乾道二年(1166)	√	√	√	√	√	√	√	√	√	
132	上官莹中	乾道二年(1166)	√	√	√	√	√	√	√	√	√	特奏名
133	龚宝	乾道二年(1166)	x	x	x	x	x	√	√	√	√	特奏名
134	上官泰亨	乾道五年(1169)	√	√	√	√	√	√	√	√	√	特奏名
135	赵善恭	乾道八年(1172)	√	√	√	√	√	√	√	√	√	
136	赵善侃	乾道八年(1172)	√	√	√	√	√	√	√	√	√	
137	赵善䑩	乾道八年(1172)	√	√	√	√	√	√	√	√	√	
138	任希夷	淳熙二年(1175)	√	√	√	√	√	√	√	√	√	
139	饶幹	淳熙二年(1175)	√	√	√	√	√	√	√	√	√	
140	上官贲	淳熙五年(1178)	√	√	√	√	√	√	√	√	√	特奏名
141	上官伯忠	淳熙五年(1178)	√	√	√	√	√	√	√	√	√	特奏名
142	龚钺	淳熙五年(1178)	x	x	x	x	x	√	√	√	√	特奏名
143	俞闻中	淳熙八年(1181)	√	√	√	√	√	√	√	√	√	
144	吴炎	绍熙元年(1190)	√	√	√	√	√	√	√	√	√	

续表

序号	姓名	进士登科时间	宋登科记考	八闽通志	嘉靖邵武府志	闽书	道光福建通志	咸丰邵武县志	光绪邵武府志	民国福建通志	民国邵武县志	备注
145	黄静夫	绍熙元年(1190)	√	√	√	√	√	√	√	√	√	
146	李东	绍熙元年(1190)	√	√	√	√	√	√	√	√	√	
147	黄大全	绍熙四年(1193)	√	√	√	√	√	√	√	√	√	
148	黄樵	庆元二年(1196)	√	√	√	√	√	√	√	√	√	
149	上官简	庆元二年(1196)	√	√	√	√	√	√	√	√	√	
150	上官泷	庆元四年(1198)	√	×	乡举	√	×	×	×	√	×	
151	上官损	庆元五年(1199)	√	√	√	√	√	√	√	√	√	特奏名
152	上官必克	庆元五年(1199)	√	√	√	√	√	√	√	√	√	特奏名
153	龚云	庆元五年(1199)	√	×	×	×	×	√	√	√	√	特奏名
154	上官铭	嘉泰二年(1202)	√	×	乡举	√	√	×	√	√	×	
155	黄㮚	嘉泰二年(1202)	√	√	√	√	√	√	√	√	√	
156	黄顺之	开禧元年(1205)	√	√	√	√	√	√	√	√	√	
157	龚宗显	开禧元年(1205)	√	√	√	√	√	√	√	√	√	
158	上官衡孙	开禧三年(1207)	√	×	乡举	√	×	×	×	√	×	
159	上官涣酉	嘉定元年(1208)	√	√	√	√	√	√	√	√	√	
160	黄范	嘉定元年(1208)	√	√	√	√	√	√	√	√	√	
161	邹恕	嘉定元年(1208)	×	×	×	√	×	×	×	×	×	泰宁人
162	上官潩	嘉定三年(1210)	×	×	乡举	√	×	×	×	×	×	
163	上官涣申	嘉定三年(1210)	×	×	乡举	√	×	×	×	×	×	
164	龚昌	嘉定三年(1210)	×	×	×	×	√	√	×	√		释褐科

续表

序号	姓名	进士登科时间	宋登科记考	八闽通志	嘉靖邵武府志	闽书	道光福建通志	咸丰邵武县志	光绪邵武府志	民国福建通志	民国邵武县志	备注
165	龚庆祖	嘉定四年(1211)	x	x	x	x	x	√	√	√	√	
166	上官发	嘉定四年(1211)	√	√	√	√	√	√	√	√	√	特奏名
167	杜东	嘉定七年(1214)	√	√	√	√	√	√	√	√	√	
168	杜耒	嘉定七年(1214)	√	√	√	√	√	√	√	√	√	
169	叶武子	嘉定七年(1214)	√	√	√	√	√	√	√	√	√	
170	上官益明	嘉定九年(1216)	√	x	乡举	√	x	x	x	√	x	
171	上官琦	嘉定十年(1217)	√	√	√	√	√	√	√	√	√	特奏名
172	上官昂	嘉定十年(1217)	√	√	√	√	√	√	√	√	√	特奏名
173	上官知方	嘉定十年(1217)	√	√	√	√	√	√	√	√	√	特奏名
174	上官文正	嘉定十五年(1222)	x	x	乡举	√	x	x	x	√	x	
175	上官荣宗	嘉定十六年(1223)	√	√	√	√	x	√	√	√	√	特奏名
176	龚定之	绍定二年(1229)	√	x	√	x	√	√	√	√	√	
177	丁朝佐	绍定二年(1229)	√	√	√	√	√	√	√	√	√	
178	上官涣元	绍定四年(1231)	√	x	乡举	√	x	x	x	√	x	释褐科
179	危梦亨	绍定五年(1232)	√	x	√	√	√	√	√	√	√	
180	龚震之	绍定五年(1232)	√	√	√	x	x	√	√	√	√	
181	上官涣然	淳祐元年(1241)	√	√	√	√	√	√	√	√	√	
182	任尚	淳祐元年(1241)	√	√	√	√	√	√	√	√	√	
183	上官子进	淳祐四年(1244)	√	√	√	√	√	√	√	√	√	
184	上官应琪	淳祐四年(1244)	√	√	√	√	√	√	√	√	√	特奏名

续表

序号	姓名	进士登科时间	宋登科记考	八闽通志	嘉靖邵武府志	闽书	道光福建通志	咸丰邵武县志	光绪邵武府志	民国福建通志	民国邵武县志	备注
185	上官庸	淳祐四年(1244)	√	√	√	√	√	√	√	√	√	特奏名
186	龚厚	淳祐四年(1244)	√	×	×	×	×	√	√	√	√	特奏名
187	上官天锡	淳祐七年(1247)	√	√	√	√	√	√	√	√	√	
188	上官彦华	淳祐十年(1250)	√	√	√	√	√	√	√	√	√	特奏名
189	危昭德	宝祐元年(1253)	√	√	√	√	√	√	√	√	√	
190	吴季子	宝祐四年(1256)	√	√	√	√	√	√	√	√	√	
191	李填	宝祐四年(1256)	√	×	×	×	×	√	×	×	×	
192	黄公立	宝祐四年(1256)	√	×	×	×	×	√	×	×	×	
193	黄公绍	咸淳元年(1265)	√	√	√	√	√	√	√	√	√	
194	危彻孙	咸淳元年(1265)	√	√	√	√	√	√	√	√	√	
195	龚老行	咸淳元年(1265)	√	√	√	√	√	√	√	√	√	
196	龚戎	咸淳元年(1265)	×	×	×	×	×	×	×	×	√	释褐科
197	龚荣正	咸淳四年(1268)	×	×	×	×	×	×	×	×	√	释褐科
198	龚谯	咸淳四年(1268)	×	×	×	×	×	×	×	×	√	释褐科
199	危无咎	咸淳四年(1268)	×	×	×	×	×	×	×	×	√	释褐科
200	林顺豫	咸淳七年(1271)	√	√	√	√	√	√	√	√	√	
201	龚雍	咸淳七年(1271)	√	×	×	×	√	√	√	√	√	
	各志书(文献)合计数		171	151	156	163	156	183	191	180	183	

说明:打"√"为志书有载,打"×"为无载。下同。以上各志书(文献)记载有登科年份的进士计201人。

表1-8 各志书(文献)中宋代邵武县年榜无考进士名录

序号	姓名	宋登科记考	嘉靖邵武府志	咸丰邵武县志	光绪邵武府志	民国福建通志	民国邵武县志	备注
1	严粲	√	×	√	√	×	√	
2	吴约	√	√	×	√	√	×	
3	吴裓	√	√	×	√	√	×	
4	吴羕	√	√	×	√	√	×	
5	吴洵侯	√	√	×	√	√	×	
6	吴君义	√	√	×	√	√	×	
7	吴季连	√	√	√	√	√	√	
8	黄蒙	√	×	√	√	×	√	
9	黄铸	√	√	√	√	√	√	
10	黄滂	√	√	√	√	√	√	
11	黄沔	√	√	√	√	√	√	
12	黄清卿	√	√	×	√	√	×	
13	黄缜	√	√	×	√	√	×	
14	黄茂	√	√	×	√	√	×	
15	黄韜	√	√	×	√	√	×	
16	饶敦仁	√	√	√	√	×	√	
17	饶敦信	√	√	√	√	×	√	
18	饶察	√	√	×	√	√	×	
19	饶金西	√	√	×	√	√	×	
20	饶浚明	√	√	×	√	√	×	
21	叶祖武	√	√	×	×	√	×	泰宁人
22	叶谦之	√	√	×	√	√	×	

续表

序号	姓名	宋登科记考	嘉靖邵武府志	咸丰邵武县志	光绪邵武府志	民国福建通志	民国邵武县志	备注
23	叶绾	√	√	×	√	√	×	
24	叶縩	√	√	×	√	√	×	
25	丁洙	√	√	×	√	√	×	
26	贾应	√	√	×	√	√	×	
27	马康侯	√	√	×	√	√	×	
28	黎确	√	√	×	√	√	×	
29	邹梦德	√	√	×	√	√	×	
30	宁必豫	√	√	×	√	√	×	
31	李廷芳	√	√	×	√	√	×	
32	龚经	√	×	√	√	√	√	
33	龚仲英	√	×	√	√	√	√	
34	龚笃生	√	×	×	×	√	×	
35	龚戈	√	×	×	×	√	×	
36	龚华	×	×	×	×	√	×	
37	龚国章	√	×	√	√	×	√	
38	龚原	√	×	√	√	√	√	宏词科
39	龚煜	×	×	√	√	×	√	
40	龚图	√	×	×	×	√	×	乡举
41	上官端修	√	√	×	√	√	×	
42	上官世京	√	√	×	√	√	×	
43	上官邵史	√	√	×	√	√	×	
44	上官闳	×	√	×	√	√	×	

续表

序号	姓名	宋登科记考	嘉靖邵武府志	咸丰邵武县志	光绪邵武府志	民国福建通志	民国邵武县志	备注
45	危居中	√	√	×	√	√	×	
46	危举	√	√	×	√	√	×	
47	危西仲	√	√	×	√	√	×	
	合计	45	36	13	42	41	13	

说明：年榜无考进士累计出现有56人，其中8人在其他志书中增加了登科年份，1人记为元进士。详情如下：

嘉靖《邵武府志》年榜无考40人，其中龚定之、龚震之、龚老行、危无咎计4人，在咸丰《邵武县志》有登科年份，已移入前表。

民国《福建通志》年榜无考47人，其中龚呆、龚荣正、龚钺、龚伸、危无咎计5人，在咸丰《邵武县志》有登科年份，移入前表；龚谷为元进士，计入第三节《元进士统计》。

合计宋代年榜无考进士47人。

表1-7有登科年份的宋进士计201人，表1-8年榜无考宋进士47人，合计248人。

表1-9　各志书（文献）中宋代邵武县进士合计人数

	八闽通志	嘉靖邵武府志	闽书	道光福建通志	咸丰邵武县志	光绪邵武府志	民国福建通志	民国邵武县志	宋登科记考
登科年份明确进士	151	156	163	156	183	191	180	183	171
年榜无考进士	—	36	—	—	13	42	41	13	45
合计	151	192	163	156	196	233	221	196	216

说明：表1-7至表1-8名录排列以登科时间为序，志书（文献）排列以成书时间为序。

第三节　元进士统计

元朝是中国历史上第一个由少数民族建立的大一统王朝，传五世十一帝，历时98年。从1271年忽必烈定国号元开始，前41年没有开展科举考试，直到皇庆二年(1313)才诏令恢复科举。延祐二年(1315)农历二月举行首次会试，到元朝末选拔16科进士，合计1139人(不含164名国子进士)。元朝科举的规模小，每榜录取数及总录取数无法与宋、明、清相比，甚至低于金朝。但因资料散佚，元进士早已没有完整的名录。①

元朝16科进士，原来是清楚的，都有题名碑，立于北京国子监(孔庙)。明代叶盛《水东日记》记载，阮安督工建太学时，悉取元进士碑，磨去刻字，置之隙地②。孔庙院内题名碑是元皇庆二年开科取士后建立的，记录了元代16科进士名录。到明代又将元代的刻名磨去，刻上本朝进士姓名。清康熙年间，国子监祭酒吴苑掘地时发现三块元代题名碑，至今仅残存两科完整的进士名录，即《元统元年进士录》《辛卯(至正十一年)会试题名记》，这使得元代进士名录纷乱而残缺，后世学者竭尽全力试图重构元代进士名录，仍然不能完整。

2016年出版的沈仁国《元朝进士集证》，作者在认真吸收钱大昕、陈高华、萧启庆、桂栖鹏等人研究成果的基础上，征引了近千种典籍、上万条史料，对史籍所记元进士身份的可靠性做了综合研究与判断。明确了元代各科进士身份可靠者572人，进士身份较可靠者201人，可靠性一般者270人，总计1043人，辨别进士身份疑误者379人。③该书相对全面、准确地再现了大部分元代进士的面貌。

---

① 沈仁国：《元朝进士集证》"前言"，中华书局，2016年，第1页。
② [明]叶盛：《水东日记》卷二八《旧碑石》，中华书局，1980年，第279页。
③ 沈仁国：《元朝进士集证》"序"，中华书局，2016年。

有元一代福建考中进士者,据刘海峰《福建教育史》考证,较可信的进士不足40人。《八闽通志》卷四四至卷五五《选举·科第》记载的元进士36人,而道光《福建通志》卷一五一《选举》记载的是70人,《八闽通志》与《福建通志》记载的人数差别很大,后者几乎是前者的两倍。刘海峰认为《八闽通志》所载元代进士的可信程度更高。其一是《八闽通志》的作者黄仲昭生活在明朝中叶,于成化二十年(1484)至弘治三年(1490)修撰该书,离元代相对较近,所述应较为可信。其二是因为黄仲昭本人手头有一些元代乡试录之类的原始科第资料,所录进士和乡举较为慎重。他不像陈寿祺和陈衍所修《福建通志》那样,凡见郡县地方志载有科名就尽量采录,多多益善,而是有所甄别和选择。[①]

元代福建考中进士的人数相对较少。原因有三个方面:一是科举制与蒙元政府世袭任官制相冲突,不可能通过大规模科举考试选拔官员。二是元朝把中国人划分为蒙古人、色目人、汉人(原金朝所辖北方汉族及其他民族)、南人(原南宋所辖的南方人民)四个等级。元朝每科仅取进士100人,其中蒙古人、色目人、汉人、南人各25人,这种具有民族色彩与区域配额的特点,使得蒙古人、色目人登科相对容易,而汉人,特别是南人则竞争激烈。三是元朝福建没有独立的行省,而是归属江浙行省。江浙行省包括今江苏、浙江、福建的大部分地区,属于南人范围,福建应乡试的举子都必须远赴浙江参加乡试,路途遥远,必然影响考试成绩。

元代邵武县考中的进士有多少呢?通志、府志、县志记载不一。9套地方志(文献)邵武元代进士名录统计见表1-10:

表1-10 各种文献资料中的元代邵武县进士名录

序号	姓名	进士登科时间	八闽通志	嘉靖邵武府志	闽书	道光福建通志	咸丰邵武县志	光绪邵武府志	民国福建通志	民国邵武县志	元代进士集证
1	龚良彦	延祐元年(1314)	×	×	×	乡举	√	乡举	乡举	√	×
2	龚谷	泰定元年(1324)	×	×	×	√	√	√	√	√	×
3	黄清老	泰定四年(1327)	√	√	√	√	√	√	√	√	

---

① 刘海峰:《福建教育史》,福建教育出版社,1996年,第99、104页。

《八闽通志》、嘉靖《邵武府志》、《闽书》、《元代进士集证》记载元代邵武进士为1人，即泰定四年（1327）黄清老。道光《福建通志》记载2人，增加了泰定元年（1324）进士龚谷。咸丰《邵武县志》为3人，再增加了延祐元年（1314）进士龚良彦。光绪《邵武府志》、民国《福建通志》参照道光《福建通志》记载，记为黄清老、龚谷2人，民国《邵武县志》转载咸丰《邵武县志》记为黄清老、龚谷，龚良彦3人。考订如下：

(1)黄清老登泰定四年（1327）进士第是确信无疑的，不仅是历代志书记载完整无缺，还有《元故奉训大夫湖广等处儒学提举黄公墓碑铭》《翠屏集·黄子肃诗集序》《大明一统志》《万姓统谱》《元史类编》《闽中理学渊源考》《新元史》《古今图书集成氏族典》等历史文献的记载。

(2)龚谷为元进士的记载，初见于道光《福建通志》："泰定元年甲子张益榜，邵武路邵武县龚谷，崇文阁学士，见《龚氏家谱》。"[1]咸丰《邵武县志》、光绪《邵武府志》、民国《邵武县志》均有转载，民国《福建通志》记为年榜无考，道光《福建通志》的记载来自《龚氏家谱》，其家谱载："龚谷（贵郎公），讳谷，馆字明伦，千五郎公长子，泰定元年进士，初授翰林院编修，官至崇文大学士。生子二：二郎、四郎。公妣、生殁、葬未详。"[2]《龚氏家谱》没有记载龚谷生卒年份，也没有生平传记。目前能够查找到的历代文献资料，均无龚谷记载，沈仁国所著《元代进士集证》一书也没有体现龚谷的名字。龚谷为泰定元年进士源自家谱之说，并无相关文献资料佐证，姑且存疑。

(3)龚良彦的登科记载最初见于清咸丰《邵武县志》，并且注明"采《龚氏家谱》"，民国《邵武县志》从载。道光《福建通志》、光绪《邵武府志》、民国《福建通志》则记为"乡举"。

咸丰《邵武县志》根据家谱将龚良彦记作"延祐元年进士"是误载。延祐二年（1315）乙卯科是元代进士科的首科，《元史》卷八一《选举一》载："延祐二年春三月，廷试进士，赐护都答儿、张起岩等五十有六人及第、出身有差。"[3]龚良彦不可能在此前的延祐元年就登进士第。实际上延祐元年是举行乡试，其功名为举

---

[1] [清]陈寿祺：《福建通志》卷百五十一《元进士一》，清同治十年刻本，第149页。
[2] 《龚氏家谱》卷六《源流世系》，1996年会修本，谱分存邵武、光泽龚氏宗亲。
[3] [明]宋濂等：《元史》卷八一《选举一》，中华书局，1976年，第2026页。

人,元明善《送马翰林南归序》云:"世祖时颁贡举条例,事未及行。仁宗皇庆二年(1313)十月,定考试程序。十一月,诏行科举。次年(1314)八月,天下郡县举其贤能,英翘之士,被乡荐而会试南宫者百三十五人。"[1]乡试之后第二年延祐二年(1315)才在大都(北京)举行会试,会试后于农历三月七日殿试确定甲次。

龚良彦的举人身份,《龚氏族谱》也可以佐证。家谱载,龚良彦(1264—?)为邵武龚氏第二十三世,尧公之子,万十六公之孙,璜公曾孙。龚良彦传记云:"良彦公聪慧能文,誓不仕元,若为癫狂。领延祐元年(1314)乡荐。次年会试不往,父逼之,挟以俱往。不得已入试,乃于策末书曰:'巢由不臣尧舜,良彦岂仕胡元!'"[2]这里的记载说得很明白,龚良彦参加了会试,其策论末尾写道"良彦岂仕胡元",这对元朝廷而言是大逆不道。据说主试官张履谦折服龚良彦的文采,遂将其卷置于底层,以期遮掩而过,从而免去杀身之祸。因此,咸丰《邵武县志》、民国《邵武县志》关于龚良彦为元进士的记载不可信。

综上所述,元代邵武进士完全可信的1人,存疑1人,应排除1人。

第四节 明进士统计

明朝(1368—1644)是中国历史上最后一个由汉族建立的大一统中原王朝,共传十二世,历经十六帝,享国276年。期间共开科取士89次,产生进士24595人。明代福建科举也甚为成功,由科举脱颖而出者,总数位居全国第四,按人均数居全国第一。明朝仍然施行科举取士政策,但更加强调程朱理学在考试中的重要性,教育和科举考试的内容都以四书、五经为主。作为程朱理学的发源地,福建士人十分热衷钻研理学著作,尤其是《四书集注》,因而在教育和科举各方面都取得了较快的发展,继宋代之后又进入鼎盛时期。

---

[1] [元]元明善:《送马翰林南归序》,载李修生主编《全元文》第24册,江苏古籍出版社,2001年,第288页。
[2]《龚氏族谱》卷一《列祖行略》,1996年会修本,谱分存邵武、光泽龚氏宗亲。

明代登科资料较为丰富，不仅方志有弘治《八闽通志》、嘉靖《邵武府志》、万历《邵武府志》、崇祯《闽书》、乾隆《福建通志》、道光《福建通志》、咸丰《邵武县志》、光绪《邵武府志》、民国《福建通志》、民国《邵武县志》等记载，一手资料还有《明代进士登科总录》《明清进士题名碑录索引》《天一阁藏明代科举录选刊·登科录》《国朝历科题名碑录初集·明洪武至崇祯各科附》等文献，尤其是龚延明、邱进春编著的《明代登科总录》综合了天一阁、北京图书馆及台湾省等相关藏书单位保存的数十种《登科录》《题名碑》，重新考订了明代24595个进士的姓名、户籍和科甲状况，并且给每一个进士作了小传，详载其字、谥、官号，为研究明代进士提供了翔实可靠的史料。

查阅相关文献发现，对明代福建进士人数的统计仍有分歧。何炳棣《明清社会史论》统计，明代福建进士人数为2116名。刘海峰在《福建教育史》一书中，根据陈寿祺等纂《福建通志》卷152《选举·明进士》统计出明代福建进士为2395人，比何炳棣统计的高出200多人。这种情况在地方志当中较为普遍，因为历代进士人物都存在人户分离现象，有的人物具有双籍贯甚至多籍贯。地方志通常将已入他省籍的进士或举人重复地列入本省方志，而外省入籍本地的又理所当然地列入本省，这就导致了地方志所载的科举名录往往比其他史书中的要多，不仅明代如此，宋代、清代的进士统计亦是如此。

明代中叶，邵武府科考成绩大大衰微，连续几科一人未中的情况也有发生。细究之，明中期以后海上贸易的兴起，城乡商贸活跃，沿海经济进入发达阶段，而地处武夷山之南的邵武，延绵数百公里的武夷山脉将福建与江西、浙江隔开，山区丘陵地带，交通不便。在海洋经济发达的明代，地理位置制约了邵武府经济和教育的发展。另一方面，正统年间，建宁府发生的邓茂七、叶宗留起义，波及闽北，社会经济遭受很大的破坏，文教设施也随之倾毁，也造成了科举人才的锐减。终明一代，福建科举最盛皆为沿海四府，如泉州、莆田县和仙游县是明代前期福建人文最鼎盛的地区。

近代学者对邵武府明代进士人数的统计也有不同观点。刘海峰《福建教育史》根据陈寿祺等纂《福建通志》统计出明代邵武府进士人数为38名，其中邵武县21名，光泽县3名，泰宁县7名，建宁县7名。[1]叶可汗《明代福建进士家族研

---

[1] 刘海峰：《福建教育史》，福建教育出版社，1996年，第161页。

究》统计邵武府进士33名,其中邵武19名,光泽2名,泰宁5名,建宁7名,①多洛肯《明代福建进士研究》统计,邵武府进士39名,其中邵武20名,光泽4名,泰宁7名,建宁8名。②这些资料引用的样本过于单一,甚至没有去核对《明清进士题名碑录索引》。

另外对明代邵武进士籍贯的认定也有不同的观点。如,多洛肯《明代福建进士研究》认为万英是莆田人,"《碑录》作顺天府顺义县民籍福建莆田人。《登科考》作顺天府顺义县籍福建邵武县人。《闽书》不见载。嘉靖《邵武府志》作邵武府人,中应天乡试,显误。"③这个理解也未必正确。《天一阁藏明代科举录选刊·弘治十五年进士登科录》记载"万英,贯顺天府顺义县。民籍。福建邵武县人。"④

表1-11 各志书(文献)中的明代邵武县进士名录

序号	姓名	年榜	闽书	道光福建通志	咸丰邵武县志	光绪邵武府志	民国福建通志	民国邵武县志	明清进士题名碑录索引	明代登科总录
1	周文通	洪武十八年(1385)	√	√	√	√	√	√	√	√
2	吴言信	洪武二十四(1391)	√	√	√	√	√	√	√	√
3	花润生	永乐二年(1404)	√		√	√	√	√	√	√
4	刘永贤	永乐二年(1404)	√		√	√	√	√	√	√
5	黄埜	永乐二年(1404)	√		√	√	√	√	√	√
6	王定	永乐二年(1404)	√		√	√	√	√	√	√
7	吴禔	永乐二年(1404)	√		√	√	√	√	√	√
8	官琚	永乐十三年(1415)	√	√	√	√	√	√	√	√
9	李得全	永乐十三年(1415)	√	√	√	√	√	√	√	√

---

① 叶可汗:《明代福建进士家族研究》,辽宁师范大学硕士学位论文,2012年,第40页。
② 多洛肯:《明代福建进士研究》,上海辞书出版社,2004年,第259页。
③ 多洛肯:《明代福建进士研究》,上海辞书出版社,2004年,第197页。
④ 龚延明主编,邱进春点校:《天一阁藏明代科举录选刊·弘治十五年进士登科录》(点校本),宁波出版社,2016年,中册,第134页。

续表

序号	姓名	年榜	闽书	道光福建通志	咸丰邵武县志	光绪邵武府志	民国福建通志	民国邵武县志	明清进士题名碑录索引	明代登科总录
10	曾真保	永乐十九年(1421)	√	√	√	√	√	漏登	√	√
11	龚敦	正统元年(1436)	√	√	√	√	√	漏登	√	√
12	徐溥	正统十三年(1448)	√	√	√	√	√	漏登	√	√
13	谢镰	景泰二年(1451)	√	√	√	√	√	漏登	√	√
14	朱钦	成化八年(1472)	√	√	√	√	√	漏登	√	√
15	孔经	成化十七年(1481)	√	√	√	√	√	漏登	√	√
16	危行	弘治十五年(1502)	√	√	√	√	√	漏登	√	√
17	万英	弘治十五年(1502)	×	√	√	√	√	漏登	√	√
18	米荣	嘉靖十一年(1532)	√	√	√	√	√	漏登	√	√
19	何廷钰	嘉靖二十九年(1550)	√	√	√	√	√	漏登	√	√
20	何廷锦	嘉靖三十五年(1556)	√	√	√	√	√	漏登	√	√
21	黄克谦	万历二十六年(1598)	×	√	√	√	√	√	√	√
22	黄和	万历三十二年(1604)	×	√	√	×	×	漏登	×	×
23	陈之美	万历四十七年(1619)	√	√	√	√	√	√	√	√
24	何望海	天启二年(1622)	×	√	√	√	√	√	√	√
合 计			20	24	24	23	23	24	23	23

资料分析情况如下：

(1)《闽书》统计为20人，其中万英、黄克谦、黄和、何望海4人未统计在内。万英、黄克谦可能是因为有双户籍情况，万英"永乐间，伯父光祖官顺义，因占籍中应天乡试。"①黄克谦，《明清进士题名碑录索引》载："随父中浙江乡试，历浙江杭州府仁和县，落籍钱塘。"这两人在他省也有统计。

① [清]光绪《邵武府志》卷十六《选举》，2017年点校本，第445页。龚延明主编，邱进春点校《天一阁藏明代科举录选刊·弘治十五年进士登科录》(点校本)载："(万英)曾祖父光祖，官经历。"(2016年，中册，第134页)

黄和为泰宁人，《万历三十二年进士登科录》载："黄和，贯山东沂州卫军籍，福建邵武府泰宁县人。"何望海有可能是漏登，何乔远编撰《闽书》初稿修于万历四十年至万历四十四年（1616），天启二年（1622）进士何望海当然不可能登载，尽管崇祯元年（1628）至二年（1629）何乔远对《闽书》作了订补，但仍有漏登何望海的可能。

（2）道光《福建通志》、咸丰《邵武县志》记为24人，将泰宁人黄和记为邵武县人，是为误载。

（3）光绪《邵武府志》、民国《福建通志》记为23人，剔除了万历三十二年（1604）进士黄和。

（4）民国《邵武县志》卷十五《选举志·明进士》前言说明"邑登进士者凡二十四人"，但具体名录只载明11人，漏登了13人，该志亦将黄和记为邵武县人。

各志书、文献所载的明代邵武进士也存在名字写法不同的问题。如咸丰《邵武县志》黄埜作"黄野"；道光《福建通志》、民国《福建通志》官琚作"官驹"，李得全作"李德全"。本章统一采用早期志书《八闽通志》、嘉靖《邵武府志》和题名碑的写法。进士名录中，有的籍贯有不同说法，如邵武人谢㷫，《闽书》"谢"下注云："台州人，寓居邵武"，《登科考》作浙江临海县人，《碑录》作浙江台州府临海县民籍。这些问题在第二章《邵武历代进士汇考》附加说明。

表1-12 《明清进士题名碑录索引》所载明代邵武县进士登科情况

序号	姓名	登科时间	名次	备注
1	周文通	洪武十八年（1385）	第二甲第102名	一名达孙，官至给事中，能诗。
2	吴言信	洪武二十四（1391）	第一甲第3名	初授翰林院编修。官至监察御史。"靖难"兵起，不知所终，或谓其举家死难云。
3	花润生	永乐二年（1404）	第二甲第91名	字蕴玉，知古田、太和县，迁浙江市舶司提举，擢按察司佥事，转提督江浙学政。有《介轩集》。
4	刘永贤	永乐二年（1404）	第三甲第49名	官至贵州布政司左参政。
5	黄埜	永乐二年（1404）	第三甲第330名	历江西万载、彭泽县、湖南宁远县知县。
6	王定	永乐二年（1404）	第三甲第110名	字彦文。除行人，以贤能加御史，遣往辽东巡点军务。

续表

序号	姓名	登科时间	名次	备注
7	吴禔	永乐二年（1404）	第三甲第136名	字伯祯。历任江西按察司佥事。
8	官琚	永乐十三年（1415）	第三甲第108名	官至户部郎中。民籍。
9	李得全	永乐十三年（1415）	第三甲第229名	官河南道监察御史，巡按三省有赞声。民籍。
10	曾真保	永乐十九年（1421）	第三甲第144名	字文鼎。授浮梁知县，以清慎称。工诗词，有《樵溪渔叟集》一卷。
11	龚敩	正统元年（1436）	第三甲第40名	字时敏。慎仪十九世孙。初授户部主事，历户部郎中，升长芦都转运盐使司运使。民籍。
12	徐溥	正统十三年（1448）	第二甲第8名	官至御史。军籍。
13	谢爆	景泰二年（1451）	第三甲第74名	字世彰。浙江台州临海人，随父教官邵武府训导，家邵武，初授湖广道监察御史，官至广东左参政。
14	朱钦	成化八年（1472）	第三甲第34名	字懋恭。授宁波推官，擢监察御史，累迁浙江按察使、湖广布政使，终官右副都御史巡抚山东，军籍。
15	孔经	成化十七年（1481）	第三甲第180名	官南京户部主事。军籍。
16	危行	弘治十五年（1502）	第三甲第32名	字世隆。授乐安知县，擢监察御史。
17	万英	弘治十五年（1502）	第三甲第128名	字子俊。永乐间，伯父光祖官顺义，因占籍中应天乡试，官至池州知府。
18	米荣	嘉靖十一年（1532）	第三甲第23名	字仁夫。除太平府推官，补铜陵县，擢兵部主事，以参将致仕归。著有《艮所文集》。军籍。
19	何廷钰	嘉靖二十九年（1550）	第三甲第2名	字润夫。初授中书舍人。选云南道御史，降高邮州判官，罢归。
20	何廷锦	嘉靖三十五年（1556）	第三甲第59名	字实夫，号蒙泉。初授武进知县，调益都县，致仕。匠籍。
21	黄克谦	万历二十六年（1598）	第二甲第27名	随父中浙江乡试，历知浙江杭州府仁和县，累官至广东参政。
22	陈之美	万历四十七年（1619）	第三甲第26名	字日章，一字绅存。初授户部主事，提督通州仓场，迁按察司副使。所著有《仕学窥集》。民籍。
23	何望海	天启二年（1622）	第三甲第167名	官揭阳知县，博学有文名。民籍。

甲次名次资料来源：朱保炯、谢沛霖：《明清进士题名碑录索引》，上海古籍出版社，1963年。

综合崇祯《闽书》、道光《福建通志》、咸丰《邵武县志》、光绪《邵武府志》、民国《福建通志》、民国《邵武县志》六部地方志之《选举志》的统计结果,并与《明清进士题名碑录索引》《明代登科总录》进行核对,明代邵武进士应为23人。

第五节 清进士统计

清代科举考试,上承明制。"每三年会试直省举人于京师,中式者曰贡士,得赴殿武,乃分甲第称进士焉。三年正科而外间开恩科。总计自顺治三年(1646)开科迄光绪三十年(1904)科举停止,正恩凡一百一十二科,得进士二万六千七百四十七人。有清一代,卿相督抚半由甲科出身,而学者亦辈出其间。国家治乱,学术盛衰,实深系之。"①清代仍然跟前朝一样,朝野皆以科名为荣,追求中举及第成为社会的普遍风尚。

据何炳棣统计,清代全国共有26747名进士,其中福建省1399名。在全国各省中排名第八,比明代在全国排名第四已下降了不少,绝对数也不如明代。②虽然清代福建科举在全国的地位已有所下降,但仍然是一个科举大省。若计算每百万人口中进士数,福建省有117名,在全国排名与河北省并列第二。由此可见福建的文化发达水平在全国仍然名列前茅。③

清代距今并不久远,历史文献比较丰富,地方志记载翔实。清代以来,邵武纂有康熙《续邵武府志》、乾隆《邵武府志》、咸丰《邵武县志》、光绪《邵武府志》、民国《邵武县志》,其《选举志》均有记载进士名录,康熙、雍正、道光的《通志》亦有详载。清代邵武府考中30名进士,其中邵武县13人,光泽县8人,泰宁县1人,建宁县8人。邵武县进士占比43%,仍然凸显邵武作为府治所在地在政治、经济和文教上的优势。

---

① 房兆楹、杜联喆合编:《增校清朝进士题名碑录》,哈佛燕京学社,1941年,第1页。
② 何炳棣著,徐泓译注:《明清社会史论》,中华书局,2019年,第290页。
③ 刘海峰:《福建教育史》,福建教育出版社,1996年,第218页。

清代邵武县第一个进士出在顺治四年(1647),最后一个进士是在道光六年(1826)。179年间考取进士13人,平均约14年出一个。最多的阶段是嘉庆七年(1802)到嘉庆十六年(1811),这9年间有4人登进士第,占清代进士总数近三分之一。嘉庆以降邵武县中举人数占四县中的比例已经没有优势,甚至达不到平均数。从1827年到1904年科举废止77年间,邵武再也没有出过进士,举人也仅有15个。这种局面的出现可能与咸丰至同治年间太平天国运动对地方教育的破坏有关。李景铭《闽中会馆志》卷一《邵武会馆》"规约"就谈到"咸、同兵灾后,文教衰微,甲第颇鲜"。丁梅岩"馆志序"也说"咸、同间,洪、杨构乱,邵属兵燹者数回,邵(武)、建(宁)受害尤烈,由是文风浸衰"[①]。坐落北京,在正阳门外,东草厂二条胡同的邵武(府)会馆,为邵武人黄克谦创建于明万历丙午年(1606),是专门给邵武府举子进京赶考而设立的科举会馆。乾隆时,"人文蔚起,驻京者众",到清中叶后,"遭洪杨变乱,境地萧条,文风衰歇,故人都者寥若晨星,风雨飘摇,馆屋遂多倾圮"[②]。没有进士登第,当然是入京应试的举人太少,以致这个科举会馆濒临倒塌。

1857—1858年太平天国军队三度入境邵武,对邵武的文化教育产生严重的冲击,但是这种影响波及南方17省,并非仅邵武受到影响。归根结底还是经济上的衰退,邵武地处武夷山之南,为山区丘陵地带,交通不便,在海洋经济发达的年代,制约了经济和文化教育的发展。

表1-13 《增校清朝进士题名碑录》所见清代邵武县进士登科情形

序号	姓名	登科时间	名次	备注
1	黄机	顺治四年(1647)	第二甲第27名	随父克谦中浙江乡试,居浙江钱塘县。累官大学士,吏部尚书
2	冯可参	顺治十八年(1661)	第三甲第250名	字兼三,除知郯城县,以亏损驿马罢
3	黄彦博	康熙三年(1664)	第三甲第8名	黄机子
4	吴震	康熙十二年(1673)	第三甲第91名	字惊百

---

① 李景铭撰:《闽中会馆志》卷一《邵武会馆》,1943年铅印本,国家图书馆藏,第8页。
② 李景铭撰:《闽中会馆志》卷一《邵武会馆》,1943年铅印本,国家图书馆藏,第10页。

续表

序号	姓名	登科时间	名次	备注
5	黄炅	雍正八年（1730）	第三甲第247名	字光远，华衮长孙。历任常山、兰溪、仁和知县，终太湖同知
6	叶为舟	乾隆十年（1745）	第三甲第200名	字济川，历任蕲水、汉川知县，有能声
7	罗均	乾隆二十五年（1760）	第二甲第50名	字彦卿，试长乐、松滋知县，补麻城，以事去，再补德兴
8	黄利通	乾隆四十三年（1778）	第三甲第26名	字资万，号顺庵。历官延平、汀州教授
9	魏德畹	嘉庆七年（1802）	第二甲第54名	历官广东西宁知县、湖南靖州知州
10	龚正调	嘉庆七年（1802）	缺	官刑部奉天司员外郎。光绪志载"先由举人捐刑部员外郎"
11	杨兆璜	嘉庆十六年（1811）	第三甲第111名	字渭渔，号古生。官浙江金华令，后历任广西柳州府、直隶广平府知府
12	梅树德	嘉庆十六年（1811）	第三甲第141名	字务滋，号铁崖。官浙江西安令，有循声
13	张冕	道光六年（1826）	第三甲第88名	字繁露，号盅轩。历官泉州府、建宁府教授

甲次名次资料来源：房兆楹、杜联喆合编：《增校清朝进士题名碑录》，哈佛燕京学社，1941年。

清代13个进士，黄姓4人。其中黄机、黄彦博为父子关系。黄机"随父克谦，中浙江乡试，累官大学士、吏部尚书"[1]。黄机的父亲是明万历二十六年（1598）进士黄克谦，历浙江杭州府仁和县，累官至广东参政。坐落在北京正阳门外的邵武会馆，有会馆创始人黄克谦所撰的《邵武会馆创始志》碑文，碑文载："胜国时，愚始祖与戎马从龙起家邵阳，随沂而南航，遂世阀阅，迨余历仕……"[2] 由此可知，这支黄氏是元代由山东迁邵武，明朝末年，黄克谦任官杭州府仁和县，其子孙随父任官迁居杭州钱塘。清初，黄机"随父克谦，中浙江乡试"，祖孙三代登进士第。黄机、黄彦博又为浙江钱塘籍，其墓葬亦在钱塘。

---

[1] [清]咸丰《邵武县志》卷十二《选举·清进士》，1986年点校本，第284页。
[2] 李景铭编撰：《闽中会馆志》卷一《邵武会馆》，1943年铅印本，国家图书馆藏，第6页。

黄昃为和平黄峭后裔,雍正八年登进士第,他的祖父黄华衮为康熙甲子举人。

黄利通是邵武哪一支黄氏尚不明确。邵武黄峭支《黄氏族谱》对清代世系的记载比较清晰,但没有关于黄利通的记载。光绪《邵武府志·文苑》载:"黄利通,字资万,号顺庵。少读书旧渠村。"①旧渠在哪里?该地名今已无从查找。邵武水北镇四都村有新渠自然村,既有新渠或许会有旧渠,尚需考证。

龚正调祖籍地是拿口庄上村,居邵武城关。有出土墓志铭,现存邵武市博物馆。

魏德畹、梅树德应为邵武城区人。民国《邵武县志》载:"魏德畹墓在樵西李家重门墩";"梅树德墓在何家源里洋家山"。②

叶为舟是大埠岗镇加州村杨家源人。杨家源在清代属于延平府将乐县,康熙年间叶为舟的父亲叶静安迁邵武城关。杨家源《叶氏族谱》卷首《皇清敕授文林郎予颖叶公与原配王孺人合葬墓志铭》载:"公讳为舟,字济川,别号予颖……先世居将乐,自其父静安公始迁于邵。"③

张冕(1779—1851),字繁露,号蛊轩,邵武县城南关人。吴家塘《七牧张氏族谱》载,该支张氏为北宋哲学家、理学创始人之一张载后裔。张载九世孙张旋,于南宋开庆元年(1259)避乱自河南固始铁板桥徙邵武军,卜居于七都之黄源,其第十六世张世敏于清康熙年间迁邵武东关上河街,张冕为张旋第二十一世孙。④

冯可参、吴震、罗均、杨兆璜究竟是邵武城区或者哪一个乡,哪一个宗族暂无从考证。

清顺治年间,全国只有7000万人口,到康熙朝随着"圈地令"的废除和"摊丁入亩"政策的出现,加上丰产的玉米、甘薯从国外引进,人口呈"爆炸式"增长。至道光时代,全国人口总数已超过4亿,仅邵武县人口就达到28万多,几乎与现今持平。随着人口的迁徙,清代邵武的登科士子已经不像宋代那样呈明显的家

---

① [清]光绪《邵武府志》卷二十一,2017年点校本,第628页。
② [民国]《重修邵武县志》卷七《名胜》,民国二十五年刻本,邵武市地方志编纂委员会影印原书,第123页。
③ 杨家源《叶氏族谱》卷首《志铭》,谱存邵武市大埠岗镇杨家源村。
④ 吴家塘《七牧张氏族谱》序,谱存邵武市区张氏后裔。

族化,宋代科举鼎盛的上官氏、龚氏、吴氏、黄氏等世家大族到了清代已走向没落。

需要说明的是"乡进士"并非进士,而是举人。家谱或墓志铭中常常看到乡进士或乡贡进士的落款,如《故王母鲁氏奶奶四孺人墓志铭记》有"乡进士、知郓城县转南京南城正兵马、眷晚米嘉穗篆文"①,米嘉穗为明万历四十六年戊午科举人,邵武城区人,回族,自称为"乡进士"。又如《明故如山龚翁墓志铭》为嘉靖三十一年壬子科邵武举人徐美所撰,其落款为"嘉靖癸亥季冬吉日,乡贡进士、郡人徐美谨铭"。②实际上乡进士或乡贡进士只是明清时期对举人的别称或雅称。

至于"岁进士"其实就是贡生,是对"岁贡(生)"的一种雅称,连举人都不是。生员(俗称秀才)到了国子监(国家最高学府)读过书,出来以后就叫"贡生",属于国家储备人才,没有官职。清朝的贡生分为岁贡、恩贡、副贡、拔贡、优贡五类,合称"五贡",其中以岁贡最多。

第六节　历代武进士

宋有武举,明清有武进士,光绪《邵武府志》载:

(明)初立武学,用武举,成化后制加详。弘治中,以刘大夏言武举必历中三科,方得听用。""(清)初因明制,顺治五年罢三科,例以子、午、卯、酉年十月乡试,辰、戌、丑、未年四月会试。其三场定例则先马射、次步射,而终以策论。会试中第后,传胪赐宴,大要与文制相仿。③

历代地方志将武进士、武举列于选举之末。宋列于特奏名之后,明清列于举人(乡举)、贡生、恩赐之后,仅优于杂途,足见于武进士与文进士不可同日而

---

① 李军、蔡忠明、傅再纯编著:《邵武历代碑铭集录》,西南大学出版社,2023年,第462页。
② 李军、蔡忠明、傅再纯编著:《邵武历代碑铭集录》,西南大学出版社,2023年,第423页。
③ [清]光绪《邵武府志》卷十八《选举》,2017年点校本,第505-506页。

语。另一方面,也是自宋明以来重文轻武、武人地位低微的写照。本书亦不将武进士列为邵武进士名录。

为解读邵武历代武进士,现将道光《福建通志》、咸丰《邵武县志》、光绪《邵武府志》、民国《福建通志》、民国《邵武县志》五部地方志记载的武进士统计如下(见表1-14):

表1-14　邵武历代武进士名录

朝代	姓名	年榜	道光福建通志	咸丰邵武县志	光绪邵武府志	民国福建通志	民国邵武县志	备注
宋代	龚日东	熙宁六年(1073)	×	√	√	×	√	官授右班殿直。
	龚京	年榜无考	×	√	√	×	√	字啼畿,号巩图。职授御林军,以金吾将军乞归。
	龚邱	年榜无考	×	√	√	×	√	见《忠节传》,民国《邵武县志》作"龚丘"。
明代	黄裳	万历己未(1619)	√	×	√	×	√	万历随父中浙江武举,后成进士。
	萧应龙	万历己未(1619)	√	×	√	√	×	又名"萧震虏",见光绪《邵武府志》卷二十二《忠节》。
清代	骆俨	康熙十五年(1676)丙辰科	√	×	√	√	×	泉州惠安人,落籍邵武。
	黄壮献	康熙二十四年(1685)乙丑科	√	√	√	√	√	官徽州守备。
	周用桢	康熙三十三年(1694)甲戌科	√	√	√	×	√	光绪《邵武府志》作康熙二十四年江西中试。
	鲁思仁	道光二年(1822)壬午科	√	√	√	√	√	官福州水师营参将。

清代以来五部方志载有武科,武科有武进士、武举。列邵武籍武进士有9人,其中宋代3人,明代2人,清代4人,元代无武科。武进士各志书记载亦不尽相同,其中道光《福建通志》、民国《福建通志》均无宋代龚日东、龚京、龚邱;民国《福建通志》缺明代黄裳;咸丰《邵武县志》、民国《邵武县志》缺萧应龙;咸丰《邵武县志》、民国《邵武县志》缺清代骆俨,道光《福建通志》记骆俨为泉州惠安人,落籍邵武。唯有黄壮献、鲁思仁五部志书均有记载,但鲁思仁科年记载不

一,光绪《邵武府志》作嘉靖二十三年(1544)武举,咸丰《邵武县志》作嘉庆二十五年(1546),今从道光《福建通志》记为道光二年(1822)壬午科;咸丰《邵武县志》、民国《福建通志》缺康熙三十三年(1694)甲戌科周用桢,而光绪《邵武府志》周用桢作康熙二十四年(1685)乙丑科,江西中试,其武举又作建宁人。

第七节　历代进士人数考订

20世纪80年代以来,邵武市开始整理编撰地方文史资料,对邵武进士人数有过三种表述。1986年,邵武市地方志编纂委员会点校出版了清咸丰《邵武县志》。20世纪80年代末至90年代初,根据该志点校本,邵武进士人数表述为188人。1993年出版了新中国成立以来第一部地方志《邵武市志》,其第一篇《概述》载:"仅宋朝就出了2个宰相,7个尚书和251个进士。"[①],该句表达的应该是指邵武历代进士,很长一段时间邵武的相关文献都采用这个统计数字。2017年,邵武市地方志编纂委员会点校出版了清光绪《重纂邵武府志》,根据该志书统计,邵武进士为271人,现今的文献资料均采用这个统计数字。

本章第二节至第五节根据弘治《八闽通志》、嘉靖《邵武府志》、崇祯《闽书》、道光《福建通志》、咸丰《邵武县志》、光绪《邵武府志》、民国《福建通志》、民国《邵武县志》、《宋登科记考》、《元代进士集证》、《明代登科总录》及《明清进士题名碑录索引》等十余部志书、文献,深入分析了宋、元、明、清四朝的进士名录。历代方志记载的邵武县进士累计有288人,其中宋进士248人,元进士3人,明进士24人,清进士13人,但这288个进士在不同的志书、文献中取舍有异,分别出现八组不同的统计数据,其结果纷乱复杂,莫衷一是。

在历代方志中,明清进士是相对清晰和明确的,数据出入较大的主要是对宋进士的统计。一是对宋代年榜无考进士的记载。八部志书中有五部记载了

---

① 邵武市地方志编纂委员会编:《邵武市志》,群众出版社,1993年,第33页。

年榜无考进士,而《八闽通志》《闽书》、道光《福建通志》则未予载入;二是存在把邵武府和邵武县混为一谈的现象,有的志书将邵武府其他县的进士记为邵武县;三是志书采纳了家谱中未经核实的资料。家族为了光宗耀祖,对世系久远的祖先虚构了进士头衔;四是有漏登的进士,即史料可靠,而方志未载的进士。

尽管我们无法重构邵武宋进士的完整信息,但可以根据现有资料尽可能去伪存真,得出一个相对准确的数据以供参考。

(一)误载进士

在中国科举制时代,一个地区出了多少进士是衡量该地区的文化、教育、吏治等文明程度的重要标准之一。地方志为了彰显所在地方的文化教育实力,在记载科举名录时往往是多多益善,尤其是清代志书根据当地家谱的记载,补录了较多的释褐科、特奏名进士,因此清代志书登载的宋进士人数要比明代志书更多。这是因为清代基层信息资料不够完整而又真伪难辨的情况下,编撰者采用了一些家谱中含糊的资料记载。如和平上官氏,各志书记载的宋进士64人,其中正奏名43人,特奏名16人,年榜无考者5人,这与南宋刘克庄作《和平志序》以及明洪武元年、清康熙末年的上官氏谱牒的记载出入较大。

刘克庄《和平志·序》载:"和平里在邵武县之南乡,里有危氏、上官氏、黄氏,上官氏尤盛,自景祐至嘉定,此三姓擢进士第者二十余人。"[1]按照刘克庄序所言,近二百年间危氏、上官氏、黄氏三姓合计进士为20余人。而地方志记载,自景祐至嘉定仅上官氏就有正奏名进士36人,特奏名13人。刘克庄所说的进士应该不包含特奏名,但36人已远远超过《和平志·序》所说的人数。上官氏家谱也印证了刘克庄序言的20余人之说。《闽樵和平上官氏宗谱·旧谱原序》载有明洪武元年(1368)上官本候题于报德堂的《记》云:"其家曾、凝、陶三房,一堂父子、兄弟、叔侄继登进士二十二,朝名宦七十二……"[2]。作于清康熙末《白莲塘记》载:"池内忽生瑞莲二十二朵,色皆白而异香逼人,遂因其名曰白莲堂。其后

---

[1] [宋]刘克庄:《后村先生大全集》卷九四《序·和平志》,四部丛刊初编·集部,第1311册,上海:商务印书馆,1936年,第83—84页。
[2] 和平《闽樵和平上官氏宗谱》,民国庚午年(1930)十二修,谱存邵武市和平镇坎头村。

子孙凝、垲、均、恢、怡、愔各祖,登甲弟者二十二人及荫显宦三十六人。"①家谱的两篇《记》均有提到进士22人,另有荫补官36人,累计当朝名宦72人。

究竟孰是孰非,年湮世远,难以辨析,在缺乏足够佐证材料的情况下,我们只能尊重历代地方志的记载。但对有可靠史料依据的进行甄别,以下有12人予以删减。

(1)宋进士上官怡　上官凝之孙,官至礼部员外郎。《八闽通志》、《闽书》、道光《福建通志》、咸丰《邵武县志》、光绪《邵武府志》、民国《福建通志》、民国《邵武县志》、《宋登科记考》均作"元祐六年进士"。现存于邵武市和平镇坎下村的《宋正奉大夫上官公神道碑铭》载:"(孙男)曰怡,三试礼部未第而□"②;家谱版《宋正奉大夫上官公神道碑铭》亦载:"(孙男)曰怡,官至礼部员外郎",并未说明上官怡是进士,其任官可能为荫补。

(2)宋武进士龚笃生　民国《福建通志》、《宋登科记考》作宋登进士第。《宋登科记考》采自民国《福建通志》,民国《福建通志》采自《龚氏家谱》,《龚氏家谱》载:"熙宁六年(1073)武进士,官授右班殿直""(龚笃生)生于宝元元年(1038),卒于宣和四年(1122),生子二:龚日东、龚日旭,葬本里龚舍山。"③家谱记载龚笃生为武进士,本书未将武进士统计在进士之列,故不列进士名录。

(3)宋进士吴尚　光绪《邵武府志·选举志》援引和平茶源《吴氏家谱》载:"吴尚,绍圣元年(1094)甲戌毕渐榜进士,历兵部尚书。性至孝,蒙君赐红丝藕奉母,因种之池,遂名村焉。"事实上,《吴氏族谱》对吴尚的身世也持怀疑态度,谱云:"原谱载傥公生明,明生尚,登宋哲宗元年清臣榜进士,官兵部尚书,谥文庆。查南丰金斗历来谱本支并无傥公名字,即将石谱亦无其名致仕赐红丝藕回家,栽布藕塘,而家焉。且赐藕事迹将石谱载在夵定公名下,夵定公生哲宗朝,祖孙相距历五世,其年代之不符,实为可疑。"④光绪之前的地方志进士名录中亦无吴尚之名,民国重修《邵武县志》时发现了这个问题,遂删去了吴尚。查阅《宋史》《宋会要辑稿》等正史资料,亦无吴尚为兵部尚书的记载。

---

① 和平《闽樵和平上官氏宗谱》,民国庚午年(1930)十二修,谱存邵武市和平镇坎头村。
② 李军、蔡忠明、傅再纯编著:《邵武历代碑铭集录》,西南大学出版社,2023年,第243页。
③ 邵武茅埠《龚氏族谱》六修本,2000年,闽邵龚氏义房万四公支合族修,谱存邵武市沿山镇茅埠村。
④ 和平《茶源吴氏族谱》,2010年打印本,谱存邵武市和平镇茶源村。

(4)宋进士丘翔　建宁县人。《八闽通志》《闽书》、民国《福建通志》作邵武县进士。嘉靖《邵武府志》作"不载籍"。

(5)宋进士邹恕　泰宁县人,邹应龙弟,《闽书》作邵武县进士。

(6)宋进士叶祖武　泰宁县人,嘉靖《邵武府志》、民国《福建通志》作邵武县进士。

(7)宋乡举龚图　民国《福建通志》、《宋登科记考》作邵武县进士。

(8)宋进士龚华　仅见于民国《福建通志》,《龚氏家谱》无载,《宋登科记考》亦无采纳,其为孤证,予以剔除。

(9)宋进士龚宝　咸丰《邵武县志》、光绪《邵武府志》、民国《福建通志》、民国《邵武县志》记为乾道二年(1166)特奏名,荐授延平县丞,采自《龚氏家谱》。参考《中华龚氏福建历代先贤传略》:"龚宝,字效孔,派行十一郎,光泽人,龚肃家族龚颖曾孙,族裔尊为九世祖,亦仁房四世祖。生于宋淳化四年(993),逝于熙宁九年(1076),夫妻合葬光泽牛田后龙山。生子一。他自幼聪颖,勤奋好学,立志举业,欲效先祖作一番利国利民的事业。然屡次乡试均未能中式,甚为懊恼,虽攻读不辍,终不能遂愿。后来他以德行学识俱优,'荐授延平县丞'。"[①]按家谱载,应为光泽人,无科名。

(10)宋乡举龚戈　咸丰《邵武县志》、光绪《邵武府志》作邵武县进士。邵武茅埠《龚氏族谱》卷三《龚氏仁房列祖行实会要》载:"戈公,字效忠,极公长子。戈公致和二年(1055)乙未乡举,又以父荫补缺南尉承务郎。"[②]按家谱载,应为乡举,年榜无考。

(11)元乡举龚良彦　咸丰《邵武县志》、民国《邵武县志》作邵武进士。

(12)明进士黄和　泰宁县人。道光《福建通志》、咸丰《邵武县志》作邵武县进士。

以上删减宋进士上官怡、龚笃生、龚麟、吴尚、丘翔、邹恕、叶祖武、龚图、龚华、龚戈、龚宝,元进士龚良彦,明进士黄和,计12人。

---

① 龚建雄:《中华龚氏福建历代先贤传略》,中国文化出版社,2020年,第96页。
② 邵武茅埠《龚氏族谱》六修本,2000年,闽邵龚氏义房万四公支合族修,第97页。

（二）存疑进士

清代进士名录中大量补录家谱记载,其真实性是值得质疑的,但暂时无法找到确切的证据资料给予否定,其可靠性一般,姑作存疑处理,嗣后考证。

如,黄氏家族进士黄政,第一次出现于光绪《邵武府志》,民国《福建通志》进行转载,之后的民国《邵武县志》则未予转载。《黄氏大成宗谱》载:"黄政,字维柱,号有恒,生于后梁太祖乾化元年辛未二月二十九日辰时,北宋太平兴国八年试六合成家赋,赐进士第一百七十一名,官司空。"[①]如此算来黄政是72周岁中进士,这种可能性不大,需更多的资料佐证。

又如,绍兴甲戌进士黎太忠,光绪《邵武府志》卷二十《宦绩》载:"黎太忠,(肖家坊登高村)黎家人。登绍兴甲戌进士,官至户部侍郎。其行实惜无征,第据其里有增口祠,殿塑侍郎夫妇像,其子孙及里人至今祈祷,每有奇验。观其里人数百年犹祀之,则其泽足以及人,谅不浅也。"[②]该志根据家谱所载的祠堂塑像、宗族祭祀传统推测为进士,但"其行实惜无征",查阅李心传《建炎以来系年要录》绍兴年间无户部侍郎黎太忠之名。

北宋大中祥符年间进士上官昇、上官师旦也有歧义。《闽樵和平上官氏宗谱》第十三修《荣名志》将他们列为光泽人,世系载有上官师旦,为上官子进之子,南宋末人。该家谱记载的第一个进士为上官凝,登庆历二年（1042）进士第。刘克庄《和平志序》也说是"自景祐（1034—1038）",并未提及有大中祥符年进士。但因历代方志及文献均载上官昇、上官师旦为邵武县人,可明确为邵武县进士。

对存疑进士的认定本章主要参照光绪《邵武府志》和《宋登科记考》。光绪《邵武府志》对前志有进行比较严谨的考订,而《宋登科记考》有较高的权威性。

光绪《邵武府志》成书于光绪二十三年（1897）,其卷首载有明成化《邵武府志》、明弘治《邵武府志》、明嘉靖《邵武府志》、明万历《邵武府志》、清康熙《续邵武府志》、清乾隆《邵武府志》六部志书九篇序文。其中明成化二十年（1484）邵武知府刘元为成化《邵武府志》作序说:"公余,询访故老,搜求遗志,得宋上官氏《和平志》、元陈士元《武阳志略》,又得上官弋阳《邵武郡志》及存斋之后家藏《武

---

① 邵武和平《黄氏大成宗谱》卷三《纪实总图》,光绪十五年重修,谱存邵武市和平镇。
② [清]光绪《邵武府志》卷二十《宦绩》,2017年点校本,第586页。

阳志》,乃知郡乘之述作,其所由来也非日矣。"[1]按照这个序言,成化《邵武府志》还吸收了当时存世的宋代《和平志》、元代《武阳志略》,明代《邵武郡志》和《武阳志》的记载。光绪《邵武府志》也应该参考了当朝的康熙、雍正、道光的《福建通志》以及咸丰《邵武县志》。

在12个误载进士中,光绪《邵武府志》已经删减了宋建宁进士邹恕、宋泰宁进士丘翔、宋乡举龚图、宋泰宁进士叶祖武,元进士龚良彦,明泰宁进士黄和。同时也补录了前志失载的进士,如《建炎以来系年要录》记载的张鸿举、《绍兴十八年同年小录》中的黄璋、《宝祐四年登科录》中的李填、黄公立。因此,光绪《邵武府志》的进士名录相对可信。

2009年江苏教育出版社出版的《宋登科记考》,由当代学者傅旋琮主编,龚延明、祖慧编撰。2017年凤凰出版社出版的《宋代科举资料长编》也参考了《宋登科记考》的进士名录,《宋登科记考》有较高的权威性。

因此,本书对存疑进士认定的标准有三条:一是光绪《邵武府志》无载的为存疑进士,有上官泷、上官铭、上官衡孙、上官濛、上官涣申、上官益明、上官文正、上官涣元,这8人嘉靖《邵武府志》载为乡举,民国《福建通志》载为进士。二是《宋登科记考》无载的为存疑进士,有龚伟、龚询、龚国隆、龚敏、龚讽、龚远、龚邦彦、龚钟、龚彦彰、龚棨、龚伸、龚钺、龚昌、龚庆祖、龚戒、龚谯、上官归、上官端义、龚谷,这19人部分方志有载。三是史料记载比较含糊的有2人:黄政、黎太忠。

以上存疑进士计29人,其中宋进士28人,元进士1人。兹列表如下(见表1-15):

表1-15 邵武历代县存疑进士统计表

序号	姓名	进士登科时间	宋登科记考	八闽通志	嘉靖邵武府志	闽书	道光福建通志	咸丰邵武县志	光绪邵武府志	民国福建通志	民国邵武县志	备注
1	黄政	太平兴国八年(983)	×	×	×	×	×	×	√	√	×	
2	龚伟	雍熙二年(985)	×	×	×	×	×	√	√	×	√	
3	龚询	端拱元年(988)	×	×	×	×	√	√	×	√		特奏名

[1] [清]光绪《邵武府志》,2017年点校本,第4页。

续表

序号	姓名	进士登科时间	宋登科记考	八闽通志	嘉靖邵武府志	闽书	道光福建通志	咸丰邵武县志	光绪邵武府志	民国福建通志	民国邵武县志	备注
4	龚国隆	大中祥符年（1012）	×	×	×	×	×	√	√	×	√	释褐科
5	龚敏	治平四年（1067）	×	×	×	×	×	√	√	×		释褐科
6	龚讽	熙宁九年（1076）	×	×	×	×	×	√	√	×	√	特奏名
7	龚远	元丰五年（1082）	×	×	×	×	×	√	√	×	√	
8	龚邦彦	元祐三年（1088）	×	×	×	×	×	√	√	×	√	
9	龚钟	政和六年（1116）	×	×	×	×	×	√	√	×	√	释褐科
10	龚彦彰	绍兴二年（1132）	×	×	×	×	×	√	√	×	√	
11	龚荣	绍兴五年（1135）	×	×	×	×	×	√	√	×	√	特奏名
12	龚伸	绍兴五年（1135）	×	×	×	×	×	√	√	×	√	特奏名
13	上官归	绍兴十七年（1147）	×	×	乡举	√	√	×	√	√	×	释褐科
14	上官端义	绍兴十七年（1147）	×	×	乡举	√	√	×	√	√	×	释褐科
15	黎太忠	绍兴二十四年（1154）	×	×	×	×	×	√	√	×	×	
16	龚钺	淳熙五年（1178）	×	×	×	×	×	√	√	×	√	特奏名
17	龚昌	嘉定三年（1210）	×	×	×	×	×	√	√	×	√	释褐科
18	龚庆祖	嘉定四年（1211）	×	×	×	×	×	√	√	×	√	
19	龚戎	咸淳元年（1265）	×	×	×	×	×	√	√	×	√	释褐科
20	龚谯	咸淳四年（1268）	×	×	×	×	×	√	√	×	√	释褐科
21	上官泷	庆元四年（1198）	√	×	乡举	√	×	×	×	√	×	
22	上官铭	嘉泰二年（1202）	√	×	乡举	√	×	×	×	√	×	

续表

序号	姓名	进士登科时间	宋登科记考	八闽通志	嘉靖邵武府志	闽书	道光福建通志	咸丰邵武县志	光绪邵武府志	民国福建通志	民国邵武县志	备注
23	上官衡孙	开禧三年(1207)	√	×	乡举	√	×	×	×	√	×	
24	上官澡	嘉定三年(1210)	×	×	乡举	√	×	×	×	√	×	
25	上官涣申	嘉定三年(1210)	×	×	乡举	√	×	×	×	√	×	
26	上官益明	嘉定九年(1216)	√	×	乡举	√	×	×	×	√	×	
27	上官文正	嘉定十五年1222)	×	×	乡举	√	×	×	×	√	×	
28	上官涣元	绍定四年(1231)	√	×	乡举	√	×	×	×	√	×	释褐科
29	龚谷	年榜无考	√	×	×	×	√	√	√	√	√	元进士

(三)补录进士

邵武历代地方志对进士登载都有进行增补或删减,如《建炎以来系年要录》载有张鸿举,"以龙飞恩,特附第二甲。(张)鸿举邵武人也"①,只在道光《福建通志》、光绪《邵武府志》中有载,其他志书均未载。《八闽通志》、嘉靖《邵武府志》、《闽书》等明代志书中失载的宝祐四年(1256)文天祥榜李填、黄公立两位登科人物,直到清代道光《福建通志》、光绪《邵武府志》才体现出来。同样有完整登科录的绍兴十八年进士黄璋,在明代志书中也没有体现,道光《福建通志》、光绪《邵武府志》、民国《福建通志》才进行了增补,而咸丰《邵武县志》、民国《邵武县志》仍然将黄璋剔除。这还只是其中两榜的情况,另外116榜佚失多少人,就不得而知了。

---

① [宋]李心传撰:《建炎以来系年要录》卷十七,辛更儒点校,上海古籍出版社,2018年,第363页。

一方面，志书中存在误载进士的可能；另一方面，由于年代久远，人口迁徙，战乱动荡，瘟疫灾祸横行，导致文献缺失，一些进士名录或许永远湮没。

傅璇琮主编的《宋登科记考》、诸葛忆兵编著的《宋代科举资料长编》都提到宋代进士约11万人，但能够收集到的名录仅有4万余人。《八闽通志》谈到宋代邵武军学讲堂之旁有一株石榴，士人常常通过观察其果实之数，以占测科第情况。据说熙宁三年，石榴树结了14颗大果，这年廷试叶祖洽、上官均分别高中状元、榜眼，邵武登第者共14人，[①]然而，能够保留姓名的只有7位，另外7人姓名已经佚失。[②]又如，康熙《泰宁县志》转引邵武旧志的记载云："宋世科第，此邦最盛。诸氏族人毂者，凡五百人。今考之志集，仅得百九十人。盖十亡其七矣。"[③]这些情况主要出现在宋代，可以肯定宋代邵武县进士远不止248人。笔者根据相关文献和近年发现的墓志铭，对史料可靠但漏登的宋代邵武县进士进行补录，计9人。（见表1-16）

表1-16　补录宋代邵武县进士名录

序号	姓名	登科年份	资料来源
1	朱矩	元丰二年（1079）	《宋故承议郎朱君墓志铭》
2	施宜生	政和四年（1114）	《金史》卷七十九《施宜生传》
3	李经	宣和六年（1124）	（宋）《李纲全集》卷九《闻七弟叔易登科》
4	卢熊	绍兴二十一年（1151）	（宋）洪迈《夷坚志》甲志卷十三《卢熊母梦》
5	上官彦宗	宋代	（清）陆心源《宋诗纪事补遗》卷六五《上官彦宗传》
6	黄勋	南宋	（宋）何澹《小山杂著》之《黄公墓志铭》
7	何伟	绍兴年间	《何氏墓志铭》
8	丘珏	绍兴年间	《何氏墓志铭》
9	赵汝淏	宝庆二年（1226）	《有宋朝奉大夫南安太守赵公墓志》

（1）朱矩　元丰二年（1079）进士。历知崇安县、古田县、监泉州市舶司。《宋故承议郎朱君墓志铭》载："君讳矩，字正仲，家世邵武。为人幼悟而长勤，方冠，

---

① [明]弘治《八闽通志》卷七四《宫室·邵武府》，2006年修订本，下册，第1078页。
② [清]光绪《邵武府志》卷十六《选举》，2017年点校本，第428页。
③ [清]康熙《泰宁县志》卷七《选举志》，厦门大学出版社，2007年点校本，第127页。

预乡赋,以词章称于太学,褎然为诸生表。元丰二年,用经术登进士第,调庐州合肥县尉。"①

(2)施宜生　政和四年(1114)以上舍释褐赐同进士出身。《金史》卷七十九《施宜生传》:"施宜生,字明望,邵武人也。博闻强记,未冠,由乡贡入太学,宋政和四年,擢上舍第,试学官,授颍州教授。及王师入汴宜生走江南。……正隆元年,出知深州,召为尚书礼部侍郎,迁翰林侍讲学士。"②

(3)李经　字叔易,南宋宰相李纲的弟弟,宣和六年(1124)进士。《李纲全集》卷九《闻七弟叔易登科》提到李夔及李纲、李经父子三人都中进士,诗云:"吾家世儒业,教子惟一经。迩来四十载,父子三成名。"李纲自注曰:"亲老(李纲之父李夔——引者注)元丰中登科,后三十余年予尘忝,今又舍弟了当。"③《建炎以来系年要录》载:"左从事郎、新漳州州学教授李经特改作宣教郎。经纲弟也。尝除太学博士,未上而省,至是召对,遂以为秘书省校书郎。经除校书郎在是月壬子。"④

(4)卢熊　政和二年进士卢奎之子,登绍兴二十一年(1151)赵逵榜进士第。《夷坚志》载:"卢熊,邵武人,校书郎奎之子。绍兴二十一年,赴试南宫。母樊氏梦数人舁棺木至中堂,曰:'此夫人母也。'号泣而寤。以告奎曰:'人言梦棺得官。若三郎者(原注:熊,行第三),恐有登科之兆。如君者,或有迁官之喜。今乃吾亡母,此何祥也?'奎未能遽晓。质明,出视事,既归,有喜色,遥呼其室曰:'吾为尔释昨梦矣。尔母何姓?'樊氏矍然悟,盖其母乃熊氏也。于是知熊必擢第,已而果然。"⑤《夷坚志》是宋代著名的志怪小说,其故事内容虽有一定的荒诞色彩,不过主人公的姓名、官职和科第信息却大体可信。

(5)黄勋　登科年份无考。绍兴二十四年(1154)进士、淮南转运副使黄永存之子,左朝议大夫黄中美之孙。《宋黄永存墓志》载:"勋,进士,耆年,先公一年亡。"⑥

---

① 李军、蔡忠明、傅再纯著:《邵武历代碑铭集录》,西南大学出版社,2023年,第240页。
② [元]脱脱:《金史》卷七十九《施宜生传》,中华书局,1975年,第1786-1787页。按,疑"四年"为"七年"之误。
③ [宋]李纲:《李纲全集》卷九,王瑞明点校,2004年,第86页。按,李纲四兄弟:纲、维、经、纶,以伯、仲、叔、季为字的首字,李经在堂兄弟中排行第七,故曰七弟。
④ [宋]李心传撰:《建炎以来系年要录》卷121,辛更儒点校,上海古籍出版社,2018年,第2029页。
⑤ [宋]洪迈撰:何卓点校:《夷坚志》甲志卷十三《卢熊母梦》,北京:中华书局,1981年,第1册,第115页。
⑥ [宋]何澹:《小山杂著》之《黄公墓志铭》,收于《永乐大典》卷七六五〇黄字韵,中华书局,1986年,第4册,第3532-3534页。

（6）上官彦宗　嘉定中特奏名,历宜黄县丞。清陆心源《宋诗纪事补遗》卷六五《上官彦宗》:"邵武人,嘉定十二年特奏(名),淳祐十年官宜黄丞。"[1]

（7）何伟　南宋进士。《何氏墓志铭》载:"有宋何氏,邵武军邵武县人。父讳伟,为进士。以建炎二年五月二十三日生,年二十嫁本县樵溪进士丘珪,至绍熙三年九月十五日终,享年六十有四,以其年十一月初□日葬于永城乡上白保□□之原。子男二人:长钦,娶高氏;次□。女二人,长适黄流,次适吴兴。孙男二人:师善、师德,女四人,尚幼。郡人吴谔刊。"[2]该墓志铭为邵武本地早年出土,所载时间翔实,地点明确,为可信资料。

（8）丘珪　南宋进士。见(7)何伟条《何氏墓志铭》载:"本县樵溪进士丘珪"。

（9）赵汝溴　字清叟,宝庆二年(1226)进士,历知福州长乐县、知南安军。《有宋朝奉大夫南安太守赵公墓志》载:"嘉定己巳,开府该明恩补通仕郎,回举礼部。宝庆丙戌,赐进士第。"[3]

本章对历代方志记载的288名进士进行重新考订,核减误载进士12人,补录史料可考进士9人,最终统计邵武进士为285人。在285名进士中,有29人存有疑问,嗣后作进一步考证。当然邵武进士远不止285人,随着今后墓志铭和文献的进一步发现,仍然会有新的增加。

---

[1] ［清］陆心源撰:《宋诗纪事补遗》卷六五,山西古籍出版社,1997年,第1398页。
[2] 李军、蔡忠明、傅再纯著:《邵武历代碑铭集录》,西南大学出版社,2023年,第315-316页。
[3] 李军、蔡忠明、傅再纯著:《邵武历代碑铭集录》,西南大学出版社,2023年,第380页。

第二章 邵武历代进士汇考

登科记是研究和考证科举人物生平的重要资料，这类专书约起于唐初的进士题名录。清代徐松《登科记考》载有唐、五代登科名录，当代龚延明、祖慧效仿徐松的体例，编撰有《宋登科记考》。诸葛忆兵编著《宋代科举资料长编》进士名录多采自《宋登科记考》，并在《宋登科记考》名录的基础上进行了补录和辨证。本章参照《宋登科记考》体例，对邵武历代进士进行收录，撰写小传、注明资料来源，校对不同资料的不同记载，同时结合当地姓氏家谱、新近出土墓志铭进行补充说明。

参考资料说明

本章节的参考文献主要是历代省志和邵武府、县志中的《选举志》，以及近代编撰的进士名录考证著作，注明的文献作为查阅检索信息，不录所载内容。以下对参考文献的版本信息作统一说明，正文不再赘述。

(1)《八闽通志》卷五二《选举·科第·邵武府》([明]黄仲昭纂，明弘治十八年(1505)刻本，福建省地方志编纂委员会旧志整理组、福建省图书馆特藏部整理，福建人民出版社，2006年修订本。)

(2)嘉靖《邵武府志》卷八《选举·进士》(明嘉靖二十二年(1543)邢址修，[明]陈让编；杨启德、傅唤民、叶笑凡校注；福建省地方志编纂委员会整理，宁波天一阁藏明嘉靖刻本，2004年。)

(3)《闽书》卷一百十五《英旧志·缙绅·邵武府》([明]何乔远编撰，厦门大学历史系古籍整理研究室《闽书》点校组、厦门大学古籍整理研究所《闽书》点校组点校，明崇祯刻本，福建人民出版社，1995年点校本。)

(4)道光《福建通志》卷百四十七至卷百五十《宋选举》(陈寿祺主纂，清同治十年刻本，《中国地方志集成·省志辑·福建》，2011年影印原书。)

(5)咸丰《邵武县志》卷十二《选举志·进士》(李正芳修，张葆森纂，清咸丰五年(1855)刻本，邵武市地方志编纂委员会，1986年点校本。)

(6)光绪《邵武府志》卷十六《选举》(王琛、徐兆丰修，张景祈、张元奇等纂，清光绪二十三年(1897)刻本，邵武市地方志编纂委员会，2017年点校本。)

(7)民国《福建通志》卷三三《选举志·宋进士》《选举志·特奏名》(李厚基、陈仪等修,陈衍、沈瑜庆等纂,1938年刻本。)

(8)民国《邵武县志》卷十五《选举志·进士》(秦振夫等修,朱书田等撰,民国二十五年(1936)刻本,邵武市地方志编纂委员会编影印原书。)

(9)《明清进士题名碑录索引》(朱保炯、谢沛霖撰,上海古籍出版社,1963年。)

(10)《增校清朝进士题名碑录》(房兆楹、杜联喆合编,哈佛燕京学社,1941年。)

(11)《元朝进士集证》(沈仁国著,中华书局,2016年。)

(12)《宋登科记考》(傅旋琮主编,江苏教育出版社,2009年。)

(13)《宋代科举资料长编》(诸葛忆兵编著,凤凰出版社,2017年。)

(14)《建炎以来系年要录》(李心传撰,辛更儒点校,上海古籍出版社,2018年。)

(15)《宋会要辑稿》(清徐松辑,刘琳等点校,上海古籍出版社,2014年点校本。)

(16)《明代登科总录》(龚延明、邱进春编著,广西师范大学出版社,2021年。)

引用《宋登科记考》索引资料则注明其资料所在章节,如宋范祖禹《范太史集》卷二五《荐龚夬札子》,清王梓材《宋元学案补遗》卷一九《签判上官先生粹中》,清陆心源《宋诗纪事补遗》卷六三《上官涣酉》。清李清馥《闽中理学渊源考》卷一三《中大夫上官阆中先生恢》。涉及外省方志亦是如此,如光绪《安徽通志》卷一五五《选举表五》,同治《建昌府志》卷七《选表·进士》,光绪《江西通志》卷二二《选表·宋进士》等。本章补充资料和存疑,统一作按语,资料来源做页下注,已核减进士不再作汇考。

第一节　宋进士汇考

宋进士按姓氏排列,以登科时间为序。

1. 上官氏

【上官昇】　大中祥符二年(1009)登进士第。累官秘阁校勘。参见《八闽通志》、嘉靖《邵武府志》、《闽书》、道光《福建通志》、咸丰《邵武县志》、光绪《邵武府志》、民国《福建通志》、民国《邵武县志》、《宋登科记考》。

按,邵武《和平上官氏宗谱》(第十三修)世系无载,荣名录记为光泽人。

【上官师旦】　大中祥符五年(1012)登进士第。参见《八闽通志》、嘉靖《邵武府志》、《闽书》、道光《福建通志》、咸丰《邵武县志》、光绪《邵武府志》、民国《福建通志》、民国《邵武县志》、《宋登科记考》。

按,邵武《和平上官氏宗谱》(第十三修)世系无载,荣名录记为光泽人。

【上官凝】　字成叔。庆历二年(1042)登进士第,初授铜陵尉,卒于通判处州任上。参见《八闽通志》、嘉靖《邵武府志》、《闽书》、道光《福建通志》、咸丰《邵武县志》、光绪《邵武府志》、民国《福建通志》、民国《邵武县志》。

《宋登科记考》:宋韩维《南阳集》卷一七《屯田员外郎上官凝可都官外郎制》,宋王象之《舆地纪胜》卷一三四《福建路·邵武军·人物》,清陆心源《宋诗纪事补遗》卷十一《上官凝》。

按,(1)邵武和平镇坎下村现存《宋正奉大夫上官公神道碑铭》,墓主上官凝,立于北宋政和四年(1114)。碑高250厘米、宽152厘米、厚15厘米。碑石断裂、残损,部分文字遭凿毁,仅剩约一半文字可辨识。《和平上官氏宗谱》也有收录该神道碑铭,但内容有所改动。①(2)光绪《邵武府志》、道光《福建通志》作"昇子"(上官昇之子),误。实物版《宋正奉大夫上官公神道碑铭》"考讳质",家

---

① 李军、蔡忠明、傅再纯著:《邵武历代碑铭集录》,西南大学出版社,2023年,第244页。

谱版《宋正奉大夫上官公神道碑铭》作"考讳有质"[1],上官凝的父亲应为上官质,或上官有质。(3)咸丰《邵武县志》卷二《冢墓》:"处州通判上官凝墓在和平里之张源"[2]。

【上官汲】 皇祐五年(1053)登进士第。参见《八闽通志》、嘉靖《邵武府志》、《闽书》、道光《福建通志》、咸丰《邵武县志》、光绪《邵武府志》、民国《福建通志》、民国《邵武县志》、《宋登科记考》。

按,邵武《和平上官氏宗谱》作光泽籍。

【上官垲】 上官凝之子。嘉祐二年(1057)登进士第。历广南东路转运司判官。参见《八闽通志》、嘉靖《邵武府志》、《闽书》、道光《福建通志》、咸丰《邵武县志》、光绪《邵武府志》、民国《福建通志》、民国《邵武县志》、《宋登科记考》。

按,实物版《宋正奉大夫上官公神道碑铭》:"子男四人:垲,登进士第""官至太子中允,广南路转运判官"。

【上官均】 字彦衡。上官凝子。熙宁三年(1070)登进士第二名,初授承奉郎、大理评事、北京留守推官。累迁朝请大夫,以龙图阁待制致仕。入"元祐党籍"。赠通议大夫。参见《八闽通志》、嘉靖《邵武府志》、《闽书》、道光《福建通志》、咸丰《邵武县志》、光绪《邵武府志》、民国《福建通志》、民国《邵武县志》。

《宋登科记考》:宋彭百川《太平治迹统类》卷二八《祖宗科举取人·神宗》,《宋史》卷三五五《上官均传》,清李清馥《闽中理学渊源考》卷一三《龙图上官彦衡先生均》。

按,(1)实物版《宋正奉大夫上官公神道碑铭》:"均,继登甲科,今官朝请"。(2)《邵武和平上官氏宗谱》作南陂籍,葬江苏无锡。

【上官济】 熙宁三年(1070)登进士第。参见《八闽通志》、嘉靖《邵武府志》、《闽书》、道光《福建通志》、咸丰《邵武县志》、光绪《邵武府志》、民国《福建通志》、民国《邵武县志》、《宋登科记考》。

按,(1)嘉靖《邵武府志》注:旧不载籍。(2)《邵武和平上官氏宗谱》作南陂籍。

【上官彝】 熙宁九年(1076)登进士第。知巴州巴陵县。参见《八闽通志》、嘉靖《邵武府志》、《闽书》、道光《福建通志》、咸丰《邵武县志》、光绪《邵武府志》、

---

[1] 邵武和平《闽樵和平上官氏宗谱》卷首,民国十九年,第12次修本。
[2] [清]咸丰《邵武县志》,1986年点校本,第119页。

民国《福建通志》、民国《邵武县志》、《宋登科记考》。

按,《邵武和平上官氏宗谱》作横冈籍。

【上官合】 元丰五年(1082)登进士第。参见《八闽通志》、嘉靖《邵武府志》、《闽书》、道光《福建通志》、咸丰《邵武县志》、光绪《邵武府志》、民国《福建通志》、民国《邵武县志》、《宋登科记考》。

按,《邵武和平上官氏宗谱》作横冈籍。

【上官恢】 字闳中,上官均再从子。元丰八年(1085)登进士第。历知南剑州、徽州,积官左中大夫。参见《八闽通志》、嘉靖《邵武府志》、《闽书》、道光《福建通志》、咸丰《邵武县志》、光绪《邵武府志》、民国《福建通志》、民国《邵武县志》。

《宋登科记考》:宋韩元吉《南涧甲乙稿》卷二二《荣国太夫人上官氏墓志铭》,清李清馥《闽中理学渊源考》卷一三《中大夫上官闳中先生恢》。

按,《芦阳明应广祐王庙记》:"左中大夫、提举亳州明道宫、历阳县开国男、食邑三百户上官恢立石。"[1]

【上官憕】 字正平,上官垲之子。元丰八年(1085)登进士第。仕至永城县丞。参见《八闽通志》、嘉靖《邵武府志》、《闽书》、道光《福建通志》、咸丰《邵武县志》、光绪《邵武府志》、民国《福建通志》、民国《邵武县志》。

《宋登科记考》:清黄宗羲《宋元学案》卷一九《县丞上官先生》。

按,(1)《宋登科记考》作"上官惇"。道光《福建通志》、咸丰《邵武县志》、民国《邵武县志》作"上官恺"。(2)实物版《宋正奉大夫上官公神道碑铭》:"孙男十一人:曰恂、曰憕,皆进士第"。从碑铭作"上官憕"。

【上官恂】 上官凝之孙,绍圣元年(1094)登进士第。仕至兴化军教授。参见《八闽通志》、嘉靖《邵武府志》、《闽书》、道光《福建通志》、咸丰《邵武县志》、光绪《邵武府志》、民国《福建通志》、民国《邵武县志》、《宋登科记考》。

按,实物版《宋正奉大夫上官公神道碑铭》:"孙男十一人:曰恂、曰憕,皆进士第"。

【上官公陛】 大观四年(1110)以释褐登上舍第。参见《八闽通志》、嘉靖《邵武府志》、《闽书》、咸丰《邵武县志》、光绪《邵武府志》、民国《邵武县志》。

【上官愭】 字仲雍,上官均子。政和二年(1112)登进士第。历著作佐郎,

---

[1] 邵武和平《仁顺梁氏族谱》卷十六,1998年刊本。

迁吏部员外郎,出知南剑州。参见《八闽通志》、嘉靖《邵武府志》、《闽书》、道光《福建通志》、咸丰《邵武县志》、光绪《邵武府志》、民国《福建通志》、民国《邵武县志》。

《宋登科记考》:宋陈骙《南宋馆阁录》卷七,嘉靖《惟扬志》卷一九《人物志上·宋进士》,乾隆《江南通志》卷一一九《选举志·进士一·宋》,清黄宗羲《宋元学案》卷一九《知州上官先生》。

按,(1)《芦阳明应广祐王庙记》:"左奉议郎、主管临安府霄宫上官愔篆额"[1]。(2)民国《邵武县志》卷七《名胜》:"吏部员外郎知南剑州上官愔墓在和平八角塚。"[2](3)实物版《宋正奉大夫上官公神道碑铭》:"曰愔,以贡■";家谱版《宋正奉大夫上官公神道碑铭》:"曰愔,登进士,官至尚书吏部员外郎"。

【上官公绰】 政和二年(1112)登进士第。参见《八闽通志》、嘉靖《邵武府志》、《闽书》、道光《福建通志》、咸丰《邵武县志》、光绪《邵武府志》、民国《福建通志》、民国《邵武县志》、《宋登科记考》。

【上官惕】 政和二年(1112)登进士第。历漳州户曹参军。参见《八闽通志》、嘉靖《邵武府志》、《闽书》、道光《福建通志》、咸丰《邵武县志》、光绪《邵武府志》、民国《福建通志》、民国《邵武县志》、《宋登科记考》。

按,见《宋故徐君中美墓志铭》:"友人上官惕,为之铭曰"[3],碑文为元符三年(1100)上官惕为已故太学同窗好友徐君中美作。

【上官维祺】 政和五年(1115)登进士第。参见《八闽通志》、嘉靖《邵武府志》、《闽书》、道光《福建通志》、咸丰《邵武县志》、光绪《邵武府志》、民国《福建通志》、民国《邵武县志》、《宋登科记考》。

【上官致孝】 政和五年(1115)登进士第。参见《八闽通志》、嘉靖《邵武府志》、《闽书》、道光《福建通志》、咸丰《邵武县志》、光绪《邵武府志》、民国《福建通志》、民国《邵武县志》、《宋登科记考》。

按,邵武《和平上官氏宗谱》作南陂籍。

【上官闵】 政和六年(1116)以释褐登上舍第。参见《八闽通志》、嘉靖《邵武府志》、《闽书》、咸丰《邵武县志》、光绪《邵武府志》、民国《邵武县志》。

---

[1] 邵武和平《仁顺梁氏族谱》卷十六,1998年刊本。
[2] [民国]《重修邵武县志》,民国二十五年(1936)刻本,邵武市地方志编纂委员会影印原书,第120页。
[3] 李军、蔡忠明、傅再纯编著:《邵武历代碑铭集录》,西南大学出版社,2023年,第226页。

【上官祝】 上官恢之子。重和元年(1118)登进士第。为敕令所删定官。参见《八闽通志》、嘉靖《邵武府志》、《闽书》、道光《福建通志》、咸丰《邵武县志》、光绪《邵武府志》、民国《福建通志》、民国《邵武县志》。

《宋登科记考》：乾隆《江南通志》卷一一九《选举志·进士一·宋》，光绪《安徽通志》卷一五四《选举表四》。

按，乾隆《江南通志》、光绪《安徽通志》一作"和州人"(今安徽省马鞍山市和县)。

【上官公举】 重和元年(1118)登进士第。参见《八闽通志》、嘉靖《邵武府志》、《闽书》、道光《福建通志》、光绪《邵武府志》、民国《福建通志》、民国《邵武县志》。

按，道光《福建通志》在嘉定十六年重载。

【上官閟】 重和元年(1118)登进士第。参见《八闽通志》、嘉靖《邵武府志》、《闽书》、道光《福建通志》、咸丰《邵武县志》、光绪《邵武府志》、民国《福建通志》、民国《邵武县志》、《宋登科记考》。

【上官问】 重和元年(1118)登进士第。参见《八闽通志》、嘉靖《邵武府志》、《闽书》、道光《福建通志》、咸丰《邵武县志》、光绪《邵武府志》、民国《福建通志》、民国《邵武县志》、《宋登科记考》。

【上官愉】 重和元年(1118)特奏名。仕至武安军节度推官。参见《八闽通志》、《闽书》、嘉靖《邵武府志》、咸丰《邵武县志》、光绪《邵武府志》、民国《福建通志》、民国《邵武县志》、《宋登科记考》。

按，《闽书》作"政和七年特奏名"。《宋登科记考》作"进士"。

【上官全节】 宣和六年(1124)登进士第。参见《八闽通志》、嘉靖《邵武府志》、《闽书》、道光《福建通志》、咸丰《邵武县志》、光绪《邵武府志》、民国《福建通志》、民国《邵武县志》、《宋登科记考》。

按，邵武《和平上官氏宗谱》作南陂籍。

【上官汝明】 字光象。建炎二年(1128)登进士第。仕至会昌县尉。参见《八闽通志》、嘉靖《邵武府志》、《闽书》、道光《福建通志》、咸丰《邵武县志》、光绪《邵武府志》、民国《福建通志》、民国《邵武县志》、《宋登科记考》。

【上官烨】 绍兴二年(1132)登进士第。仕至新淦县尉。参见《八闽通志》、嘉靖《邵武府志》、《闽书》、道光《福建通志》、咸丰《邵武县志》、光绪《邵武府志》、民国《福建通志》、民国《邵武县志》、《宋登科记考》。

按,《八闽通志》《闽书》作"上官煇",嘉靖《邵武府志》、光绪《邵武府志》作"上官烨",道光《福建通志》、咸丰《邵武县志》、民国《福建通志》、民国《邵武县志》作"上官煜"。

【上官归】 绍兴十七年(1147)上舍释褐。参见《闽书》、道光《福建通志》、光绪《邵武府志》。

按,嘉靖《邵武府志》作"乡举",《闽书》作"进士",道光《福建通志》光绪《邵武府志》作"释褐"。

【上官端义】 绍兴十七年(1147)登进士第。历官惠安簿、宜春法掾、建安县丞,摄浦城、瓯宁二邑。参见《闽书》、道光《福建通志》、咸丰《邵武县志》、光绪《邵武府志》、民国《邵武县志》。

按,(1)嘉靖《邵武府志》作"乡举",《闽书》作"进士",道光《福建通志》、咸丰《邵武县志》、光绪《邵武府志》、民国《邵武县志》作"释褐",光绪《邵武府志》载:"旧志列于《乡举》,误"。(2)邵武有出土《有宋李氏墓志》[①],铭文系上官端义为夫人李氏撰写于绍兴二十五年(1155)。(3)邵武《和平上官氏宗谱》"(上官端义)以祖任,补惠安主事"。

【上官粹中】 字德厚,上官均再从曾孙。隆兴元年(1163)特奏名。累迁武冈军签书判官厅公事。参见《八闽通志》、嘉靖《邵武府志》、《闽书》、道光《福建通志》、咸丰《邵武县志》、光绪《邵武府志》、民国《福建通志》、民国《邵武县志》。

《宋登科记考》:清王梓材《宋元学案补遗》卷一九《签判上官先生粹中》。

按,咸丰《邵武县志》作"政和八年特奏名"。

【上官骏】 乾道二年(1166)登进士第。参见《八闽通志》、嘉靖《邵武府志》、《闽书》、道光《福建通志》、咸丰《邵武县志》、光绪《邵武府志》、民国《福建通志》、民国《邵武县志》、《宋登科记考》。

【上官莹中】 乾道二年(1166)特奏名。官终贺州文学,以博学著,学者纷集。参见《八闽通志》、嘉靖《邵武府志》、《闽书》、道光《福建通志》、咸丰《邵武县志》、光绪《邵武府志》、民国《福建通志》、民国《邵武县志》、《宋登科记考》。

---

① 李军、蔡忠明、傅再纯编著:《邵武历代碑铭集录》,西南大学出版社,2023年,第273页。

【上官泰亨】 乾道五年(1169)特奏名。终宁德县尉。参见《八闽通志》、嘉靖《邵武府志》、《闽书》、道光《福建通志》、咸丰《邵武县志》、光绪《邵武府志》、民国《福建通志》、民国《邵武县志》、《宋登科记考》。

按,光绪《邵武府志》作"宁德县丞"。

【上官贲】 淳熙五年(1178)特奏名。参见《八闽通志》、嘉靖《邵武府志》、《闽书》、道光《福建通志》、咸丰《邵武县志》、光绪《邵武府志》、民国《福建通志》、民国《邵武县志》、《宋登科记考》。

按,咸丰《邵武县志》作"乾道五年"特奏名。

【上官伯忠】 淳熙五年(1178)特奏名。敕授州文学。参见《八闽通志》、嘉靖《邵武府志》、《闽书》、道光《福建通志》、咸丰《邵武县志》、光绪《邵武府志》、民国《福建通志》、民国《邵武县志》、《宋登科记考》。

【上官简】 一作建昌南城县人。庆元二年(1196)登进士第。参见《八闽通志》、嘉靖《邵武府志》、《闽书》、道光《福建通志》、咸丰《邵武县志》、光绪《邵武府志》、民国《福建通志》、民国《邵武县志》。

《宋登科记考》:正德《建昌府志》卷一五《选举·进士》,同治《建昌府志》卷七《选表·进士》,光绪《江西通志》卷二二《选表·宋进士》。

按,正德《建昌府志》、光绪《江西通志》作"建昌南城县人"。

【上官泷】 庆元五年(1199)登进士第。参见《闽书》、民国《福建通志》、《宋登科记考》。

按,(1)嘉靖《邵武府志》作庆元四年"乡举",庆元四年戊午无进士科,姑附于此。(2)《宋登科记考》作"庆元五年登进士第"。(3)《长篇》转自《宋登科记考》,而《记考》录自嘉靖《邵武府志》,且将"乡举"误作进士,民国《福建通志》载为庆元五年进士。

【上官损】 字益之。上官均从曾孙。庆元五年(1199)特奏名。博学工文,授武平县主簿,调宁远丞未赴卒。参见《八闽通志》、嘉靖《邵武府志》、《闽书》、道光《福建通志》、咸丰《邵武县志》、光绪《邵武府志》、民国《福建通志》。

《宋登科记考》:清王梓材《宋元学案补遗》卷一九《主簿上官先生损》。

按,(1)咸丰《邵武县志》、民国《邵武县志》有"上官捐",疑为上官损之误,年榜相同,予以合并。(2)咸丰《邵武县志》作"淳熙五年(1178)特奏名"。

【上官必克】 字复之，一字师善，上官愔曾孙。庆元五年(1199)特奏名，调全州录事参军。参见《八闽通志》、嘉靖《邵武府志》、《闽书》、道光《福建通志》、咸丰《邵武县志》、光绪《邵武府志》、民国《福建通志》、民国《邵武县志》、《宋登科记考》。

【上官铭】 嘉泰二年(1202)登进士第。参见《闽书》、民国《福建通志》、《宋登科记考》。

按，(1)嘉靖《邵武府志》作"嘉泰元年乡举"。(2)民国《福建通志》："按，上官铭，《闽书》作嘉泰元年辛酉进士，本志无此科年。附录于此。"(3)《宋登科记考》《宋代科举资料长编》均作"嘉泰二年进士"。

【上官衡孙】 开禧元年(1205)登进士第。参见《闽书》、民国《福建通志》、《宋登科记考》。

按，嘉靖《邵武府志》作"开禧三年乡举"。

【上官涣酉】 字元之，上官恢之曾孙。嘉定元年(1208)登进士第。历知真州、池州，累迁大理卿。职至集英殿修撰。参见《八闽通志》、嘉靖《邵武府志》、《闽书》、道光《福建通志》、咸丰《邵武县志》、光绪《邵武府志》、民国《福建通志》、民国《邵武县志》。

《宋登科记考》：宋刘宰《漫塘文集》卷二二《真州新翼城记》，乾隆《江南通志》卷一二〇《选举志·宋进士》，光绪《安徽通志》卷一五五《选举表五》，清陆心源《宋诗纪事补遗》卷六三《上官涣酉》。

按，乾隆《江南通志》、光绪《安徽通志》作"和州历阳县人"。

【上官溁】 嘉定三年(1210)登进士第。参见《闽书》、民国《福建通志》。

按，嘉靖《邵武府志》作"嘉定三年乡举"，民国《福建通志》转载《闽书》附"查无此科年，姑附录此"。

【上官涣申】 嘉定三年(1210)登进士第。参见《闽书》、民国《福建通志》。

按，嘉靖《邵武府志》作"嘉定三年乡举"。

【上官发】 字元功。嘉定四年(1211)特奏名。官助教。诚实孝谨。参见《八闽通志》、嘉靖《邵武府志》、《闽书》、道光《福建通志》、咸丰《邵武县志》、光绪《邵武府志》、民国《福建通志》、民国《邵武县志》、《宋登科记考》。

【上官益明】 嘉定九年(1216)登进士第。参见《闽书》、民国《福建通志》、《宋登科记考》。

按,(1)嘉靖《邵武府志》作"嘉定九年乡举"。(2)民国《福建通志》转载《闽书》附"查无此科年,姑附录此"。

【上官琦】 字大受。嘉定十年(1217)特奏名。仕至廉州文学,以文艺杰出流辈。参见《八闽通志》、嘉靖《邵武府志》、《闽书》、道光《福建通志》、咸丰《邵武县志》、光绪《邵武府志》、民国《福建通志》、民国《邵武县志》、《宋登科记考》。

按,咸丰《邵武县志》作"嘉定四年"。

【上官昂】 字行之。嘉定十年(1217)特奏名。官迪功郎。参见《八闽通志》、嘉靖《邵武府志》、《闽书》、道光《福建通志》、咸丰《邵武县志》、光绪《邵武府志》、民国《福建通志》、民国《邵武县志》、《宋登科记考》。

按,(1)咸丰《邵武县志》作"嘉定四年"。(2)道光《福建通志》"上官昂"作"上官昇",误。

【上官知方】 嘉定十年(1217)特奏名。仕至曲江县主簿。参见《八闽通志》、嘉靖《邵武府志》、《闽书》、道光《福建通志》、咸丰《邵武县志》、光绪《邵武府志》、民国《福建通志》、民国《邵武县志》、《宋登科记考》。

【上官文正】 嘉定十五年(1222)登进士第。参见《闽书》、民国《福建通志》。

按,(1)嘉靖《邵武府志》作"嘉定十五年乡举"。(2)《闽书》作"嘉定十三年进士"。(3)民国《福建通志》转载《闽书》附"录《闽书》,本志无此科年姑附此。"

【上官荣宗】 嘉定十六年(1223)特奏名。仕终宁德县丞。参见《八闽通志》、嘉靖《邵武府志》、《闽书》、咸丰《邵武县志》、光绪《邵武府志》、民国《福建通志》、民国《邵武县志》、《宋登科记考》。

【上官彦宗】嘉定(1208—1224)中特奏名,历宜黄县丞。补录。

按,清陆心源《宋诗纪事补遗》卷六五《上官彦宗》:"邵武人,嘉定十二年特奏(名),淳祐十年官宜黄丞。"[1]

【上官涣元】 绍定四年(1231)登进士第。参见《闽书》、民国《福建通志》、《宋登科记考》。

---

[1] [清]陆心源撰:《宋诗纪事补遗》卷六五,山西古籍出版社,1997年,第1398页。

按,(1)嘉靖《邵武府志》作"绍定四年乡举"。(2)《闽书》作"绍定四年进士"。(3)民国《福建通志》:"《闽书》作绍定四年,本志无此科年,姑附此"。(4)《宋登科记考》作"上舍释褐"。

【上官涣然】 字文之,上官涣酉弟。淳祐元年(1241)登进士第。历司农丞,仕至右司郎中。参见《八闽通志》、嘉靖《邵武府志》、《闽书》、道光《福建通志》、咸丰《邵武县志》、光绪《邵武府志》、民国《福建通志》、民国《邵武县志》。

《宋登科记考》:清李清馥《闽中理学渊源考》卷一三《司农丞上官文之先生涣然》。

【上官子进】 淳祐四年(1244)登进士第。历萍乡县尉。参见《八闽通志》、嘉靖《邵武府志》、《闽书》、道光《福建通志》、咸丰《邵武县志》、光绪《邵武府志》、民国《福建通志》、民国《邵武县志》、《宋登科记考》。

按,民国《福建通志》附注"邵武和平人"。

【上官应琪】 字以实。淳祐四年(1244)特奏名。官通直郎。参见《八闽通志》、嘉靖《邵武府志》、《闽书》、道光《福建通志》、咸丰《邵武县志》、光绪《邵武府志》、民国《福建通志》、民国《邵武县志》、《宋登科记考》。

【上官庸】 字时伯。淳祐四年(1244)特奏名。仕至滁州司户参军。参见《八闽通志》、嘉靖《邵武府志》、《闽书》、道光《福建通志》、咸丰《邵武县志》、光绪《邵武府志》、民国《福建通志》、民国《邵武县志》、《宋登科记考》。

【上官天锡】 淳祐七年(1247)登进士第。参见《八闽通志》、嘉靖《邵武府志》、《闽书》、道光《福建通志》、咸丰《邵武县志》、光绪《邵武府志》、民国《福建通志》、民国《邵武县志》、《宋登科记考》。

【上官彦华】 淳祐十年(1250)特奏名。仕至宜黄县丞。参见嘉靖《邵武府志》、《八闽通志》、道光《福建通志》、咸丰《邵武县志》、光绪《邵武府志》、民国《邵武县志》、《宋登科记考》。

按,(1)上官彦华,《八闽通志》作"淳祐十年特奏名"。(2)嘉靖《邵武府志》记载二次,先作嘉定十二年"乡举",后作"淳祐十年特奏名"。《闽书》作"嘉祐十二年进士"(志书误载,应为淳祐十二年),且附"淳祐十年特奏名",道光《福建通志》作"淳祐十年特奏名",咸丰《邵武县志》、民国《邵武县志》作"嘉祐十年特奏名"(志书误载,应为淳祐十年)。今从明代志书作"淳祐十年特奏名"。

年榜无考者：

【上官世京】 宋登进士第。仕至通判。参见嘉靖《邵武府志》、光绪《邵武府志》、民国《邵武县志》。

按，嘉靖《邵武府志》作"邵武军人"。

【上官邵史】 宋登进士第。历任通判。参见嘉靖《邵武府志》、光绪《邵武府志》、民国《邵武县志》。

按，嘉靖《邵武府志》作"邵武军人"。

【上官端修】 绍兴中登进士第。淳熙二年任奉议郎、郴州通判。参见嘉靖《邵武府志》、光绪《邵武府志》、民国《邵武县志》。

按，嘉靖《邵武府志》作"邵武军人"。

【上官闳】 宋进士。官中郎。参见嘉靖《邵武府志》、光绪《邵武府志》、民国《邵武县志》。

按，嘉靖《邵武府志》作"邵武军人"。

2. 龚氏家族

【龚伟】 雍熙二年（985）登进士第。参见咸丰《邵武县志》、光绪《邵武府志》、民国《邵武县志》。

按，民国《邵武县志》作"龚讳"。

【龚识】 字默甫，慎仪子。端拱元年（988）登进士第十四人。历殿中侍御史。参见《八闽通志》、嘉靖《邵武府志》、《闽书》、道光《福建通志》、咸丰《邵武县志》、光绪《邵武府志》、民国《福建通志》、民国《邵武县志》。

《宋登科记考》：淳祐《玉峰志》卷中《人物》，淳祐《玉峰志》卷中《进士题名》，宋刘昌诗《芦浦笔记》卷五《金花帖子》，宋龚明之《中吴纪闻》卷一《先高祖》，宋范成大《吴郡志》卷二五《人物》，嘉靖《昆山县志》卷六《进士·宋》。

按，淳祐《玉峰志》、《吴郡志》、嘉靖《昆山县志》等记为苏州昆山人（今苏州市昆山市玉山镇），其字号、登科年份无误。龚识原籍邵武人，后迁昆山，《宋登科记考》作苏州昆山人。

【龚询】 端拱元年（988）特奏名赐同进士出身。处州功曹。参见咸丰《邵武县志》、光绪《邵武府志》、民国《邵武县志》。

【龚纬】 龚纪弟。淳化三年(992)登进士第。历官桂阳县令。参见《八闽通志》、嘉靖《邵武府志》、《闽书》、道光《福建通志》、咸丰《邵武县志》、光绪《邵武府志》、民国《福建通志》、民国《邵武县志》。

《宋登科记考》:宋范成大《吴郡志》卷二八《进士题名》,乾隆《江南通志》卷一一九《选举志·宋进士》。

按,《吴郡志》、乾隆《江南通志》作"原籍邵武军,徙居苏州昆山县"。

【龚纪】 龚纬兄。咸平三年(1000)进士及第。历知桂阳县,仕至职方郎中。参见《八闽通志》、嘉靖《邵武府志》、《闽书》、道光《福建通志》、咸丰《邵武县志》、光绪《邵武府志》、民国《福建通志》、民国《邵武县志》。

《宋登科记考》:宋范成大《吴郡志》卷二八《进士题名》,宋彭乘《墨客挥犀续》卷一《妖异未必尽为祸》,正德《姑苏志》卷五《科第表上·宋进士》,乾隆《江南通志》卷一一九《选举志·宋进士》,同治《饶州府志》卷一四《选举志·进士·宋》。

按,《吴郡志》、正德《姑苏志》、乾隆《江南通志》、同治《饶州府志》作苏州吴县人,同龚纬"原籍邵武军,徙居苏州昆山县"。

【龚国隆】 字汝贤,龚纬子。大中祥符五年(1012)释褐登上舍第,官授连州贵阳令。参见咸丰《邵武县志》、民国《福建通志》。

按,《龚氏家谱》:"葬邵武大埠岗"。

【龚宗元】 字会之,龚识子。天圣五年(1027)登进士第,初授仁和县主簿。历衢州、越州通判,终都官员外郎,有诗名。参见《八闽通志》、嘉靖《邵武府志》、《闽书》、道光《福建通志》、咸丰《邵武县志》、光绪《邵武府志》、民国《福建通志》、民国《邵武县志》。

《宋登科记考》:宋范成大《吴郡志》卷二五《人物》,宋龚明之《中吴纪闻》卷二《曾大父》,淳祐《玉峰志》卷中《进士题名》,乾隆《江南通志》卷一一九《选举志·进士·宋》。

按,《吴郡志》、《中吴纪闻》、淳祐《玉峰志》、乾隆《江南通志》作"苏州昆山县人"。

【龚会元】 字千龄,天圣八年(1030)进士及第。仕至礼部郎。参见《八闽通志》、嘉靖《邵武府志》、《闽书》、道光《福建通志》、咸丰《邵武县志》、光绪《邵武府志》、民国《福建通志》、民国《邵武县志》。

《宋登科记考》：宋范成大《吴郡志》卷二八《进士题名》，正德《姑苏志》卷五《科第表上·宋进士》，正德《饶州府志》卷二《学校·附科贡征辟·安仁县学》，乾隆《江南通志》卷一一九《选举志·进士一·宋》，同治《饶州府志》卷一四《选举志·宋进士》。

按，(1)《吴郡志》、正德《姑苏志》、正德《饶州府志》、乾隆《江南通志》作"苏州昆山县人"。(2)《八闽通志》、嘉靖《邵武府志》、道光《福建通志》作"仕至礼部郎"。(3)咸丰《邵武县志》、民国《邵武县志》作"礼部尚书"。《龚氏家谱》作"历官至太常少卿"。(4)《八闽通志》作"龚询子"，民国《邵武县志》作"龚识子"。(5)《中华龚氏福建历代先贤传略》载："龚会元，字千龄，派行十六郎，龚氏家族龚询子，族裔尊为八世祖，亦智房三世祖。生殁葬不详，生子一。"

【龚昊】 嘉祐元年(1056)释褐登上舍第，赐同进士出身。参见咸丰《邵武县志》、光绪《邵武府志》、民国《福建通志》。

按，民国《福建通志》作"科年无考"，作"龚果"，疑误，予合并。

【龚仕忠】 字尽臣，嘉祐二年(1057)登进士第，官检阅局校书。参见咸丰《邵武县志》、光绪《邵武府志》、民国《福建通志》、民国《邵武县志》。

【龚程】 字万里，龚识孙，龚宗元子。嘉祐八年(1063)登进士第。官检阅局校书。参见《八闽通志》、嘉靖《邵武府志》、《闽书》、道光《福建通志》、咸丰《邵武县志》、光绪《邵武府志》、民国《福建通志》、民国《邵武县志》。

《宋登科记考》：宋范成大《吴郡志》卷二五《人物》，淳祐《玉峰志》卷中《进士题名》，至正《昆山郡志》卷四《龚识》，乾隆《江南通志》卷一一九《选举志·宋进士》。

按，《中华龚氏福建历代先贤传略》载"随父宦居姑苏，后迁居湖广，致仕居苏州(昆山)，后裔居于斯，遂成望族。"[1]按惯例祖迁异地，其子孙可记为原籍，但至第四代曾孙辈籍贯应记为迁入地。

【龚敏】 字吉老。治平四年(1067)释褐登上舍第，承直郎、知闽清县。参见咸丰《邵武县志》、光绪《邵武府志》。

【龚讽】 字玉成，熙宁九年(1076)特奏名。主徽州监簿，迁岳州参军并录参司事。参见咸丰《邵武县志》、光绪《邵武府志》、民国《福建通志》、民国《邵武县志》。

---

[1] 龚建雄：《中华龚氏福建历代先贤传略》，中国文化出版社，2020年，第80页。

【龚远】 字尔登,元丰五年(1082)进士及第。充翰林检勘文字官。参见咸丰《邵武县志》、光绪《邵武府志》、民国《福建通志》、民国《邵武县志》。

【龚邦彦】 元祐三年(1088)进士及第。知常州府事。参见咸丰《邵武县志》、光绪《邵武府志》、民国《福建通志》、民国《邵武县志》。

按,(1)咸丰《邵武县志》:"据《龚氏家谱》称:贶叔同登是科进士,而旧志有黄邦彦,或同名异姓未可知,姑录以俟考。"(2)民国《福建通志》据光绪《邵武府志》补,民国《邵武县志》注"俟考"。

【龚贶】 字心与,龚会元之子。元祐三年(1088)登进士第,仕至真州通判。参见《八闽通志》、嘉靖《邵武府志》、《闽书》、道光《福建通志》、咸丰《邵武县志》、光绪《邵武府志》、民国《福建通志》、民国《邵武县志》。

【龚夬】 字彦和。元祐六年(1091)中进士。授承事郎、签书河南节度判官厅公事,累迁殿中侍御史,追谥节肃。参见道光《福建通志》、咸丰《邵武县志》、光绪《邵武府志》、民国《邵武县志》。

《宋登科记考》:《宋会要·选举》二之一二《贡举·进士科》,宋叶适《水心文集》卷二六《故赠右谏议大夫龚公谥节议》,宋范祖禹《范太史集》卷二五《荐龚夬札子》,《宋史》卷三四六《龚夬传》,光绪《畿辅通志》卷三四《选举·宋·进士》。

按,(1)《宋会要辑稿·选举》、《水心文集》、《范太史集》、《宋史》、光绪《畿辅通志》皆载为"瀛州人"。(2)《宋登科记考》作"元祐三年"。(3)《中华龚氏福建历代先贤传略》作"字道亭……娶黄中美之女为妻……葬二都苦竹坑"[1]。查朱熹撰《朝议大夫致仕赠光禄大夫黄公(中美)神道碑铭》:"女五人:其婿宣教郎朱康年、保义郎周郁[2]、修职郎赵舜臣、通直郎杜铎、进士李先之也。"[3]黄中美五个女婿无龚夬。(4)《中华龚氏福建历代先贤传略》与《宋史》所载《龚夬传》歧义较多。

【龚彦彰】 绍兴二年(1132)进士及第。官参军。参见咸丰《邵武县志》、光绪《邵武府志》、民国《福建通志》、民国《邵武县志》。

按,咸丰《邵武县志》"采《龚氏家谱》补"。

【龚荣】 绍兴五年(1135)特奏名。官荆湖刑狱充授判使。参见咸丰《邵武县志》、光绪《邵武府志》、民国《福建通志》、民国《邵武县志》。

---

[1] 龚建雄:《中华龚氏福建历代先贤传略》,中国文化出版社,2020年,第104页。
[2] 保义郎周郁,《晦庵先生朱文公文集》本作"保义郎朱郁"。
[3] 李军、蔡忠明、傅再纯编著:《邵武历代碑铭集录》,西南大学出版社,2023年,第312页。

按，龚荣为特奏名初见于咸丰《邵武县志》，民国《邵武县志》转载，未载登科年份。光绪《邵武府志》、民国《福建通志》作"绍兴五年特奏名"。以上志书均采自《龚氏家谱》。《龚氏家谱》载"绍兴五年乙卯特奏名，荆湖刑狱充授判使"[1]。

【龚伸】 字振宇。绍兴五年(1135)特奏名。初授司户，迁助教，擢监察御史。参见咸丰《邵武县志》、光绪《邵武府志》、民国《福建通志》、民国《邵武县志》。

按，龚伸为特奏名初见于咸丰《邵武县志》"官监察御史，因劾汤思退罢职，贬官阶州敕还"，民国《邵武县志》转载，均未载登科年份。光绪《邵武府志》、《民国府志通志》作"绍兴五年特奏名"。以上志书均采自《龚氏家谱》。《龚氏家谱》所载"绍兴五年，特奏名第一"。[2]

【龚概】 字贞卿。绍兴十二年(1142)登进士第。历武安推官，永安县丞。参见道光《福建通志》、咸丰《邵武县志》、光绪《邵武府志》、民国《福建通志》、民国《邵武县志》、《宋登科记考》。

【龚钟】 字太和，政和六年(1116)释褐登上舍第。参见咸丰《邵武县志》、光绪《邵武府志》。

按，《龚氏家谱》载"归隐邵武福山"。

【龚钺】 字冠军。淳熙五年(1178)特奏名。官权知军事，转四川防御副使。参见咸丰《邵武县志》、光绪《邵武府志》、民国《福建通志》、民国《邵武县志》。

按，《中华龚氏福建历代先贤传略》："葬邵武万峰山左，生子二：龚荣正、龚荣器。"[3]

【龚云】 字玉泽，庆元五年(1199)特奏名。归隐武夷山，后于邵武福山修行。参见咸丰《邵武县志》、光绪《邵武府志》、民国《福建通志》、民国《邵武县志》、《宋登科记考》。

【龚宗显】 开禧元年(1205)进士及第。朝奉大夫、知军事。参见《八闽通志》、嘉靖《邵武府志》、《闽书》、道光《福建通志》、咸丰《邵武县志》、光绪《邵武府志》、民国《福建通志》、民国《邵武县志》、《宋登科记考》。

---

[1] 龚建雄：《中华龚氏福建历代先贤传略》，中国文化出版社，2020年，第492页。
[2] 龚建雄：《中华龚氏福建历代先贤传略》，中国文化出版社，2020年，第149页。
[3] 龚建雄：《中华龚氏福建历代先贤传略》，中国文化出版社，2020年，第170页。

【龚昌】 嘉定三年(1210)释褐登上舍第,官宣议郎、阁门舍人。参见咸丰《邵武县志》、光绪《邵武府志》、民国《邵武县志》。

按,《龚氏家谱》载为"嘉定三年庚午特奏名"。

【龚庆祖】 嘉定四年(1211)登进士第。吏部录事。参见咸丰《邵武县志》、光绪《邵武府志》、民国《福建通志》、民国《邵武县志》。

【龚定之】 字匡国。绍定二年(1229)登进士第。初授黄州教授,荐举太常博士,擢翰林侍讲。参见嘉靖《邵武府志》、咸丰《邵武县志》、光绪《邵武府志》、民国《福建通志》、民国《邵武县志》、《宋登科记考》。

按,嘉靖《邵武府志》载为"年榜年数莫考"。

【龚震之】 字武烈,绍定五年(1232)进士及第。终官谏议大夫。参见嘉靖《邵武府志》、咸丰《邵武县志》、光绪《邵武府志》、民国《福建通志》、民国《邵武县志》、《宋登科记考》。

按,嘉靖《邵武府志》"年榜年数莫考"。咸丰《邵武县志》"采《龚氏家谱》补"。

【龚厚】 淳祐四年(1244)特奏名。四川茶马副使。参见咸丰《邵武县志》、光绪《邵武府志》、民国《福建通志》、民国《邵武县志》、《宋登科记考》。

【龚老行】 字伯美,龚震之子。咸淳元年(1265)登进士第。初授判建康,后调判衡州,终督军马使。参见嘉靖《邵武府志》、道光《福建通志》、咸丰《邵武县志》、光绪《邵武府志》、民国《福建通志》、民国《邵武县志》、《宋登科记考》。

按,嘉靖《邵武府志》"年榜年数莫考"。

【龚戎】 咸淳元年(1265)释褐登上舍第。参见咸丰《邵武县志》、光绪《邵武府志》、民国《邵武县志》。

按,《龚氏家谱》卷三《龚氏仁房列祖行实会要》"第二十世,戎公,字应熊,亨公幼子。戎公娶黄公绍之妹良姊,通晓诗律、能为稽书,戎或怠于读书即孜孜劝戒,日有进机。咸淳元年(1265)释褐,未及职,得病而死。"[1]

【龚荣正】 咸淳四年(1268)释褐登上舍第。参见咸丰《邵武县志》、光绪《邵武府志》、民国《邵武县志》、《宋登科记考》。

按,《龚氏家谱》载:"荣正公,字应瑞,开禧三年官授迪公郎。"[2]

[1] 邵武茅埠《龚氏族谱》六修本,2000年,闽邵龚氏义房万四公支合族修,第106页。
[2] 邵武茅埠《龚氏族谱》六修本,2000年,闽邵龚氏义房万四公支合族修,第61页。

【龚谯】 字国芳。咸淳四年(1268)释褐登上舍第,中书舍人。参见咸丰《邵武县志》、光绪《邵武府志》、民国《邵武县志》。

【龚雍】 字行简,咸淳七年(1271)登进士第。终官司农卿,崇文阁学士。参见咸丰《邵武县志》、光绪《邵武府志》、民国《福建通志》、民国《邵武县志》、《宋登科记考》。

以下为龚氏年榜无考进士:

【龚经】 宋进士。官主事。参见咸丰《邵武县志》、光绪《邵武府志》、民国《福建通志》。

按,《龚氏家谱》无载。

【龚仲瑛】 宋进士。官典簿。参见咸丰《邵武县志》、光绪《邵武府志》、民国《福建通志》、民国《邵武县志》、《宋登科记考》。

按,《龚氏家谱》无载。

【龚国章】 宋进士。官中书舍人。参见咸丰《邵武县志》、光绪《邵武府志》、民国《邵武县志》、《宋登科记考》。

按,《龚氏家谱》载:"国章公,字先孝,宣和元年进士,官授内阁中书"[1]。

【龚原】 宋进士,宏词科。官司业。参见咸丰《邵武县志》、光绪《邵武府志》、民国《福建通志》、民国《邵武县志》、《宋登科记考》。

按,(1)杨时撰《李修撰墓志铭》:"龚公原得其文读之,叹曰:'此必山林幽栖笃学之士所为,今之学者莫能为也。'"[2] (2)《龚氏家谱》作龙岩人。

【龚煜】 宋进士,登仕郎。参见咸丰《邵武县志》、光绪《邵武府志》、民国《邵武县志》。

3.黄氏

【黄政】 太平兴国八年(983)登进士第。参见民国《福建通志》。

按,民国《福建通志》采自邵武和平《黄氏家谱》,家谱载:"黄政,字维柱,号有恒,生于后梁太祖乾化元年辛未二月二十九日辰时,北宋太平兴国八年试六合成家赋赐进士第一百七十一名,官司空。"[3]此处家谱记载问题颇多,存疑。

---

[1] 邵武茅埠《龚氏族谱》六修本,2000年,闽邵龚氏义房万四公支合族修,第59页。
[2] [宋]《杨时集》,北京:中华书局,2018年点校本,第3册,第806-814页。
[3] 邵武和平《黄氏大成宗谱》卷三《纪实总图》(七五),光绪十五年重修,谱存邵武市和平镇。

【黄奭】 咸平三年(1000)登进士第。仕至太常博士。参见《八闽通志》、嘉靖《邵武府志》、《闽书》、道光《福建通志》、咸丰《邵武县志》、光绪《邵武府志》、民国《福建通志》、民国《邵武县志》、《宋登科记考》。

【黄垍】 黄奭子。天圣八年(1030)登进士第。仕至屯田员外郎。参见《八闽通志》、嘉靖《邵武府志》、《闽书》、道光《福建通志》、咸丰《邵武县志》、光绪《邵武府志》、民国《福建通志》、民国《邵武县志》、《宋登科记考》。

《宋登科记考》：清陆心源《宋诗纪事小传补正》卷一《黄垍》。

按，咸丰《邵武县志》、民国《邵武县志》、民国《福建通志》、《宋登科记考》作"黄珀"。道光《福建通志》、光绪《邵武府志》作"黄珀"，嘉靖《邵武府志》作"未载籍"。

【黄汝奇】 庆历二年(1042)登进士第。仕至都官员外郎。参见《八闽通志》、嘉靖《邵武府志》、《闽书》、道光《福建通志》、咸丰《邵武县志》、光绪《邵武府志》、民国《福建通志》、民国《邵武县志》、《宋登科记考》。

按，嘉靖《邵武府志》作"仕至屯田员外郎"。

【黄仅】 皇祐五年(1053)登进士第。参见《八闽通志》、嘉靖《邵武府志》、《闽书》、道光《福建通志》、咸丰《邵武县志》、光绪《邵武府志》、民国《福建通志》、民国《邵武县志》、《宋登科记考》。

按，(1)《宋始兴郡守黄公墓志》："曾祖考讳蒙，举进士，赠中奉大夫"[1]。(2)光绪《邵武府志》作"黄僮"，疑将"僅"误作"僮"。

【黄履】 字安中。嘉祐元年(1056)上舍释褐第一人。历知制诰、御史中丞，仕至尚书右丞，终资政殿大学士。参见《八闽通志》嘉靖《邵武府志》、《闽书》、道光《福建通志》、咸丰《邵武县志》、光绪《邵武府志》、民国《邵武县志》。详见本书附录二《宋代邵武宰辅任期集证》、附录三《邵武历代尚书考》。

《宋登科记考》：《宋会要·选举》二之九《贡举·进士科》，宋彭百川《太平治迹统类》卷二八《祖宗科举取人·仁宗》，《宋史》卷四三八《黄履传》，光绪《江西通志》卷九《宋职官表》。

按，(1)《宋登科记考》作"嘉祐六年(1061)中进士第五人"，误。(2)《宋尚书黄公墓志(盖)》20世纪90年代出土于邵武大竹镇官墩村杨梅垅，现存邵武某

---

[1] 李军、蔡忠明、傅再纯编著：《邵武历代碑铭集录》，西南大学出版社，2023年，第352页。

处。(3)《宋沛国先生夫人墓志铭》:"翰林侍讲学士、左朝散大夫、御史中丞、上柱国、会稽郡开国侯、食邑一千九百户食实封贰伯(佰)户、赐紫金鱼袋黄履撰。"①墓主为朱藻妻黄氏,系尚书右丞黄履胞姐。黄氏有二子登第:朱蒙正,元丰八年(1085)进士,以扬州江都主簿迁南康军都昌令,朱绍,及第信息不详,曾任福州司理参军。(4)邵武大埠岗江富《五经黄氏宗谱》卷二《膺公支下世录》:"(履公)卒宋哲宗二年官舍,九月三十日丑时勅葬龙潭官墩杨梅"②,家谱与正史出生时间有不同。

【黄伸】 字彦发。嘉祐元年(1056)上舍释褐。历知泉州、建州。终司农寺卿。参见《八闽通志》、嘉靖《邵武府志》、《闽书》、道光《福建通志》、咸丰《邵武县志》、光绪《邵武府志》、民国《福建通志》、民国《邵武县志》。

《宋登科记考》:明凌迪知《万姓统谱》卷四七《黄伸》,清陆心源《宋诗纪事补遗》卷一四《黄伸》,民国《福建通志·职官志》。

按,(1)《八闽通志》、嘉靖《邵武府志》、《闽书》、道光《福建通志》、光绪《邵武府志》均作嘉祐元年(1056)黄履榜上舍释褐。咸丰《邵武县志》、民国《邵武县志》既作嘉祐六年进士,又作嘉祐元年释褐,《宋登科记考》作嘉祐六年(1061)进士。(2)和平《黄氏家谱》亦记为嘉祐六年(1061)进士。这种情况可能是黄伸在嘉祐元年(1056)以上舍释褐入官,嘉祐六年(1061)又以科举登第。今从明代志书记为嘉祐元年(1056)释褐。(3)《八闽通志》卷七十《人物·邵武府》"黄伸,字彦发。邵武人。远祖惟淡教子皆登科,世号'黄五经'。伸与兄仅、弟侑齐名,时比'河东三凤'。"

【黄通】 字介夫。嘉祐二年(1057)登进士第。累官大理寺丞。参见《八闽通志》、嘉靖《邵武府志》、《闽书》、道光《福建通志》、咸丰《邵武县志》、光绪《邵武府志》、民国《福建通志》、民国《邵武县志》。

《宋登科记考》:清厉鹗《宋诗纪事》卷二二《黄通》。

按,(1)道光《福建通志》载"以韩琦、范仲淹荐,除大理寺丞"。(2)嘉靖《邵武府志》卷十三《乡贤》载:"黄通,字介夫,邵武九里屯人。"(3)邵武《黄氏家谱》载为黄峭第三子黄荀之曾孙。(4)《宋代科举资料长编·北宋卷(上)》:"黄通,闽人,

---

① 李军、蔡忠明、傅再纯编著:《邵武历代碑铭集录》,西南大学出版社,2023年,第220页。
② 江富《五经黄氏宗谱》卷二《膺公支下世录》,民国三十七年(1948)第五修,谱存邵武市大埠岗镇江富村。

累举不第。作官数任,年将耳顺,锁厅应举。或嘲云:'老妓舞《柘枝》,剩员呈武艺(《江邻几杂志》)。'"该黄通或为同名。

【黄侑】 黄伸弟。嘉祐六年(1061)登进士第。参见《八闽通志》、嘉靖《邵武府志》、《闽书》、道光《福建通志》、咸丰《邵武县志》、光绪《邵武府志》、民国《福建通志》、民国《邵武县志》、《宋登科记考》。

【黄德裕】 字仲益,吴伟明岳父。元丰二年(1079)登进士第,历知福州闽县、利州、终知凤翔府,方正有为。参见《八闽通志》、嘉靖《邵武府志》、《闽书》、道光《福建通志》、咸丰《邵武县志》、光绪《邵武府志》、民国《福建通志》、民国《邵武县志》。

《宋登科记考》:明凌迪知《万姓统谱》卷四七《黄德裕》。

按,(1)近年出土黄德裕墓志《宋故左中大夫直秘阁致仕黄公墓志铭》。从中可知,黄德裕子孙多人登第入仕。其子黄邦彦,元祐三年(1088)进士,主管台州崇道观;黄邦杰,江淮荆浙闽广等路经制发运司主管籴粜官;黄邦式,特差监潭州南岳庙;黄邦佐,贵州司户兼录事参军。邦式之子黄通,字景声,南宋隆兴元年(1163)进士,任江南西路提点刑狱。黄通之子黄静夫,绍熙元年(1190)进士,知福州闽县。静夫玄孙黄清老,元泰定四年(1327)进士。①(2)近年出土《高公墓志铭》,墓主高世罕,其长女嫁上官凝,庆历二年(1042)进士;次女嫁进士陈信;长孙女嫁黄德裕,元丰二年(1079)进士;次孙女嫁上官恢,元丰八年(1085)进士。"②(3)道光《福建通志》作"黄德祐",误。

【黄邦彦】 德裕长子。元祐三年(1088)登进士第。参见《八闽通志》、嘉靖《邵武府志》、《闽书》、道光《福建通志》、咸丰《邵武县志》、光绪《邵武府志》、民国《福建通志》、民国《邵武县志》。

《宋登科记考》:正德《建昌府志》卷一五《选举·宋进士》,同治《建昌府志》卷七《选表·进士》,光绪《江西通志》卷二一《选表·宋进士》。

按,正德《建昌府志》、同治《建昌府志》、光绪《江西通志》作"建昌军南丰县人"。

【黄中美】 字文昭,黄蒙之子。绍圣元年(1094)登进士第。初授真定府左司理参军,迁真定府录事参军,终官朝议大夫。参见《八闽通志》、嘉靖《邵武府

---

① 李军、蔡忠明、傅再纯编著:《邵武历代碑铭集录》,西南大学出版社,2023年,第269-273页。
② 李军、蔡忠明、傅再纯编著:《邵武历代碑铭集录》,西南大学出版社,2023年,第218页。

志》、《闽书》、道光《福建通志》、咸丰《邵武县志》、光绪《邵武府志》、民国《福建通志》、民国《邵武县志》。

《宋登科记考》：宋朱熹《晦庵先生朱文公文集》卷八九《朝议大夫致仕赠光禄大夫黄公神道碑》，咸淳《毗陵志》卷一一《文事·科名》，乾隆《江南通志》卷一一九《选举志·进士一·宋》。

按，(1)咸淳《毗陵志》、乾隆《江南通志》作"常州人"。(2)咸丰《邵武县志》卷二《冢墓》："朝议大夫黄中美墓在铜青之宝隆原，朱子书碑，碑覆以亭，明知府冯孜建，夏英修，今亭废碑存。"①(3)有《朝议大夫致仕赠光禄大夫黄公神道碑铭》立于铜青宝隆山下(今晒口街道同青新村)，今佚失。②

【黄伯思】 字长睿，道名霄宾，自号云林子。黄履孙。元符三年(1100)中进士高第。授磁州司法参军，仕至秘书郎。参见《八闽通志》、嘉靖《邵武府志》、《闽书》、道光《福建通志》、咸丰《邵武县志》、光绪《邵武府志》、民国《福建通志》、民国《邵武县志》。

《宋登科记考》：宋李纲《梁溪集》卷一六八《宋故秘书郎黄公墓志铭》，《宋史》卷四四三《黄伯思传》。

按，邵武大埠岗江富《五经黄氏宗谱》卷二《膺公支下世录》："第十二世：伯思，应求公长子，行一，登宋哲宗元符三年进士，官至博士朝散郎大夫，娶张氏，封赠宜人，享年五十九而卒，夫妇同葬福州洪塘。生子二：诏、诰。"③

【黄潜善】 字茂和。黄履从弟，户部尚书黄潜厚弟。元符三年(1100)登进士第。建炎中，累官书左仆射兼门下侍郎，仕终于观文殿大学士、知江宁府。参见《八闽通志》、嘉靖《邵武府志》、《闽书》、道光《福建通志》、咸丰《邵武县志》、光绪《邵武府志》、民国《福建通志》、民国《邵武县志》。详见本书附录二《宋代邵武宰辅任期集证》。

《宋登科记考》：宋彭百川《太平治迹统类》卷二八《祖宗科取人·哲宗》，宋李心传《建炎以来系年要录》卷一七四(绍兴二十六年九月戊辰)，《宋史》卷四七三《黄潜善传》。

---

① [清]咸丰《邵武县志》，1986年点校本，第119页。
② 李军、蔡忠明、傅再纯编著：《邵武历代碑铭集录》，西南大学出版社，2023年，第244页。
③ 江富《五经黄氏宗谱》卷二《膺公支下世录》，民国三十七年(1948)第五修，谱存邵武市大埠岗镇江富村。

【黄章】 黄中弟。绍兴二年(1132)登进士第。历福建路提举常平茶事,仕至左朝奉郎、知台州。参见《八闽通志》、嘉靖《邵武府志》、《闽书》、道光《福建通志》、咸丰《邵武县志》、光绪《邵武府志》、民国《福建通志》、民国《邵武县志》。

《宋登科记考》:宋朱熹《晦庵先生朱文公文集》卷九一《端明殿学士黄公墓志铭》,宋朱熹《晦庵先生朱文公文集》卷九一《建安郡夫人游氏墓》,《嘉定赤城志》卷九《本朝郡守》,《永乐大典》卷八八四三《游·黄崇妻游氏》,清王梓材《宋元学案补遗》卷二六《黄先生章》。

【黄中】 字通老。黄章兄。绍兴五年(1135)中进士第二名。授左文林郎、保宁军节度推官。累拜兵部尚书兼侍读,以龙图阁学士致仕,进端明殿学士。卒谥简肃。参见《八闽通志》、嘉靖《邵武府志》、《闽书》、道光《福建通志》、咸丰《邵武县志》、光绪《邵武府志》、民国《福建通志》、民国《邵武县志》。

《宋登科记考》:宋李心传《建炎以来系年要录》卷九三"绍兴五年九月乙亥",宋李心传《系年要录》卷一七〇"绍兴二十五年十一月丙戌",宋朱熹《晦庵先生朱文公文集》卷九一《黄公墓志铭》,宋周必大《二老堂杂志》卷二,《宋史》卷三八二《黄中传》。

按,(1)咸丰《邵武县志》卷二《冢墓》:"黄简肃公墓道坊在故县前街。"[1] (2)近年出土《有宋江夏郡侯夫人詹氏墓志》[2],墓主系端明殿学士黄中妻。

【黄彻】 绍兴十五年(1145)登进士第。参见《八闽通志》、嘉靖《邵武府志》、《闽书》、道光《福建通志》、咸丰《邵武县志》、光绪《邵武府志》、民国《福建通志》、民国《邵武县志》、《宋登科记考》。

按,道光《福建通志》"诸志皆有邵武黄彻,附记于此。"

【黄璋】 字德成。绍兴十八年(1148)登进士第五甲第二十七人,与朱熹同榜进士。参见道光《福建通志》、光绪《邵武府志》、民国《福建通志》、《宋登科记考》。

按,《绍兴十八年同年小录》:"邵武军邵武县永城乡庶康里人。"[3]

【黄永存】 字坚叟,黄中美第四子。绍兴二十四年(1154)登进士第。历官尚书郎、军器监。出为淮南转运副使,大修农战,为北伐计。迁知温州,终正议

---

[1] [清]咸丰《邵武县志》,1986年点校本,第119页。
[2] 李军、蔡忠明、傅再纯编著:《邵武历代碑铭集录》,西南大学出版社,2023年,第294页。
[3] 《登科录·题名录》,载王云五主编:《丛书集成初编》,商务印书馆(长沙),1939年排印本,第3409册,第32页。

大夫。参见《八闽通志》、嘉靖《邵武府志》、《闽书》、道光《福建通志》、咸丰《邵武县志》、光绪《邵武府志》、民国《福建通志》、民国《邵武县志》、《宋登科记考》。

按,(1)《宋黄永存墓志》碑文见《小山杂著》①。(2)咸丰《邵武县志》卷二《冢墓》:"正议大夫黄永存墓在新屯"。(3)《宋会要辑稿·职官七二·黜降官九》:"(淳熙十二年七月二十三日)朝请大夫、淮南路运判、兼淮西提刑黄永存,朝请郎、知和州张士儋,各特降两官,仍展一期叙。"②

【黄遹】 字景声,自号熙春野老。德裕孙,邦式子。隆兴元年(1163)登进士第。授将乐县主簿,历直焕章阁、知建宁府,终提点江西路刑狱公事,以不附韩侂胄归自。参见《八闽通志》、嘉靖《邵武府志》、《闽书》、道光《福建通志》、咸丰《邵武县志》、光绪《邵武府志》、民国《福建通志》、民国《邵武县志》。

《宋登科记考》:宋陈骙《南宋馆阁录续录》卷七。

按,(1)参见《宋故左中大夫直秘阁致仕黄公墓志铭》(2)《宋会要辑稿·职官五二》"(淳熙元年)九月二十七日,诏遣干办行在诸司审计司黄遹往江阴军,相度开浚横河。"③(3)光绪《邵武府志》作"黄适",误。《八闽通志》作"号熙台野老"。

【黄静夫】 黄遹子。绍熙元年(1190)登进士第。参见《八闽通志》、嘉靖《邵武府志》、《闽书》、道光《福建通志》、咸丰《邵武县志》、光绪《邵武府志》、民国《福建通志》、民国《邵武县志》、《宋登科记考》。

【黄大全】 黄永存孙。绍熙四年(1193)登进士第。从事郎、四川制置属官。参见《八闽通志》、嘉靖《邵武府志》、《闽书》、道光《福建通志》、咸丰《邵武县志》、光绪《邵武府志》、民国《福建通志》、民国《邵武县志》、《宋登科记考》。

按,《宋黄永存墓志》原注:"(黄大全)登绍熙四年进士第,从事郎、四川制置属官。"④

【黄㭿】 黄永存子。庆元二年(1196)登进士第。参见《八闽通志》、嘉靖《邵武府志》、《闽书》、道光《福建通志》、咸丰《邵武县志》、光绪《邵武府志》、民国《福建通志》、民国《邵武县志》、《宋登科记考》。

按,(1)民国《邵武县志》作"黄栖",误。(2)见《宋黄永存墓志》。

---

① [宋]何澹:《小山杂著》之《黄公墓志铭》,收于《永乐大典》卷七六五○黄字韵,北京:中华书局,1986年,第4册,第3532-3534页。
② [清]徐松辑:《宋会要辑稿》,刘琳等点校,上海古籍出版社,2014年,第7169页。
③ [清]徐松辑:《宋会要辑稿》,刘琳等点校,上海古籍出版社,2014年,第6747页。
④ 李军、蔡忠明、傅再纯编著:《邵武历代碑铭集录》,西南大学出版社,2023年,第331页。

【黄棨】 字肃甫,黄中孙,黄瀚子。嘉泰二年(1202)登进士第。历靖州通判,仕至工部员外郎。参见《八闽通志》、嘉靖《邵武府志》、《闽书》、道光《福建通志》、咸丰《邵武县志》、光绪《邵武府志》、民国《福建通志》、民国《邵武县志》。

《宋登科记考》:清李清馥《闽中理学渊源考》卷一三《外郎黄甫先生棨》,清王梓材《宋元学案补遗别附》卷二《外黄先生棨》。

按,(1)近年出土《宋司农少卿黄公墓志》,墓主黄瀚,撰文人黄棨,字肃甫,系墓主第三子。(2)立于水北镇大乾村福善王庙前的南宋《敕赐惠应庙记》书丹人为"朝请郎、新知潮州军州兼管内劝农事黄棨书"[①]。

【黄顺之】 开禧元年(1205)登进士第。参见《八闽通志》、嘉靖《邵武府志》、《闽书》、道光《福建通志》、咸丰《邵武县志》、光绪《邵武府志》、民国《福建通志》、民国《邵武县志》、《宋登科记考》。

【黄范】 黄永存子。嘉定元年(1208)登进士第。参见《八闽通志》、嘉靖《邵武府志》、《闽书》、道光《福建通志》、咸丰《邵武县志》、光绪《邵武府志》、民国《福建通志》、民国《邵武县志》、《宋登科记考》。

【黄公立】 字子卓,黄永存曾孙。黄龟朋孙。宝祐四年(1256)登进士,第四甲第六十二人。参见道光《福建通志》、光绪《邵武府志》、《宋登科记考》。

按,《宝祐四年登科录》:"黄公立,第四甲第六十二人。字子卓,小名:小字。第重十七,永感下。外氏高。兄弟六人。娶李氏。年四十五。十月二日酉时生。治赋:一举。祖:龟朋,知府;曾祖:永存,正议大夫;父:大任。本贯邵武军邵武县永城乡。祖为户。"[②]

【黄公绍】 字直翁,黄永存曾孙。咸淳元年(1265)登进士第。入元不仕。著《古今韵会》。参见《八闽通志》、嘉靖《邵武府志》、《闽书》、道光《福建通志》、咸丰《邵武县志》、光绪《邵武府志》、民国《福建通志》、民国《邵武县志》。

《宋登科记考》:《全宋词》第五册《黄公绍》。

以下黄氏年榜无考

【黄蒙】 黄中美父。北宋登进士第。赠官中奉大夫。参见咸丰《邵武县志》、光绪《邵武府志》、民国《邵武县志》、《宋登科记考》。

---

① 李军、蔡忠明、傅再纯编著:《邵武历代碑铭集录》,西南大学出版社,2023年,第109页。
② 《登科录·题名录》,收入王云五主编:《丛书集成初编》,商务印书馆(长沙),1939年排印本,第3409册,第52页。

按，宋朱熹《晦庵先生朱文公文集》卷八九《朝议大夫致仕赠光禄大夫黄公神道碑》："至公父蒙，始举进士，后赠中奉大夫。"此神道碑立于南宋淳熙十五年（1188，戊申），竖于铜青宝隆山下（今邵武市晒口街道同青新村），约1996年修建316国道时被盗。该碑文同时载于《闽中金石志》卷九、《闽中金石略》卷九、光绪《邵武府志》卷二八。①

【黄勋】 黄永存子。宋进士，及第年榜不详。见《宋黄永存墓志》。② 补录。

【黄铸】 字德器。邵武军人。宋神宗朝登进士第。元丰五年（1082）任静海县主簿，仕至柳州知州。参见嘉靖《邵武府志》、咸丰《邵武县志》、光绪《邵武府志》、民国《福建通志》。

《宋登科记考》：宋刘弇《龙云集》卷二三《足齐记》，宋胡宿《文恭集》卷一五《李九言马仲甫黄铸并可屯田外郎制》，宋洪迈《夷坚三志壬》卷五《道人相施逵》。

按，嘉靖《邵武府志》、咸丰《邵武县志》、光绪《邵武府志》、民国《福建通志》作"年榜无考"。

【黄沔】 宋进士，年榜无考。参见嘉靖《邵武府志》、咸丰《邵武县志》、光绪《邵武府志》、民国《福建通志》。

《宋登科记考》：宋赵兴泌《仙溪志》卷二《进士题名》，明黄仲昭《八闽通志》卷五三《选举·科第·兴化府》，明郑岳《莆阳文献传》卷二〇《黄沔》，民国《福建通志·职官志》。

按，(1)宋赵兴泌《仙溪志》、明郑岳《莆阳文献传》、民国《福建通志·职官志》作"元符三年（1100）登进士第，兴化军仙游县人"。(2)《八闽通志》卷五三《选举·科第·兴化府》："黄沔，显之侄。秘阁修撰，江、浙、福建、广南等路提点、坑冶使。"(3)光绪《邵武府志》卷二十《宦绩》载："（黄伸）知河南县，以文彦博荐擢知泉州，改建州，以治最闻。元祐中知泉州，元符元年，以朝散大夫为度支员外郎。官中司农卿。伸与兄仅、弟侑齐名，时比河东三凤。子：滂、沔、沂，皆克举其官。"③《宋登科记考》《八闽通志》所载"黄沔"与邵武和平黄沔并非同一人，其字

---

① 李军、蔡忠明、傅再纯编著：《邵武历代碑铭集录》，西南大学出版社，2023年，第352页。
② [宋]何澹：《小山杂著》之《黄公墓志铭》，收于《永乐大典》卷七六五〇黄字韵，中华书局，1986年，第4册，第3532—3534页。
③ [清]光绪《邵武府志》，2017年点校本，第584页。

号、任官时间也不一致。光泽黄氏有黄伸后裔,黄伸之子黄沔、黄滂等或早迁他乡。

【黄滂】 宋登进士第。历知州。科年无考。参见嘉靖《邵武府志》、咸丰《邵武县志》、光绪《邵武府志》、民国《福建通志》、《宋登科记考》。

按,《宋会要辑稿·职官二一》:"(徽宗崇宁二年)五月十四日,诏:已置尚食局,其御厨、翰林司并入太官局。太官令五员,见勾当御厨官夏倜、王遵、张太忠并改充勾当太官局;黄滂改充太官令"①。

【黄茂】 宋登进士第,官通判。科年无考。参见嘉靖《邵武府志》、光绪《邵武府志》、民国《福建通志》、《宋登科记考》。

按,邵武《黄氏家谱》载,黄茂为黄峭第十五子黄发之子。

【黄清卿】 宋进士。参见嘉靖《邵武府志》、光绪《邵武府志》、民国《福建通志》、《宋登科记考》。

【黄缤】 宋进士。参见嘉靖《邵武府志》、光绪《邵武府志》、民国《福建通志》、《宋登科记考》。

【黄韶】 宋进士,科年无考。参见嘉靖《邵武府志》、光绪《邵武府志》、民国《福建通志》、《宋登科记考》。

按,《宋会要辑稿·职官七一·黜降官八》:"绍兴三十二年六月二十六日,诏福建路转运判官黄韶、湖北路转运判官韩之纯并放罢。皆以臣僚论列故也。"②

4.危氏

【危序】 宝元元年(1038)登进士第。官任建州建阳县尉、再任潮州吉安主簿、三任漳州推官。参见《八闽通志》、嘉靖《邵武府志》、《闽书》、道光《福建通志》、咸丰《邵武县志》、光绪《邵武府志》、民国《福建通志》、民国《邵武县志》。

《宋登科记考》:宋委心子《新编分门古今类事》卷一五《危序看榜》,宋吴处厚《青箱杂记》卷三。

按,(1)《邵武危氏族谱》:"序公,阮嵩公长子,字著之,生于宋真宗祥符元年戊申年,至仁宗宝元戊寅元年登吕溱榜进士,官任建州建阳县尉、再任潮州吉安主簿、三任漳州推官,卒后葬太和里谷富堡。妣夫人黄氏,葬于徐家源危氏官人

---

① [清]徐松辑:《宋会要辑稿》,刘琳等点校,上海古籍出版社,2014年,第5355页。
② [清]徐松辑:《宋会要辑稿》,刘琳等点校,上海古籍出版社,2014年,第7088页。

窠。继妣葬于李家源。生子三：询、詠、诸。"①（2）《闽书》在宝元元年重复登录，疑危雍误。（3）民国《福建通志》记为皇祐二年。

【危雍】　皇祐五年（1053）登进士第，知晋江县。参见《八闽通志》、嘉靖《邵武府志》、《闽书》、道光《福建通志》、咸丰《邵武县志》、光绪《邵武府志》、民国《福建通志》、民国《邵武县志》、《宋登科记考》。

按，《邵武危氏族谱》："第二十二世，危雍（1015—1079），字景和，师古长子，葬何云庵后凤形尾堆上穴。妣黄氏，生子二：元崇、忠顺。"②其为文琬二子二郎公支下，为和平锡溪、沿山危家窠危氏先祖。

【危建侯】　元丰五年（1082）登进士第。知宁化县，累迁察访使。参见嘉靖《邵武府志》、《闽书》、道光《福建通志》、咸丰《邵武县志》、光绪《邵武府志》、民国《福建通志》、民国《邵武县志》、《宋登科记考》。

【危詠】　元祐三年（1088）登进士第。参见《八闽通志》、嘉靖《邵武府志》、《闽书》、道光《福建通志》、咸丰《邵武县志》、光绪《邵武府志》、民国《福建通志》、民国《邵武县志》、《宋登科记考》。

按，（1）《邵武危氏族谱》："第二十三世，詠公，序公之子，字公渐，生于宋仁宗庆历乙酉五年，哲宗元祐戊辰三年登李常宁榜进士，是年四十四岁，初任文林郎，濮州司理、再任建昌知县，卒葬于大窠。妣吴氏，卒与夫合葬。生子三：长子容居邵武和平、次子与三子寄居江西临川。（文琬三子三郎公支下）。"（2）咸丰《邵武县志》、民国《邵武县志》作"危咏"，《邵武危氏族谱》："序公生三子：询、詠、诸"从"言"旁，应作"危詠"。

【危梦亨】　绍定五年（1232），登进士第五甲。参见《八闽通志》、嘉靖《邵武府志》、《闽书》、道光《福建通志》、咸丰《邵武县志》、光绪《邵武府志》、民国《福建通志》、民国《邵武县志》、《宋登科记考》。

按，《宋登科记考》有广州危梦亨，疑为同一人，一本贯，一徙居。

【危昭德】　字子恭。宝祐元年（1253）登进士第。历起居舍人兼国史编修、实录检讨，迁侍御史，仕至权工部侍郎兼同修国史、实录院。参见《八闽通志》、嘉靖《邵武府志》、《闽书》、道光《福建通志》、咸丰《邵武县志》、光绪《邵武府志》、民国《福建通志》、民国《邵武县志》。

---

① 《邵武危氏族谱》联修本，2017年。
② 《邵武危氏族谱》联修本，2017年。

《宋登科记考》：宋陈骙《南宋馆阁录续录》卷八，《宋史》卷四二五《危昭德传》，明凌迪知《万姓统谱》卷四。

按，《邵武危氏族谱》："（文琬三子三郎公支下）昭德，第二十七世，寰公之子，妣黄氏，夫妇合葬白窠坑上栏。生子一：彻孙。"

【危彻孙】 危昭德子。咸淳元年（1265）登进士第。参见《八闽通志》、嘉靖《邵武府志》、《闽书》、道光《福建通志》、咸丰《邵武县志》、光绪《邵武府志》、民国《福建通志》、民国《邵武县志》。

《宋登科记考》：《宋史》卷四二五《危昭德传》，明凌迪知《万姓统谱》卷四。

按，《邵武危氏族谱》："第二十八世，彻孙，昭德公子，登宋庆宗咸淳元年乙丑阮登炳榜进士。生殁失考，卒葬师公坟侧。该公为和平危冲、路下田、梁家坪、邵武桂林危氏族祖。妣李氏，生殁缺，卒葬和尚坑中栏。生子二：怀用（和平路下田、梁家坪祖）、周庆（和平危冲、桂林祖）。"①

【危无咎】 咸淳四年（1268）释褐登上舍第。历团练推官。参见嘉靖《邵武府志》、咸丰《邵武县志》、道光《福建通志》、民国《福建通志》、《宋登科记考》。

年榜无考者：

【危西仲】 宋登进士第，年榜无考。历抚州路儒学教授。参见嘉靖《邵武府志》、光绪《邵武府志》、民国《福建通志》。

【危居中】 宋登进士第，年榜无考。官迪功郎。参见嘉靖《邵武府志》、光绪《邵武府志》、民国《福建通志》。

【危举】 宋登进士第，年榜无考。官从政郎。参见嘉靖《邵武府志》、光绪《邵武府志》、民国《福建通志》。

5. 吴氏

【吴公达】 皇祐元年（1049）登进士第。吴點兄。参见《八闽通志》、嘉靖《邵武府志》、《闽书》、道光《福建通志》、咸丰《邵武县志》、光绪《邵武府志》、民国《邵武县志》、《宋登科记考》。

【吴处厚】 字伯固。皇祐五年（1053）登进士第。历将作监丞，终知卫州。入元祐党籍。参见《八闽通志》、嘉靖《邵武府志》、《闽书》、道光《福建通志》、咸丰《邵武县志》、光绪《邵武府志》、民国《福建通志》、民国《邵武县志》。

---

① 《邵武危氏族谱》联修本，2017年。

《宋登科记考》：宋韦骧《钱塘韦先生文集》卷五《戏呈吴伯固同年》，《宋史》卷四七一《蔡確附吴处厚传》，清王昶《金石萃编》卷四四《元祐党籍碑姓名考》，清厉鹗《宋诗纪事》卷一九《吴处厚》。

【吴默】 吴公达弟。嘉祐六年(1061)登进士第。历秘书省校书郎。参见《八闽通志》、嘉靖《邵武府志》、《闽书》、道光《福建通志》、咸丰《邵武县志》、光绪《邵武府志》、民国《福建通志》、民国《邵武县志》、《宋登科记考》。

按，《宋故邹氏墓志铭》："朝奉郎、行太学博士、武骑尉、赐绯鱼袋吴默撰"。吴氏兄弟数人皆有成就：兄吴公达，为北宋理学先驱胡瑗的弟子，皇祐元年进士；弟吴黯，治平四年进士，官至太仆卿；弟吴點，元丰五年进士。

【吴黯】 吴默弟。治平四年(1067)登进士第。仕至太仆卿。参见《八闽通志》、嘉靖《邵武府志》、《闽书》、道光《福建通志》、咸丰《邵武县志》、光绪《邵武府志》、民国《福建通志》、民国《邵武县志》。

《宋登科记考》：清陆心源《宋诗纪事补遗》卷一八《吴黯》。

【吴思】 字子正。元丰二年(1079)登进士第。授蕲州黄梅县尉。官至承议郎、监大观库。参见《八闽通志》、嘉靖《邵武府志》、《闽书》、道光《福建通志》、咸丰《邵武县志》、光绪《邵武府志》、民国《福建通志》、民国《邵武县志》。

《宋登科记考》：宋杨时《龟山集》卷三〇《吴子正墓志铭》，清陆心源《宋史翼》卷一九《吴思》。

按，《宋承议郎吴君墓志铭》墓主吴思，杨时撰文，游酢书丹，朝请郎致仕、飞骑尉、赐绯鱼袋吴點篆盖。墓志铭于1985年出土于城郊镇外双溪黄龙寨，现存邵武李纲纪念馆碑廊。碑文亦见于《龟山集》卷三十。吴思妻出自邵武望族五经黄氏，其父黄伸，字彦发，兄弟三人皆登第出仕，谓之"河东三凤"。光绪《邵武府志》卷二十有传。吴思子吴伟明，字元昭，崇宁五年(1106)进士，知兴化军。

【吴點】 字圣与，吴黯之弟。元丰五年(1082)登进士第。初授舒州司理参军，擢太仆寺丞，仕至中大夫、知漳州。参见《八闽通志》、嘉靖《邵武府志》、《闽书》、道光《福建通志》、咸丰《邵武县志》、光绪《邵武府志》、民国《福建通志》、民国《邵武县志》。

《宋登科记考》：宋汪藻《浮溪集》卷二六《吴公墓志铭》，清王梓材《宋元学案补遗》卷九八《知州吴先生點》。

按,《宋承议郎吴君墓志铭》,立于邵武李忠定公祠,其碑为杨时撰文,游酢书,吴點篆盖。

【吴伟明】 字元昭,吴思子。崇宁五年(1106)登进士第。初授崇德县尉。历左朝奉大夫、知徽州,职至直秘阁。绍兴九年为提点应天府路刑狱公事。参见《八闽通志》、嘉靖《邵武府志》、《闽书》、道光《福建通志》、咸丰《邵武县志》、光绪《邵武府志》、民国《福建通志》、民国《邵武县志》。

《宋登科记考》:宋杨时《龟山集》卷三〇《吴子正墓志铭》,宋李心传《系年要录》卷一二八、绍兴九年五月癸巳,清陆心源《宋诗纪事补遗》卷三二《吴伟明》。

按,《宋故左中大夫直秘阁致仕黄公墓志铭》,撰文人吴伟明,时任左朝奉大夫、直秘阁、主管台州崇道观。碑刊于南宋绍兴十年(1140),2012年在水北镇大漠村金山出土,墓主黄德裕,字仲益,系吴伟明岳父。

【吴英】 字茂实。绍兴三十年(1160)登进士第。仕至泉州州学教授。参见《八闽通志》、嘉靖《邵武府志》、《闽书》、道光《福建通志》、咸丰《邵武县志》、光绪《邵武府志》、民国《福建通志》、民国《邵武县志》。

《宋登科记考》:清黄宗羲《宋元学案》卷六九《进士吴先生英》,清李清馥《闽中理渊源考》卷二三《教授吴茂实先生英》。

按,咸丰《邵武县志》卷二《冢墓》:"泉州儒学教授吴英墓在莲花峰株树下,旧传朱子点穴,树亦其手植。"[1]

【吴炎】 字济之。绍熙元年(1190)登进士第。授从事郎、桂阳军军学教授。累迁知兴化军。终官朝散郎。参见《八闽通志》、嘉靖《邵武府志》、《闽书》、道光《福建通志》、咸丰《邵武县志》、光绪《邵武府志》、民国《福建通志》、民国《邵武县志》。

《宋登科记考》:宋刘克庄《后村先生大全集》卷一五四《吴公(炎)墓志铭》,清陆心源《宋史翼》卷二二《吴炎传》。

按,见《澹轩李君吕墓志铭》,撰文人周必大,墓主李吕出自光泽乌洲理学世家,为吴炎岳父,吴炎时为从事郎。[2]《宋李妙缘墓志》撰文人吴炎时为宣教郎、主管台州崇道观。墓主李妙缘,字季真,光泽县乌洲人,系吴炎妻、澹轩先生李吕女。[3]

---

[1] [清]咸丰《邵武县志》,1986年点校本,第119页。
[2] 李军、蔡忠明、傅再纯编著:《邵武历代碑铭集录》,西南大学出版社,2023年,第326页。
[3] 李军、蔡忠明、傅再纯编著:《邵武历代碑铭集录》,西南大学出版社,2023年,第335页。

【吴季子】 字节卿,号裕轩。宝祐四年(1256)登进士第。历沿江制置使干办公事,国子监丞。参见《八闽通志》、嘉靖《邵武府志》、《闽书》、道光《福建通志》、咸丰《邵武县志》、光绪《邵武府志》、民国《福建通志》、民国《邵武县志》。

《宋登科记考》:《全宋词》第五册《吴季子》。

按,《宋代科举资料长编·南宋卷下》:吴季子为宝祐四年丙辰(1256)特奏名进士。①

年榜无考者:

嘉靖《邵武府志》卷八《选举》:"前志失收,今考爵、里可征者三十有五人,亦类书之:吴约、吴褆、吴羡、吴洵侯、吴君义、吴季连。"未载明邵武府何县,姑录之以备考。《宋登科记考》根据嘉靖《邵武府志》、民国《福建通志》的记载予以录入。

【吴约】 邵武军人。宋登进士第。历州通判。参见嘉靖《邵武府志》、光绪《邵武府志》、民国《福建通志》、《宋登科记考》。

【吴褆】 邵武军人。宋登进士第。历通判。参见嘉靖《邵武府志》、光绪《邵武府志》、民国《福建通志》、《宋登科记考》。

【吴羡】 邵武军人。宋登进士第。历知南安军。参见嘉靖《邵武府志》、光绪《邵武府志》、民国《福建通志》、《宋登科记考》。

【吴洵侯】 邵武军人。宋登进士第。历高邮军使。参见嘉靖《邵武府志》、光绪《邵武府志》、民国《福建通志》、《宋登科记考》。

【吴君义】 邵武军人。宋登进士第。历官郎中。参见嘉靖《邵武府志》、光绪《邵武府志》、民国《福建通志》、《宋登科记考》。

【吴季连】 邵武军人。宋登进士第。仕至知州。参见嘉靖《邵武府志》、咸丰《邵武县志》、光绪《邵武府志》、民国《福建通志》、《宋登科记考》。

6. 谢氏

【谢浚】 谢师稷父。元丰二年(1079)登进士第。参见《八闽通志》、嘉靖《邵武府志》、《闽书》、道光《福建通志》、咸丰《邵武县志》、光绪《邵武府志》、民国《福建通志》、民国《邵武县志》、《宋登科记考》。

【谢锡朋】 崇宁五年(1106)登进士第。参见《八闽通志》、嘉靖《邵武府

---

① 诸葛忆兵:《宋代科举资料长编·南宋卷下》,凤凰出版社,2017年,第1111页。

志》《闽书》、道光《福建通志》、咸丰《邵武县志》、光绪《邵武府志》、民国《福建通志》、民国《邵武县志》《宋登科记考》。

按,(1)嘉靖《邵武府志》《闽书》、咸丰《邵武县志》、民国《邵武县志》作"谢锡明"。(2)乾隆《邵武府志》作"谢锡期"。今从《八闽通志》作"谢锡朋"。

【谢祖仁】 崇宁五年(1106)登进士第。历南安军军学教授。参见《八闽通志》、嘉靖《邵武府志》《闽书》、道光《福建通志》、咸丰《邵武县志》、光绪《邵武府志》、民国《福建通志》、民国《邵武县志》《宋登科记考》。

【谢如意】 政和二年(1112)登进士第。历南建州司录参军,迁福建路转运司判官。参见《八闽通志》、嘉靖《邵武府志》《闽书》、道光《福建通志》、咸丰《邵武县志》、光绪《邵武府志》、民国《福建通志》、民国《邵武县志》《宋登科记考》。

按,《建炎以来系年要录》:"福建路转运判官谢如意,执建州判卒张员等六人诛之。"[1]

【谢寻】 政和五年(1115)登进士第。历知潮州。参见《八闽通志》、嘉靖《邵武府志》《闽书》、道光《福建通志》、咸丰《邵武县志》、光绪《邵武府志》、民国《福建通志》、民国《邵武县志》《宋登科记考》。

按,(1)《建炎以来系年要录》卷一五六"绍兴十七年七月丙戌":"秦桧奏以左朝散大夫谢寻知潮州。"[2](2)宋邓肃撰《何长善承事墓志铭》:"君讳抗,字彦高。晋永嘉中,有八姓入闽者,何其一也,君实其裔,故世为邵武桃溪人……元才学卓然,于某为友旧,以君门下士、通直郎谢寻状君之行"。[3]

【谢喆】 政和五年(1115)登进士第。仕至将乐知县。参见《八闽通志》、嘉靖《邵武府志》《闽书》、道光《福建通志》、咸丰《邵武县志》、光绪《邵武府志》、民国《福建通志》、民国《邵武县志》《宋登科记考》。

【谢诗】 重和元年(1118)登进士第。仕至澧州州学教授。参见《八闽通志》、嘉靖《邵武府志》《闽书》、道光《福建通志》、咸丰《邵武县志》、光绪《邵武府志》、民国《福建通志》、民国《邵武县志》《宋登科记考》。

---

[1] [宋]李心传撰:《建炎以来系年要录》卷十五"建炎二年五月",辛更儒点校,上海古籍出版社,2018年,第334页。
[2] [宋]李心传撰:《建炎以来系年要录》卷一五六"绍兴十七年七月",辛更儒点校,上海古籍出版社,2018年,第2686页。
[3] [宋]邓肃撰:《何长善承事墓志铭》,《栟榈集》卷二十四,文渊阁四库全书本。

按,(1)《八闽通志》作"教授丰州"。(2)光绪《邵武府志》作"沣州教授",疑为点校误。

【谢祖信】 宣和六年(1124)登进士第。绍兴四年(1134),任左从政郎、充敕令所删定官。仕至吏部侍郎。参见《八闽通志》、嘉靖《邵武府志》、《闽书》、道光《福建通志》、咸丰《邵武县志》、光绪《邵武府志》、民国《福建通志》、民国《邵武县志》、《宋登科记考》。

按,(1)《建炎以来系年要录》:"徽猷阁待制、知潭州谢祖信卒。赵鼎事实曰:'谢祖信坐章氏子婿出知潭州,祖信至家,大诟其妻凡数日,曰:尔家累我。'以郁抑而死。祖信守潭州,具去年六月。"①(2)《建炎以来系年要录》:"(乙亥)直秘阁、新吉州谢祖信提点两浙东路刑狱公事。"②

【谢如圭】 谢师稷子。绍兴五年(1135)登进士第。参见《八闽通志》、嘉靖《邵武府志》、《闽书》、道光《福建通志》、咸丰《邵武县志》、光绪《邵武府志》、民国《福建通志》、民国《邵武县志》、《宋登科记考》。

按,(1)《八闽通志》《闽书》《宋登科记考》作"谢如圭",嘉靖《邵武府志》作"谢如奎",道光《福建通志》、咸丰《邵武县志》、光绪《邵武府志》、民国《福建通志》、民国《邵武县志》作"谢如珪"。今从《八闽通志》作"谢如圭"。(2)民国《邵武县志》卷七《名胜》:"中大夫谢师稷墓在龙门之原,有庵在焉。"③

【谢鸿】 字可大。绍兴十八年(1148)登进士第三甲第二十九人。仕至签书判官厅公事。参见《绍兴十八年同年小录》、《八闽通志》、嘉靖《邵武府志》、《闽书》、道光《福建通志》、咸丰《邵武县志》、光绪《邵武府志》、民国《福建通志》、民国《邵武县志》、《宋登科记考》。

按,《绍兴十八年同年小录》:"邵武军邵武县仁荣乡同福里,第三甲第二十九人"④。该榜因朱熹名人而留存完整榜。谢坊,宋时为仁荣乡同福里,明清时为荣仁下乡十五都,与谢坊工部尚书谢源明为同宗。

---

① [宋]李心传撰:《建炎以来系年要录》卷一百三十八"绍兴十年十二月癸酉",辛更儒点校,上海古籍出版社,2018年,第2337页。
② [宋]李心传撰:《建炎以来系年要录》卷一百〇八"绍兴七年正月",辛更儒点校,上海古籍出版社,2018年,第1817页。
③ [民国]《重修邵武县志》,民国二十五年(1936)刻本,邵武市地方志编纂委员会影印原书,第119页。
④ 《登科录·题名录》,收入王云五主编:《丛书集成初编》,商务印书馆(长沙),1939年排印本,第3409册,第9页。

【谢份】 绍兴十八年(1148)特奏名登进士第。仕至广西经略安抚司干办公事。参见《八闽通志》、嘉靖《邵武府志》、《闽书》、道光《福建通志》、咸丰《邵武县志》、光绪《邵武府志》、民国《福建通志》、民国《邵武县志》、《宋登科记考》。

按,(1)《绍兴十八年同年小录》无记载,或为特奏名。录以备考。(2)嘉靖《邵武府志》作"仕至静江经干"。(3)咸丰《邵武县志》作"官静江帅干"。(4)光绪《邵武府志》作"静江师干"。

【谢源明】 谢如奎子。绍兴三十年(1160)登进士第。官至工部尚书,成都安抚使。参见《八闽通志》、嘉靖《邵武府志》、《闽书》、道光《福建通志》、咸丰《邵武县志》、光绪《邵武府志》、民国《福建通志》、民国《邵武县志》、《宋登科记考》。参见本书第七章《邵武历代尚书考》。

按,(1)《八闽通志》:"绣溪,在十五都。溪中有巨石,宋谢源明镌'绣溪'二字于其上。"[1](2)《八闽通志》:"尚书坊,尚书谢源明廨院也。"[2](3)民国《邵武县志》卷七《名胜》:"尚书谢源明墓在谢坊。"[3](4)《宋提举参谋开国谢公墓志铭》:"公讳蘧,字季玉,世家邵武之绣溪。工部尚书、四川制置使井斋先生讳源明之季子也,系录国史有传。"[4]墓主为谢源明之子谢蘧,撰文人黄公绍,字直翁,邵武人,音韵训诂学家,咸淳元年(1265)进士,时任迪功郎、庐州合肥县主簿。

【谢酬酢】 隆兴元年(1163)登进士第。仕至州推官。参见《八闽通志》、嘉靖《邵武府志》、《闽书》、道光《福建通志》、咸丰《邵武县志》、光绪《邵武府志》、民国《福建通志》、民国《邵武县志》、《宋登科记考》。

7. 李氏

【李夔】 字斯和,李纲父。元丰二年(1079)登进士第。初授秀州华亭县尉,终中大夫、右文殿修撰,赠龙图阁待制。参见《八闽通志》、嘉靖《邵武府志》、《闽书》、道光《福建通志》、咸丰《邵武县志》、光绪《邵武府志》、民国《邵武县志》。

《宋登科记考》:宋杨时《龟山集》卷三二《李修撰墓志铭》,《宋史》卷三五八《李纲传》,嘉靖《邵武府志》卷一一《人物·李忠定公世家》,崇祯《松江府志》卷二

---

[1] [明]弘治《八闽通志》卷十《地理·山川·邵武府》,2006年修订本,上册,第279页。
[2] [明]弘治《八闽通志》卷十四《地理·坊市·邵武府》,2006年修订本,上册,第390页。
[3] [民国]《重修邵武县志》,民国二十五年刻本,邵武市地方志编纂委员会影印原书,第119页。
[4] 李军、蔡忠明、傅再纯编著:《邵武历代碑铭集录》,西南大学出版社,2023年,第393页。

九《历朝官绩二·宋》，乾隆《江南通志》卷一一九《选举志·进士·宋》，清李清馥《闽中理学渊源考》卷七《龙图李师和先生夔》，嘉庆《无锡金匮县志》卷一五《选举·进士》。

【李纲】 字伯纪，李夔子。政和二年(1112)登进士乙科，特旨升甲，改官，授承务郎、镇江府府学教授。高宗即位，拜相，尚书右仆射兼中书侍郎，进左仆射兼门下侍郎。七十五日后罢相，以观文殿大学士致仕。卒谥忠定。参见《八闽通志》、嘉靖《邵武府志》、《闽书》、道光《福建通志》、咸丰《邵武县志》、光绪《邵武府志》、民国《福建通志》、民国《邵武县志》。

《宋登科记考》：宋李纲《梁溪全集》卷首《特进观文殿大学士致仕谥忠定李纲年谱》，《宋史》卷三五八《李纲传》上，崇祯《松江府志》卷三七《人物二·贤达》。

【李经】 字叔易，李夔子，李纲弟。宣和六年(1124)登进士第。历左宣义郎、漳州州学教授，仕至秘书省校书郎。参见宋李纲《李纲全集》"迩来四十载，父子三成名"，李纲自注："亲老元丰中登科，后三十余年予尘忝，今又舍弟了当。"①本书补录。

按，宋杨时撰《宋故李修撰墓志铭》："曰经，通仕郎，试补太学上舍生，未赴殿试。"②该墓志铭作于宣和四年(1122)，是时李经尚未登科，两年后宣和六年(1124)方登进士第。

【李东】 字子贤，号精敏，李纲族孙，从朱子学。绍熙元年(1190)登进士第。历庐陵县主簿，知万安县。累迁知衡州。参见《八闽通志》、嘉靖《邵武府志》、《闽书》、道光《福建通志》、咸丰《邵武县志》、光绪《邵武府志》、民国《福建通志》、民国《邵武县志》。

《宋登科记考》：清李清馥《闽中理学渊源考》卷二三《县令李子贤先生东》，清黄宗羲《宋元学案》卷六九《县令李先生东》。

按，《敕赐惠应庙记》："朝奉郎、提举荆湖南路常平茶盐公事李东篆额"。③

【李填】 字陶翁，小名吴，小字昌父。宝祐四年(1256)登进士第三甲第六人。时年四十。参见道光《福建通志》、光绪《邵武府志》、《宋登科记考》。

---

① [宋]李纲：《李纲全集》卷九《闻七弟叔易登科》，王瑞明点校，岳麓书社，2004年，第86页。解读说明：李纲四兄弟：纲、维、经、纶，以伯、仲、叔、季为字的首字，李经在堂兄弟中排行第七，故曰七弟。
② [宋]《杨时集》，北京：中华书局，2018年点校本，第3册，第806-814页。
③ 李军、蔡忠明、傅再纯编著：《邵武历代碑铭集录》，西南大学出版社，2023年，第109页。

按,《宝祐四年登科录》:"字陶翁,小名吴,小字昌父。第七六,永感下。年四十,十二月九日戌时生,外氏龚。治诗赋,一举。娶施氏。曾祖信,祖席珍,父彦明。本贯邵武军邵武县仁泽乡,自为户。"①

年榜无考者:

【李廷芳】 宋进士,科年无考。累迁州通判。参见嘉靖《邵武府志》、光绪《邵武府志》、民国《福建通志》、《宋登科记考》。

8.朱氏

【朱矩】 元丰二年(1079)用经术登进士第,调庐州合肥县尉。历知崇安县、古田县、监泉州市舶司。补录。

按,《宋故承议郎朱君墓志铭》载:"君讳矩,字正仲,家世邵武。为人幼悟而长勤,方冠,预乡赋,以词章称于太学,褒然为诸生表。元丰二年,用经术登进士第,调庐州合肥县尉。"②

【朱蒙正】 字养源,元丰八年(1085)登进士乙科。初授扬州江都县主簿,历司农寺丞,德顺军通判。累官朝请郎。参见《八闽通志》、嘉靖《邵武府志》、《闽书》、道光《福建通志》、咸丰《邵武县志》、光绪《邵武府志》、民国《福建通志》、民国《邵武县志》。

《宋登科记考》:清陆心源《宋诗纪事补遗》卷二四《朱蒙正》。

按,(1)宋李纲《李纲全集》卷一六七《宋故朝请郎朱公墓志铭》:"其先亳州永城人也。十世祖仕闽,乐邵武故县溪山之胜,因家焉,遂为邵武人。曾祖讳贯,赠承事郎。祖讳浦。父讳藻,累赠通议大夫。通议公娶故赠太师黄公讳汝济之女、资政殿大学士讳履之姊。"③(2)咸丰《邵武县志》卷二《冢墓》:"朝议大夫朱蒙正墓在城东永城乡将善之原。"④(3)蒙正之母《宋沛国先生夫人墓志铭》:"男五人:蒙正以杨(扬)州江都主簿,迁南康军都昌令。"⑤

---

① 《登科录·题名录》,收入王云五主编:《丛书集成初编》,商务印书馆(长沙),1939年排印本,第3409册,第18页。
② 李军、蔡忠明、傅再纯著:《邵武历代碑铭集录》,西南大学出版社,2023年,第240页。
③ [宋]李纲:《李纲全集》,王瑞明点校,岳麓书社,2004年,第1542页。
④ [民国]《重修邵武县志》,民国二十五年刻本,邵武市地方志编纂委员会影印原书,第120页。
⑤ 李军、蔡忠明、傅再纯编著:《邵武历代碑铭集录》,西南大学出版社,2023年,第220页。

【朱朝倚】 元祐三年(1088)登进士第。历侍御史,累迁知舒州。参见《八闽通志》、嘉靖《邵武府志》、《闽书》、道光《福建通志》、咸丰《邵武县志》、光绪《邵武府志》、民国《福建通志》、民国《邵武县志》、《宋登科记考》。

【朱缶】 号悠然居士。大观三年(1109)登进士第。累迁知柳州,耻出秦桧之门,隐归不仕。参见《八闽通志》、嘉靖《邵武府志》、《闽书》、道光《福建通志》、咸丰《邵武县志》、光绪《邵武府志》、民国《福建通志》、民国《邵武县志》、《宋登科记考》。

按,《宋故朱府君墓志铭》:"孙五人:畴□□□,皆举进士。缶初调将仕郎、筠州高安县尉。"①朱通另一孙朱岊,绍兴二年(1132)进士,官至郡守。《莫中奉墓志铭》:"女二人:长适宣教郎、知袭庆府邹县事朱缶。"②

【朱震】 字子发,号汉上先生。政和五年(1115)登进士第。累迁给事中、翰林学士、兵部侍郎、起居郎兼侍讲兼资善堂赞读,终知礼部贡举。参见《八闽通志》、嘉靖《邵武府志》、《闽书》、道光《福建通志》、咸丰《邵武县志》、光绪《邵武府志》、民国《福建通志》、民国《邵武县志》。

《宋登科记考》:宋陈骙《南宋馆阁录》卷七、《宋史》卷四三五《朱震传》,弘治《夷陵州志》卷七《人物》,民国《湖北通志》卷一二三《人物一·选》。

按,(1)《建炎以来系年要录》:"太学博士朱震致仕。震,邵武人也。"③"主管江州太平观朱震为司勋员外郎。"④"兵部侍郎、起居郎兼侍讲兼资善堂赞读朱震试中书舍人。"⑤《宋会要辑稿·礼·杂录》:"左朝奉大夫、知制诰、兼侍讲、资善堂翊善朱震。"⑥(2)弘治《夷陵州志》、民国《湖北通志》作"湖北荆门军人(今宜昌)"。

【朱岊】 朱缶弟。绍兴二年(1132)登进士第。累知州。参见《八闽通志》、

---

① 李军、蔡忠明、傅再纯编著:《邵武历代碑铭集录》,西南大学出版社,2023年,第239页。
② [宋]杨时:《龟山集》卷三十三《莫中奉墓志铭》,林海权点校本,福建人民出版社,1993年。
③ [宋]李心传撰:《建炎以来系年要录》卷三"建炎元年三月",辛更儒点校,上海古籍出版社,2018年,第75页。
④ [宋]李心传撰:《建炎以来系年要录》卷五五"绍兴二年六月丁巳",辛更儒点校,上海古籍出版社,2018年,第1003页。
⑤ [宋]李心传撰:《建炎以来系年要录》卷九十二"绍兴五年八月",辛更儒点校,上海古籍出版社,2018年,第1579页。
⑥ [清]徐松辑:《宋会要辑稿·礼·杂录》,刘琳等点校,上海古籍出版社,2014年,第753页。

嘉靖《邵武府志》、《闽书》、道光《福建通志》、咸丰《邵武县志》、光绪《邵武府志》、民国《福建通志》、民国《邵武县志》、《宋登科记考》）。

【朱致恭】 朱蒙正之孙。绍兴二十一年（1151）登进士第。参见《八闽通志》、嘉靖《邵武府志》、《闽书》、道光《福建通志》、咸丰《邵武县志》、光绪《邵武府志》、民国《福建通志》、民国《邵武县志》、《宋登科记考》）。

按，《八闽通志》作"朱政恭"，嘉靖《邵武府志》、道光《福建通志》、民国《邵武县志》作"朱致虚"。

9. 赵氏

【赵善俊】 字俊臣。宋宗室，居邵武军邵武县。太宗皇帝七世孙。绍兴二十七年（1157）登进士第，授左承务郎、南城县丞，终知泉州。参见《八闽通志》、嘉靖《邵武府志》、《闽书》、道光《福建通志》、咸丰《邵武县志》、光绪《邵武府志》、民国《福建通志》、民国《邵武县志》。

《宋登科记考》：宋周必大《周文忠公全集》卷六四《赵君神道碑》，《宋史》卷二四七《赵善俊传》。

按，（1）宋朱熹《晦庵先生朱文公文集》卷九一《武经大夫赵公墓志铭》。（2）朱熹撰《武经大夫赵公（不衰）墓志铭》载："子男五人：善俊、善佐、善仪（善恭）、善任、善杰。"（3）《宋故太夫人满氏圹铭》亦载："子五人：善俊、善佐、善仪（善恭）、善任、善杰。"弘治《八闽通志》卷七十《赵善俊传》记为：善俊、善滂、善仪、善保、善护，俱登科；光绪《邵武府志》卷十九《赵善俊传》则作：善俊、善傍、善仪、善侃、善佐、善艨，俱登第。当以朱熹所撰墓志铭为准。

【赵善佐】 字左卿，善俊弟。宋宗室，居邵武军邵武县。绍兴三十年（1160）登进士第，授承节郎，改左承务郎、将乐县丞。终朝请郎、知赣州。参见《八闽通志》、嘉靖《邵武府志》、《闽书》、道光《福建通志》、咸丰《邵武县志》、光绪《邵武府志》、民国《福建通志》、民国《邵武县志》。

《宋登科记考》：清陆心源《宋史翼》卷二一《赵善佐》。

按，（1）宋朱熹《晦庵先生朱文公文集》卷九一《武经大夫赵公墓志铭》，《晦庵集》卷九二《赵使君墓碣铭》。（2）咸丰《邵武县志》卷二《冢墓》"赵善佐墓在樵岚山"。（3）《宋故太夫人满氏圹铭》："有子五人：善俊，中大夫、充秘阁修撰、知泉州事。善佐,朝请郎,先太夫人八年卒于赣治。善姜,宣教郎、知泉州南安县事。善任,承节郎,早世。善杰,宣教郎、知福州长乐县事。"①

【赵善滂】 隆兴元年(1163)登进士第。太宗长子汉王元佐七世孙。参见《八闽通志》、嘉靖《邵武府志》、《闽书》、道光《福建通志》、咸丰《邵武县志》、光绪《邵武府志》、民国《福建通志》、民国《邵武县志》、《宋登科记考》。

按,(1)《八闽通志》、咸丰《邵武县志》作"赵善榜",误。(2)《八闽通志》、咸丰《邵武县志》、光绪《邵武府志》作"赵善俊弟",依《宋故太夫人满氏圹铭》,志书所载显误。

【赵善恭】 字作肃,初名赵善仪,字麟之。宋宗室,居邵武军邵武县。乾道八年(1172)登进士第。授左承务郎、吉水县丞。仕至权荆湖宣抚、湖北安抚兼知鄂州,积官中大夫、提举建宁府武夷山冲佑观。参见《八闽通志》、嘉靖《邵武府志》、《闽书》、道光《福建通志》、咸丰《邵武县志》、光绪《邵武府志》、民国《福建通志》、民国《邵武县志》。

《宋登科记考》:宋卫泾《后乐集》卷一八《赵公墓志铭》,明凌迪知《万姓统谱》卷八三。

按,(1)嘉靖《邵武府志》作"赵善仪"。(2)《八闽通志》、《闽书》、道光《福建通志》、民国《福建通志》均重复记载赵善恭、赵善仪,实为同一人,现予合并。(3)《宋赵善恭墓志》:"公讳善恭,字作肃,初讳善仪,字麟之,□训今名。"②(4)其子赵汝泷《有宋衡阳主簿赵君之墓》:"父善恭,见任中奉大夫、提举建宁府武夷山冲佑观。"③(5)《宋故令人伍氏之墓》墓主为赵善恭夫人,"中大夫、提举建宁府武夷山冲佑观、祥符县开国男、食邑三百户、赐紫金鱼袋赵善恭书"④。(6)咸丰《邵武县志》卷二《冢墓》:"司农少卿赵善恭墓在聚水邱山陇。善恭尝筑庵其上,名曰:吉祥。"⑤

【赵善麒】 赵善恭从弟。乾道八年(1172)登进士第。历汀州录事参军。参见《八闽通志》、嘉靖《邵武府志》、《闽书》、道光《福建通志》、咸丰《邵武县志》、光绪《邵武府志》、民国《福建通志》、民国《邵武县志》、《宋登科记考》。

---

① 李军、蔡忠明、傅再纯编著:《邵武历代碑铭集录》,西南大学出版社,2023年,第317页。
② 李军、蔡忠明、傅再纯编著:《邵武历代碑铭集录》,西南大学出版社,2023年,第348页。
③ 李军、蔡忠明、傅再纯编著:《邵武历代碑铭集录》,西南大学出版社,2023年,第339页。
④ 李军、蔡忠明、傅再纯编著:《邵武历代碑铭集录》,西南大学出版社,2023年,第344页。
⑤ [清]咸丰《邵武县志》,1986年点校本,第119页。

【赵善侃】 赵善恭从弟。乾道八年(1172)登进士第。参见《八闽通志》、嘉靖《邵武府志》、《闽书》、道光《福建通志》、咸丰《邵武县志》、光绪《邵武府志》、民国《福建通志》、民国《邵武县志》、《宋登科记考》。

【赵汝溟】 字清叟,宝庆二年(1226)登进士第。历知福州长乐县、知南安军。补录。

按,《有宋朝奉大夫南安太守赵公墓志》载:"嘉定己巳,开府该明恩补通仕郎,回举礼部。宝庆丙戌,赐进士第。"[1]

10.何氏

【何与京】 熙宁三年(1070)登进士第。调南城主簿,迁知永春县。参见《八闽通志》、嘉靖《邵武府志》、《闽书》、道光《福建通志》、咸丰《邵武县志》、光绪《邵武府志》、民国《福建通志》、民国《邵武县志》、《宋登科记考》。

【何与狷】 何与京弟。熙宁三年(1070)登进士第。参见《八闽通志》、嘉靖《邵武府志》、《闽书》、道光《福建通志》、咸丰《邵武县志》、光绪《邵武府志》、民国《福建通志》、民国《邵武县志》、《宋登科记考》。

按,咸丰《邵武县志》卷十四《人物志·宦绩》载:"(何)与京,邵武东乡凤田人,旧志失其爵里。康熙初,普庵堂僧觉岸掘田得志石半段,是郡人黄履撰,上官均书,盖庵后即与京弃所也。此传节采墓志中语,亦足以见其为人矣。"[2]依此记载何与京、何与狷为邵东片区人,或与宋代理学家何兑、何镐家族相关。

【何兑】 字太和,号龟津。重和元年(1118)登进士第。辰州通判。参见《八闽通志》、嘉靖《邵武府志》、《闽书》、道光《福建通志》、咸丰《邵武县志》、光绪《邵武府志》、民国《福建通志》、民国《邵武县志》。

《宋登科记考》:《宋史》卷四五五《马伸传》,清黄宗羲《宋元学案》卷三〇《通判何龟津先生兑》。

按,(1)咸丰《邵武县志》卷二《冢墓》:"台溪先生何镐墓在台溪东砀之原,朱子撰碣铭并志其墓,事详本传。旧传墓在危坊,华表石犹存。"(2)朱熹为台溪精舍撰有《味道堂记》。[3]

---

[1] 李军、蔡忠明、傅再纯著:《邵武历代碑铭集录》,西南大学出版社,2023年,第380页。
[2] [清]咸丰《邵武县志》,1986年点校本,第341页。
[3] [宋]朱熹:《晦庵集》卷九一《味道堂记》。

【何伟】 南宋进士。补录。

按，《何氏墓志铭》载："有宋何氏，邵武军邵武县人。父讳伟，为进士。以建炎二年五月二十三日生，年二十嫁本县樵溪进士丘珪，至绍熙三年九月十五日终，享年六十有四，以其年十一月初□日葬于永城乡上白保□□之原。子男二人：长钦，娶高氏；次□。女二人，长适黄流，次适吴兴。孙男二人：师善、师德，女四人，尚幼。郡人吴谔刊。"①

11. 孙氏

【孙迪】 嘉祐二年（1057）登进士第。参见《八闽通志》、嘉靖《邵武府志》、《闽书》、道光《福建通志》、咸丰《邵武县志》、光绪《邵武府志》、民国《福建通志》、民国《邵武县志》、《宋登科记考》。

【孙谔】 字正臣，以字行。孙迪子。熙宁六年（1073）登进士第。试刑法中第一，初授池州司法参军。历权发遣江淮、荆、浙等路制置发运副使，移知润州，终官朝奉大夫。参见《八闽通志》、嘉靖《邵武府志》、《闽书》、道光《福建通志》、咸丰《邵武县志》、光绪《邵武府志》、民国《福建通志》、民国《邵武县志》。

《宋登科记考》：宋杨时《龟山集》卷三四《孙谔墓志铭》，宋李焘《续资治通鉴长编》卷二六七"神宗熙宁八年八月壬子"，宋李焘《续资治通鉴长编》卷二四三"神宗熙宁六年三月丁卯"。

按，咸丰《邵武县志》："宅在樵岚山"。

【孙镇】 孙谔子。绍兴五年（1135）登进士第。历知蒋州、通州。参见《八闽通志》、嘉靖《邵武府志》、《闽书》、道光《福建通志》、咸丰《邵武县志》、光绪《邵武府志》、民国《福建通志》、民国《邵武县志》。

按，(1)《闽书》、道光《福建通志》、民国《福建通志》作"孙缜"。(2)《建炎以来系年要录》："左朝请郎、新知蒋州孙镇移通州。"②

12. 饶氏

【饶幹】 字廷老。淳熙二年（1175）登进士第。初授吉水县尉。历知长沙

---

① 李军、蔡忠明、傅再纯著：《邵武历代碑铭集录》，西南大学出版社，2023年，第315-316页。
② [宋]李心传撰：《建炎以来系年要录》卷一八一"绍兴二十九年四月辛亥"，辛更儒点校，上海古籍出版社，2018年，第3200页。

县,终知怀安军。参见《八闽通志》、嘉靖《邵武府志》、《闽书》、道光《福建通志》、咸丰《邵武县志》、光绪《邵武府志》、民国《福建通志》、民国《邵武县志》。

《宋登科记考》:清黄宗羲《宋元学案》卷六九《知军饶先生幹》,清李清馥《闽中理学渊源考》卷二三《县令饶廷老先生幹》。

按,(1)宋朱熹《晦庵先生朱文公文集》卷九一《宜人吕氏墓志铭》。[1](2)民国《邵武县志》卷七《名胜》:"赠宜人吕氏墓在思顺里(吕氏,知淮安军饶幹之母也,朱子亦为之铭,事见烈女传)。"[2]

年榜无考者:

【饶敦仁】 宋登进士第。参见嘉靖《邵武府志》、咸丰《邵武县志》、民国《福建通志》、《宋登科记考》。

【饶敦信】 宋登进士第。参见嘉靖《邵武府志》、咸丰《邵武县志》、民国《福建通志》、《宋登科记考》。

【饶察】 宋登进士第。仕至知州。参见嘉靖《邵武府志》、光绪《邵武府志》、民国《福建通志》、《宋登科记考》。

【饶金酉】 宋登进士第。历通判。参见嘉靖《邵武府志》、光绪《邵武府志》、民国《福建通志》、《宋登科记考》。

【饶浚明】 宋登进士第。历通判。参见嘉靖《邵武府志》、光绪《邵武府志》、民国《福建通志》、《宋登科记考》。

13. 叶氏

【叶武子】 字成之,号息庵。嘉定七年(1214)登进士第,调岳州州学教授。历知处州,迁宗学博士。职终秘阁修撰。参见《八闽通志》、嘉靖《邵武府志》、《闽书》、道光《福建通志》、咸丰《邵武县志》、光绪《邵武府志》、民国《福建通志》、民国《邵武县志》。

《宋登科记考》:清黄宗羲《宋元学案》卷六九《修撰叶息庵先生武子》,清李清馥《闽中理学渊源考》卷二三《修撰叶成之先生武子》。

---

[1] [宋]朱熹:《晦庵先生朱文公文集》卷九一《宜人吕氏墓志铭》,朱子全书本,上海古籍出版社,2002年。
[2] [民国]《重修邵武县志》,民国二十五年(1936)刻本,邵武市地方志编纂委员会影印原书,第120页。

年榜无考者：

【叶谦之】 宋登进士第，年榜无考。历通判。参见嘉靖《邵武府志》、光绪《邵武府志》、民国《福建通志》、《宋登科记考》。

【叶綝】 绍兴初登进士第，年榜无考。绍兴八年(1138)左迪功郎、温州州学教授。参见嘉靖《邵武府志》、光绪《邵武府志》、民国《福建通志》、《宋登科记考》。

按，《建炎以来系年要录》："左迪功郎、温州州学教授叶綝请兴太学。"①

【叶绾】 宋登进士第，科年无考。累迁通判。参见嘉靖《邵武府志》、光绪《邵武府志》、民国《福建通志》、《宋登科记考》。

14. 杜氏

【杜东】 字晦之，号月渚，杜颖子，杜枈兄，早卒。嘉定七年(1214)登进士第。参见《八闽通志》、嘉靖《邵武府志》、《闽书》、道光《福建通志》、咸丰《邵武县志》、光绪《邵武府志》、民国《福建通志》、民国《邵武县志》。

《宋登科记考》：宋刘克庄《后村先生大全集》卷一五〇《杜郎中（颖）墓志铭》，清厉鹗《宋诗纪事》卷六九《杜东》。

按，民国《邵武县志》作"杜柬"，误。

【杜枈】 字子野，杜东弟。嘉定七年(1214)登进士第。参见《八闽通志》、嘉靖《邵武府志》、《闽书》、道光《福建通志》、咸丰《邵武县志》、光绪《邵武府志》、民国《福建通志》、民国《邵武县志》。

《宋登科记考》：宋刘克庄《后村先生大全集》卷一五〇《杜郎中（颖）墓志铭》。

按，(1)嘉靖《邵武府志》《闽书》作"杜采"，误。(2)民国《邵武县志》作"杜来"，误。

15. 任氏

【任希夷】 字伯起，号斯庵。淳熙二年(1175)登进士第。授建宁府浦城县主簿。累拜端明殿学士、签书枢密院事兼权参知政事。卒赠少师，谥宣献。参

---

① [宋]李心传撰：《建炎以来系年要录》卷一二二"绍兴八年九月辛丑"，辛更儒点校，上海古籍出版社，2018年，第2044页。

见《八闽通志》、嘉靖《邵武府志》、《闽书》、道光《福建通志》、咸丰《邵武县志》、光绪《邵武府志》、民国《福建通志》、民国《邵武县志》。参见本书附录二《宋代邵武宰辅任期集证》。

《宋登科记考》；《宋史》卷三九五《任希夷传》，清李清馥《闽中理学渊源考》卷二三《宣献任伯起先生希夷》。

按，(1)《宋宰辅编年录校补》："七月丙午(十九日)，任希夷知枢密院事兼参知政事。"①(2)《宋史·任希夷传》："进端明殿学士，签书枢密院事兼权参知政事。"②(3)《宋会要辑稿·礼四三》："二十四日，诏中书令奉册宝差知枢密院事、兼参知政事郑昭先，撰谥册文官差签书枢密院事、兼权参知政事任希夷……"③(4)《宋会要辑稿·职官七八·罢免(下)》："嘉定十四年(1221)八月三日，诏端明殿学士、通议大夫、签书枢密院事、兼权参知政事任希夷除资政殿学士知福州，兼权参知政事任希夷除。以病上章丐闲，故有是命。"④(5)《宋宰辅编年录校补》："八月乙卯(初三日)，任希夷知枢密院事。史弥远柄国久，执政皆具员，议者讥希夷为拱默。寻提举临安洞霄宫。卒赠少师，谥宣献。"⑤

【任尚】 淳祐元年(1241)登进士第。参见《八闽通志》、嘉靖《邵武府志》、《闽书》、道光《福建通志》、咸丰《邵武县志》、光绪《邵武府志》、民国《福建通志》、民国《邵武县志》、《宋登科记考》。

16. 丁氏

【丁朝佐】 绍定二年(1229)登进士第。参见《八闽通志》、嘉靖《邵武府志》、《闽书》、道光《福建通志》、咸丰《邵武县志》、光绪《邵武府志》、民国《福建通志》、民国《邵武县志》、《宋登科记考》。

按，《八闽通志》作"绍定三年己丑"，乙丑年为绍定二年。

---

① [宋]徐自明：《宋宰辅编年录校补》续录校补之二"嘉定十三年庚辰"，王瑞来点校，中华书局，1986年，第1399页。
② [元]脱脱：《宋史》卷三百九十五《任希夷传》，中华书局，1977年，第12050页。
③ [清]徐松辑：《宋会要辑稿》，刘琳等点校，上海古籍出版社，2014年，第2786页。
④ [清]徐松辑：《宋会要辑稿》，刘琳等点校，上海古籍出版社，2014年，第7591页。
⑤ [宋]徐自明：《宋宰辅编年录校补》续录校补之二"嘉定十四年辛巳"，王瑞来点校，中华书局，1986年，第1400页。

年榜无考者:

【丁洙】 邵武军人。宋进士,年榜无考。仕至提举官。参见嘉靖《邵武府志》、光绪《邵武府志》、民国《福建通志》、《宋登科记考》。

按,《宋故夫人上官氏墓志铭》:"一女,适宣德郎丁洙。"[1]

17.卢氏

【卢奎】 一作卢魁,字公奎,一字强立,号毋我。政和二年(1112)登进士第。历秘书省校书郎,仕至江西路转运判官。参见《八闽通志》、嘉靖《邵武府志》、《闽书》、道光《福建通志》、咸丰《邵武县志》、光绪《邵武府志》、民国《福建通志》、民国《邵武县志》。

《宋登科记考》:宋陈騤《南宋馆阁录》卷八,清李清馥《闽中理学渊源考》卷一《运判卢公主先生奎》,清黄宗羲《宋元学案》卷二五《运判卢毋我先生魁》。

按,《八闽通志》作"庐圭"。

【卢熊】 补录。校书郎卢奎之子。绍兴二十一年(1151)登赵逵榜进士第。《宋登科记考》(南宋卷上)援引《夷坚志·甲卷一三》"卢熊,邵武人,校书郎奎之子。绍兴二十一年,赴试南宫。"

18.邓氏

【邓邦宁】 政和五年(1115)登进士第。累迁知漳州。参见《八闽通志》、嘉靖《邵武府志》、《闽书》、道光《福建通志》、咸丰《邵武县志》、光绪《邵武府志》、民国《福建通志》、民国《邵武县志》、《宋登科记考》。

【邓根】 字深伯,邓邦宁从弟。重和元年(1118)登进士第。建炎三年(1129)四月间,除秀州通判。绍兴中,累迁直秘阁、知扬州。参见《八闽通志》、嘉靖《邵武府志》、《闽书》、道光《福建通志》、咸丰《邵武县志》、光绪《邵武府志》、民国《福建通志》、民国《邵武县志》。

《宋登科记考》:宋郑刚中《北山集》卷三七《乞留邓根通判秀州》,明凌迪知《万姓统谱》卷一〇九,吴廷燮《南宋制抚年表》卷上。

按,(1)《建炎以来系年要录》:"壬辰……吏部侍郎刘珏举前秀州崇德县令

---

[1] 李军、蔡忠明、傅再纯编著:《邵武历代碑铭集录》,西南大学出版社,2023年,第224页。

邓根……根,邵武人。"①(2)《建炎以来系年要录》:"通直郎邓根知秀州。"②《建炎以来系年要录》:"诏:直秘阁、知扬州邓根无所建明,可与宫观。"③

19. 黎氏

【黎太忠】 绍兴二十四年(1154)登进士第。参见光绪《邵武府志》、民国《福建通志》。

按,(1)邵武肖家坊登高村《京兆黎氏族谱》"邵武县志(载在宦绩类)黎太忠,黎家人,登绍兴甲戌进士,官至户部侍郎,其行实惜无证据,其里有增口祠殿塑侍郎夫妇像,其子孙及里人至今祷祀,每有奇验,观其里人数百年犹祀之,则其泽足以及人谅不浅也。"④(2)查《建炎以来系年要录》《宋会要辑稿》无兵部侍郎黎太忠户部侍郎记载。光绪《邵武府志》采《黎氏族谱》"其行实惜无证据",民国《福建通志》转载,待考。

【黎确】 北宋末登进士第(年榜无考)。绍兴五年任左朝请大夫、徽猷阁待制。参见嘉靖《邵武府志》、光绪《邵武府志》、民国《福建通志》、《宋登科记考》。

按,(1)《建炎以来系年要录》:"左中奉大夫黎确复徽猷阁待制。"⑤(2)《建炎以来系年要录》:"甲申,太常少卿季陵为起居郎,朝请大夫黎确守太常少卿。"⑥(3)《建炎以来系年要录》:"直龙图阁、知婺州黎确行左司谏。"⑦

20. 以下为单个姓氏(以登科时间为序)

【虞肇】 庆历二年(1042)登进士第。充御史台推直官,出知南安县。参见

---

① [宋]李心传撰:《建炎以来系年要录》卷十七"建炎二年九月",辛更儒点校,上海古籍出版社,2018年,第364页。
② [宋]李心传撰:《建炎以来系年要录》卷三十一"建炎四年六月",辛更儒点校,上海古籍出版社,2018年,第689页。
③ [宋]李心传撰:《建炎以来系年要录》卷一八二"绍兴二十九年六月甲辰",辛更儒点校,上海古籍出版社,2018年,第3216页。
④《京兆黎氏族谱》,2011年五修,谱存邵武市肖家坊镇登高村。
⑤ [宋]李心传撰:《建炎以来系年要录》卷八五"绍兴五年二月壬寅",辛更儒点校,上海古籍出版社,2018年,第1450页。
⑥ [宋]李心传撰:《建炎以来系年要录》卷二十一"建炎三年三月",辛更儒点校,上海古籍出版社,2018年,第435页。
⑦ [宋]李心传撰:《建炎以来系年要录》卷二十八"建炎三年九月",辛更儒点校,上海古籍出版社,2018年,第578页。

《八闽通志》、嘉靖《邵武府志》、《闽书》、道光《福建通志》、咸丰《邵武县志》、光绪《邵武府志》、民国《福建通志》、民国《邵武县志》、《宋登科记考》。

按，近年出土《宋故处士虞君墓志铭并序》，墓主虞宗咏，系虞肇之父，"七祖生爽，占数邵武之昼锦乡……子三人：长何、次荣，不试仕。次肇，擢进士第，著作郎，知吉州、龙泉县"①。宋时昼锦乡为今和平、肖家坊、桂林一带。

【高照】 字雪崖。庆历六年(1046)登进士第。历虔州司理参军。参见《八闽通志》、嘉靖《邵武府志》、《闽书》、道光《福建通志》、咸丰《邵武县志》、光绪《邵武府志》、民国《福建通志》、民国《邵武县志》。

《宋登科记考》：清陆心源《宋诗纪事补遗》卷八六《高照》。

按，(1)咸丰《邵武县志》卷二《冢墓》："尚书都官员外郎高照墓在八龙乡龙湖。上官均志铭云：公讳照，字景升，世邵武人。曾祖讳休，祖讳筠，皆隐德不仕。考讳愈，以学行信于州乡。有讼者，不造郡邑，一决于君，莫不解服。累赠殿中丞。"②(2)民国《福建通志》作"宝元元年"。

【游烈】 字晋老。皇祐元年(1049)登进士第。历官著作佐郎，知兴化军，累官职方员外郎。参见《八闽通志》、嘉靖《邵武府志》、《闽书》、道光《福建通志》、咸丰《邵武县志》、光绪《邵武府志》、民国《福建通志》、民国《邵武县志》。

《宋登科记考》：宋王安石《临川集》卷五一《奏举人游烈等著作佐郎制》，《永乐大典》卷八八四二《武阳志》，道光《福建通志》卷三二《职官志六·宋·泉州》。

【萧维申】 熙宁三年(1070)登进士第。参见《八闽通志》、嘉靖《邵武府志》、《闽书》、道光《福建通志》、咸丰《邵武县志》、光绪《邵武府志》、民国《福建通志》、民国《邵武县志》。

《宋登科记考》：宋陆佃《陶山集》卷一《依韵和萧惟申检法同年》，《宋史》卷三四三《陆佃传》。

按，《八闽通志》作"萧维"。

【莫表深】 字智行，自号如如居士。元丰二年(1079)登进士第。初授洪州丰城尉。仕至知饶州。参见《八闽通志》、嘉靖《邵武府志》、《闽书》、道光《福建通志》、咸丰《邵武县志》、光绪《邵武府志》、民国《福建通志》、民国《邵武县志》。

《宋登科记考》：清王梓材《宋元学案补遗》卷一《知州莫先生表深》。

---

① 李军、蔡忠明、傅再纯著：《邵武历代碑铭集录》，西南大学出版社，2023年，第209页。
② [清]咸丰《邵武县志》卷二《冢墓》，1986年点校本，第125页。

按,《八闽通志》、嘉靖《邵武府志》、《闽书》、咸丰《邵武县志》、光绪《邵武府志》、民国《邵武县志》作"吴表深",误。道光《福建通志》、民国《福建通志》、《宋登科记考》作"莫表深",宋杨时《龟山集》卷三三有《莫中奉墓志铭》[1],《宋史》卷四二八有传。吴表深应为"莫表深"。

【季陵】 字延仲,上官恢女婿。政和二年(1112)登释褐上舍第,历徽猷阁待制经略广州,官至户部侍郎。参见《八闽通志》、嘉靖《邵武府志》、《闽书》、道光《福建通志》、咸丰《邵武县志》、光绪《邵武府志》、民国《福建通志》、民国《邵武县志》。

《宋登科记考》:《宋史》卷三七七《季陵传》。

按,(1)《宋史》卷三百七十七《季陵传》:"登政和二年上舍第"。(2)《建炎以来系年要录》:"甲申,……太常少卿季陵为起居郎,朝请大夫黎确守太常少卿。"[2](3)《建炎以来系年要录》"中书舍人季陵罢为徽猷阁待制,知太平州。"[3]《建炎以来系年要录》:"辛巳,尚书户部侍郎季陵并罢。"[4](4)《荣国太夫人上官氏墓志铭》:"故户部侍郎季公有声太学,以上舍擢第。夫人归焉。侍郎家处州之龙泉,蚤孤而贫。"[5]其祖籍处州龙泉,因娶夫人上官氏入籍邵武。(5)《宋吏部尚书龙学光禄赠开府杜公之墓》:"公娶季氏,侍郎赠少师陵之孙女。"[6]季陵之孙女季氏为吏部尚书杜杲妻。(6)季陵《芦阳明应广祐王庙记》:"左朝奉大夫、充右文殿修撰、提举临安府洞霄宫、赐紫金鱼袋季陵记并书"。[7](7)《八闽通志》点校本作"李陵",误。

【张鸿举】 建炎二年(1128)中特奏名进士第一人,以龙飞恩,特附正奏名进士第二甲,赐进士及第。参见道光《福建通志》、光绪《邵武府志》、民国《福建通志》、《宋登科记考》。

---

[1] [宋]《杨时集》,北京:中华书局,2018年点校本,第3册,第829-832页。
[2] [宋]李心传撰:《建炎以来系年要录》卷二十一"建炎三年三月",辛更儒点校,上海古籍出版社,2018年,第435页。
[3] [宋]李心传撰:《建炎以来系年要录》卷二十三"建炎三年六月",辛更儒点校,上海古籍出版社,2018年,第519页。
[4] [宋]李心传撰:《建炎以来系年要录》卷三十六"建炎四年八月",辛更儒点校,上海古籍出版社,2018年,第710页。
[5] [宋]韩元吉:《荣国太夫人上官氏墓志铭》,《南涧甲乙稿》卷二十二,清文渊阁四库全书本。
[6] 李军、蔡忠明、傅再纯编著:《邵武历代碑铭集录》,西南大学出版社,2023年,第378页。
[7] [宋]季陵:《芦阳明应广祐王庙记》,邵武和平《仁顺梁氏族谱》卷十六,1998年刊本。

按,(1)《建炎以来系年要录》:"鸿举以龙飞恩,特附第二甲。鸿举邵武人也。"①(2)《宋会要辑稿·选举》:"建炎二年,特奏名三人,张鸿举赐及第。"②

【冯谔】 绍兴十二年(1142)登进士第。参见《八闽通志》、嘉靖《邵武府志》、《闽书》、道光《福建通志》、咸丰《邵武县志》、光绪《邵武府志》、民国《福建通志》、民国《邵武县志》、《宋登科记考》。

【俞闻中】 字梦达。淳熙八年(1181)登进士第。从朱子学,历南建州通判,知黎州,悉意抚宁,民夷感恩。参见《八闽通志》、嘉靖《邵武府志》、《闽书》、道光《福建通志》、咸丰《邵武县志》、光绪《邵武府志》、民国《福建通志》、民国《邵武县志》。

《宋登科记考》:清黄宗羲《宋元学案》卷六九《知州俞先生闻中》。

【林顺豫】 咸淳七年(1271)登进士第。历邵武军通判。入元,台州路学教授。参见《八闽通志》、嘉靖《邵武府志》、《闽书》、道光《福建通志》、咸丰《邵武县志》、光绪《邵武府志》、民国《福建通志》、民国《邵武县志》、《宋登科记考》。

按,《宋登科记考》作"南剑州剑浦县人"。

【贾应】 邵武军人。宋进士,科年无考。历通判。参见嘉靖《邵武府志》、光绪《邵武府志》、民国《福建通志》、《宋登科记考》。

【马康侯】 邵武军人。宋进士,科年无考。历任提点刑狱公事。参见嘉靖《邵武府志》、光绪《邵武府志》、民国《福建通志》、《宋登科记考》。

【邹梦德】 邵武军人。宋进士,科年无考。仕至通判。参见嘉靖《邵武府志》、光绪《邵武府志》、民国《福建通志》、《宋登科记考》。

【宁必豫】 邵武军人。宋进士,科年无考。仕至通判。参见嘉靖《邵武府志》、光绪《邵武府志》、民国《福建通志》、《宋登科记考》。

【严粲】 宋进士,科年无考。参见咸丰《邵武县志》、光绪《邵武府志》、民国《邵武县志》。

《宋登科记考》:正德《建昌府志》卷一五《选举·宋进士》,同治《建昌府志》卷七《选举表·进士》,光绪《江西通志》卷二二《选举表·宋进士》。

---

① [宋]李心传撰:《建炎以来系年要录》卷十七"建炎二年九月庚寅",辛更儒点校,上海古籍出版社,2018年,第363页。
② [清]徐松辑:《宋会要辑稿·选举》,刘琳等点校,上海古籍出版社,2014年,第7672页。

按,《宋登科记考》有严粲为建昌军南城县人。嘉定十六年(1223)登进士第。邵武严粲可能落籍江西南城。

【施宜生】 补录。施宜生,邵武人,原名施逵,字必达;亡入燕,改名宜生,字明望,自号三住老人。宋政和四年,擢上舍第,宣和末,为颍州教官。后仕伪齐,又仕金,正隆元年,出知深州,召为尚书礼部侍郎,官至翰林待制、礼部尚书。《金史·施宜生传》:"施宜生,字明望,邵武人也。博闻强记,未冠,由乡贡入太学,宋政和四年,擢上舍第。"①

《宋登科记考》:宋曹勋《松隐文集》卷三七《记施逵事》,宋陈鹄《耆旧续闻》卷六,宋洪迈《夷坚三志壬》卷五《道人相施逵》,《耆旧续闻》卷六,明柯维骐《宋史新编》卷一八八《施宜生传》,清王梓材《宋元学案补遗》卷九九《学士施先生宜生》。

按,《宋登科记考》作"建州浦城县人,政和五年登上舍第";《金史》作"邵武人,宋政和四年,擢上舍第";《八闽通志·人物志·宋》作"邵武人"②。从《金史》《八闽通志》。

【丘珪】 南宋进士。补录。

按,《何氏墓志铭》载:"有宋何氏,邵武军邵武县人。父讳伟,为进士。以建炎二年五月二十三日生,年二十嫁本县樵溪进士丘珪。"③

第二节　元进士汇考

【龚谷】 泰定元年(1324)登进士第。参见道光《福建通志》、咸丰《邵武县志》、光绪《邵武府志》、民国《邵武县志》。

---

① [元]脱脱:《金史》卷七十九《施宜生传》,中华书局,1975年,第1786页。
② [明]弘治《八闽通志》卷八六《拾遗》,2006年修订本,下册,第1432页。
③ 李军、蔡忠明、傅再纯著:《邵武历代碑铭集录》,西南大学出版社,2023年,第315-316页。

按,龚谷为元进士初见于清道光《福建通志》(采《龚氏家谱》),其家谱载:"龚谷(贵郎公),讳谷,馆字明伦,千五郎公长子,泰定元年进士,初授翰林院编修,官至崇文大学士。生子二:二郎、四郎。公妣、生殁、葬未详。"①《龚氏家谱》记载不详,没有生卒年份,亦无生平传记,可信度不高。沈仁国《元代进士集证》一书也没有体现龚谷的名字。龚谷为泰定元年进士源自家谱之说,无相关文献资料佐证,待日后考证。

【黄清老】 字子肃,人称樵水先生,黄五经之后也。泰定四年(1327)登进士第。累应奉翰林文字、同知制诰、国史院编修官,累迁奉训大夫、湖广等处儒学提举。参见《八闽通志》、嘉靖《邵武府志》、《闽书》、道光《福建通志》、咸丰《邵武县志》、光绪《邵武府志》、民国《福建通志》、民国《邵武县志》、《元朝进士集证》《翠屏集·黄子肃诗集序》《大明一统志》《万历邵武府志》《万姓统谱》《元史类编》《闽中理学渊源考》《新元史》《古今图书集成氏族典》。

按,苏天爵撰《元故奉训大夫湖广等处儒学提举黄公墓碑铭并序》,墓主黄清老:"明年,会试中选,廷对赐同进士出身。"②

第三节　明进士汇考

【周文通】 一名达孙。洪武十八年(1385)登丁显榜进士第,列第二甲第一百○二名,赐同进士出身。官终给事中,能诗。参见《闽书》、道光《福建通志》、咸丰《邵武县志》、光绪《邵武府志》、民国《福建通志》、民国《邵武县志》、《明清进士题名碑录索引》。

《明代登科总录》:(1)明俞宪《皇明进士登科考》卷二《洪武十八年乙丑》:"第二甲赐进士出身,名数次序不可考;第三甲赐同进士出身,名数次序不可考,

---

① 邵武茅埠《龚氏族谱》六修本,2000年,闽邵龚氏义房万四公支合族修。
② 李军、蔡忠明、傅再纯编著:《邵武历代碑铭集录》,西南大学出版社,2023年,第400页。

今并二甲共得四百六十九名:(第一百二十三名)周达孙,福建邵武县人。"(2)《国朝历科题名碑录初集·明洪武至崇祯各科附·明洪武十八年进士题名录乙丑科》:"赐进士出身第二甲一百七名:周文通,福建邵武县人。"(3)明张朝瑞《皇明贡举考》卷二《洪武十八年》:"第二甲一百七名赐进士出身:……周文通,福建邵武县。"

【吴言信】 洪武二十四年(1391)登许观榜进士第,列第一甲第三名。初授翰林院编修。官至监察御史。有传。参见《闽书》、道光《福建通志》、咸丰《邵武县志》、光绪《邵武府志》、民国《福建通志》、民国《邵武县志》、《明清进士题名碑录索引》。

《明代登科总录》:(1)《国朝历科题名碑录初集·明洪武至崇祯各科附·明洪武二十四年进士题名录辛未科》:"赐进士及第一甲三名:吴言信,福建邵武县人。"(2)明俞宪《皇明进士登科考》卷二《洪武二十四年辛未》:"第一甲三名赐进士及第:(探花)吴言信,福建邵武县人。"(3)明张朝瑞《皇明贡举考》卷二《洪武二十四年》:"第一甲三名赐进士及第:许观,直隶贵池县。张显宗,福建宁化县。吴言信,福建邵武县人,抄钞局副使。"(4)明黄瑜《双槐岁钞》卷二《两魁天下》:"洪武二十四年辛未二月,天下贡士会试者六百六十有奇,中式者:……(第十九名)吴言信,邵武县人,监生,抄钞局副使,《诗》。……对大廷,观复第一……张显宗次之,吴言信又次之。"(5)明张弘道《明三元考》卷一《洪武二十四年辛未科大魁》:"探花:吴言信,福建邵武人庚午举人,任抄钞局副使,登第授编修。"

按,吴氏为宋明时期邵武望族,"凡乐善布施者,子女多掇高科"。明代初期水北万峰山南麓莲花山下有北岩寺,为吴氏家族捐建,其地有朱熹讲学之所"漱玉亭",为吴处厚裔孙、宋泉州教授吴英所建。

【花润生】 字蕴玉。永乐二年(1404)登曾棨榜进士第,列第二甲第九十一名,赐同进士出身。知古田县、太和县,迁浙江市舶司提举,擢按察司提学佥事,转提督浙江学政。有《介轩集》。参见《闽书》、道光《福建通志》、咸丰《邵武县志》、光绪《邵武府志》、民国《福建通志》、民国《邵武县志》、《明清进士题名碑录索引》。

《明代登科总录》:(1)《国朝历科题名碑录初集·明洪武至崇祯各科附·明永乐二年进士题名录甲申科》:"赐进士出身第二甲九十三名:花润生,福建邵武县人。"(2)《宣德八年会试录》:"同考试官浙江市舶提举司副提举花润生蕴玉,福建邵武县人,甲申进士。"(3)明张朝瑞《皇明贡举考》卷二《永乐二年》:"第二甲九十三名赐进士出身:花润生,福建邵武县。"

【刘永贤】 永乐二年(1404)登曾棨榜进士第,列第三甲第四十九名,赐同进士出身。官至贵州布政司左参政。参见《闽书》、道光《福建通志》、咸丰《邵武县志》、光绪《邵武府志》、民国《福建通志》、民国《邵武县志》、《明清进士题名碑录索引》。

《明代登科总录》:(1)《国朝历科题名碑录初集·明洪武至崇祯各科附·明永乐二年进士题名录甲申科》:"赐同进士出身第三甲三百七十四名:刘永贤,福建邵武县人。"(2)明俞宪《皇明进士登科考》卷三《永乐二年甲申》:"第三甲三百七十四名赐同进士出身:(第四十九名)刘永贤,福建邵武县人。"(3)明张朝瑞《皇明贡举考》卷二《永乐二年》:"第三甲三百七十四名赐同进士出身:刘永贤,福建邵武县。"

【黄埜】 永乐二年(1404)登曾棨榜进士第,列第三甲第三百三十名,赐同进士出身。历江西万载、彭泽县、湖南宁远县知县。参见《闽书》、道光《福建通志》、咸丰《邵武县志》、光绪《邵武府志》、民国《福建通志》、民国《邵武县志》、《明清进士题名碑录索引》。

《明代登科总录》:(1)《国朝历科题名碑录初集·明洪武至崇祯各科附·明永乐二年进士题名录甲申科》:"赐同进士出身第三甲三百七十四名:黄埜,福建邵武县人。"(2)明俞宪《皇明进士登科考》卷三《永乐二年甲申》:"第三甲三百七十四名赐同进士出身:(第三百三十名)黄埜,福建邵武县人。"(3)明张朝瑞《皇明贡举考》卷二《永乐二年》:"第三甲三百七十四名赐同进士出身:黄埜,福建邵武县。"

按,咸丰《邵武县志》作"黄野"。

【王定】 字彦文。永乐二年(1404)登曾棨榜进士第,列第三甲第一百一十名,赐同进士出身。官行人,以贤能加御史,遣往辽东巡点军务。参见《闽书》、道光《福建通志》、咸丰《邵武县志》、光绪《邵武府志》、民国《福建通志》、民国《邵武县志》、《明清进士题名碑录索引》。

《明代登科总录》:(1)《国朝历科题名碑录初集·明洪武至崇祯各科附·明永乐二年进士题名录甲申科》:"赐同进士出身第三甲三百七十四名:王定,福建邵武县人。"(2)明俞宪《皇明进士登科考》卷三《永乐二年甲申》:"第三甲三百七十四名赐同进士出身:(第一百十名)王定,福建邵武县人。"(3)明张朝瑞《皇明贡举考》卷二《永乐二年》:"第三甲三百七十四名赐同进士出身:王定,福建邵武县。"

按,咸丰《邵武县志》卷二《冢墓》:"王定墓在香林寺之阴。"

【吴禔】 字伯祯。永乐二年(1404)登曾棨榜进士第,列第三甲第一百三十六名,赐同进士出身。官任江西按察司佥事。参见《闽书》、道光《福建通志》、咸丰《邵武县志》、光绪《邵武府志》、民国《福建通志》、民国《邵武县志》、《明清进士题名碑录索引》。

《明代登科总录》:(1)《国朝历科题名碑录初集·明洪武至崇祯各科附·明永乐二年进士题名录甲申科》:"赐同进士出身第三甲三百七十四名:吴禔,福建邵武县人。"(2)明俞宪《皇明进士登科考》卷三《永乐二年甲申》:"第三甲三百七十四名赐同进士出身:(第一百三十六名)吴禔,福建邵武县人。"(3)明张朝瑞《皇明贡举考》卷二《永乐二年》:"第三甲三百七十四名赐同进士出身:吴禔,福建邵武县。"

【官琚】 一名官驹。永乐十三年(1415)登陈循榜进士第,列第三甲第一百八名,赐同进士出身,民籍。官至户部主事。参见《闽书》、道光《福建通志》、咸丰《邵武县志》、光绪《邵武府志》、民国《福建通志》、民国《邵武县志》、《明清进士题名碑录索引》。

《明代登科总录》:(1)《国朝历科题名碑录初集·明洪武至崇祯各科附·明永乐十三年进士题名碑录乙未科》:"赐同进士出身第三甲二百五十三名:官驹,福建邵武府邵武县。民籍。"(2)明俞宪《皇明进士登科考》卷三《永乐十三年乙未》:"第三甲二百五十三名赐同进士出身:(第一百八名)官驹,福建邵武县人。"(3)明张朝瑞《皇明贡举考》卷三《永乐十三年》:"第三甲二百五十三名赐同进士出身:官驹,福建邵武县。"

按,道光《福建通志》、民国《福建通志》作"官驹"。

【李得全】 一名李德全,字道隆。永乐十三年(1415)登陈循榜进士第,列第三甲第二百二十九名,赐同进士出身。官河南道监察御史、巡按三省,有贤声。参见《闽书》、道光《福建通志》、咸丰《邵武县志》、光绪《邵武府志》、民国《福建通志》、民国《邵武县志》、《明清进士题名碑录索引》。

《明代登科总录》:(1)《永乐十三年会试录》:"计中式举人三百五十名:李德全,二百十名,福建邵武府邵武县。学生。《书》。"(2)《国朝历科题名碑录初集·明洪武至崇祯各科附·明永乐十三年进士题名碑录乙未科》:"赐同进士出身第三甲二百五十三名:李德全,福建邵武府邵武县。民籍。"(3)明俞宪《皇明进士登科考》卷三《永乐十三年乙未》:"第三甲二百五十三名赐同进士出身:(第二百二十九名)李德全,福建邵武县人。"(4)明张朝瑞《皇明贡举考》卷三《永乐十三年》:"第三甲二百五十三名赐同进士出身:李德全,福建邵武县。"

按,(1)咸丰《邵武县志》卷二《冢墓》:"李得全墓在石壁溪口。"①(2)道光《福建通志》、民国《福建通志》作"李德全"。

【曾真保】 子文鼎,号樵溪渔叟。永乐十九年(1421)登曾鹤龄榜进士第,列第三甲第一百四十四名,赐同进士出身。授浮梁知县,工诗词,以清慎称。有《樵溪渔叟集》一卷。参见《闽书》、道光《福建通志》、咸丰《邵武县志》、光绪《邵武府志》、民国《福建通志》、《明清进士题名碑录索引》。

《明代登科总录》:(1)《国朝历科题名碑录初集·明洪武至崇祯各科附·明永乐十九年进士题名碑录辛丑科》:"赐同进士出身第三甲一百四十九名:曾真保,福建邵武府邵武县人。"(2)明俞宪《皇明进士登科考》卷三《永乐十九年辛丑》:"第三甲一百四十九名赐同进士出身:(第一百四十四名)曾真保,福建邵武县人。"(3)明张朝瑞《皇明贡举考》卷三《永乐十九年》:"第三甲一百四十九名赐同进士出身:曾真保,福建邵武县。"(4)明李贤《明一统志》卷七十八《邵武府·人物·本朝》:"曾真保,邵武人,永乐间进士,除浮梁知县……后致仕卒。"

【龚敩】 字仲谟,一字时敏、惟学,慎仪十九世孙。正统元年(1436)登周旋榜进士第,列第三甲第四十名,赐同进士出身,民籍。初授户部主事,历户部郎中,升长芦都转运盐使司运使。参见《闽书》、道光《福建通志》、咸丰《邵武县志》、光绪《邵武府志》、民国《福建通志》、《明清进士题名碑录索引》。

---

① [清]咸丰《邵武县志》卷二《冢墓》,邵武市地方志编纂委员会编印,1986年点校本,第125页。

《明代登科总录》：(1)《正统元年进士登科录》："第三甲六十二名赐同进士出身：龚敩，贯福建邵武府邵武县，民籍。府学生，治《易经》。字仲谟，行三，年三十一，九月十一日生。曾祖永富，祖子华，父文清，母陈氏。具庆下。兄仲亨。弟：仲敬、仲宁。娶张氏。福建乡试第一十三名，会试第二十八名。"(2)《国朝历科题名碑录初集·明洪武至崇祯各科附·明正统元年进士题名碑录丙辰科》："赐同进士出身第三甲六十二名：龚敩，福建邵武府邵武县。民籍。"(3)《正统四年会试录》："对读官行在户部山东清吏司主事龚敩，仲谟，福建邵武县人，丙辰进士。"(4)明俞宪《皇明进士登科考》卷五《正统元年丙辰》："第三甲六十二名赐同进士出身：(第四十名)龚敩，福建邵武县人。"(5)明张朝瑞《皇明贡举考》卷三《正统元年》，"第三甲六十二名赐同进士出身：龚敩，福建邵武县。"

按，(1)咸丰《邵武县志》卷二《冢墓》："龚敩墓在四十七都上井山发。"(2)民国《邵武县志》(漏登)。(3)近年出土《安人陈氏墓志铭》，墓主为龚敩之母，"安人之子敩登进士第，有司立进士坊牌，荣耀其门，今为进士坊也"。

【徐溥】　字仕宏。正统十三年(1448)登彭时榜进士第，列第二甲第八名，赐同进士出身。官至江西道监察御史。参见《闽书》、道光《福建通志》、咸丰《邵武县志》、光绪《邵武府志》、民国《福建通志》、《明清进士题名碑录索引》。

《天一阁藏明代科举录选刊·正统十三年进士登科录》："徐溥，正统十三年进士登科录(1448)第二甲第八名，邵武府邵武县，字仕弘，四十岁，十月十六日生。军籍。祖永亨，父友诚，兄仕敬。福建乡试第五十九名，会试名次：第九十一名，国子生，生卒：1409—1468年。"①

《明代登科总录》：(1)《国朝历科题名碑录初集·明洪武至崇祯各科附·明正统十三年进士题名碑录戊辰科》："赐进士出身第二甲五十名：徐溥，福建邵武府邵武县。军籍。"(2)明俞宪《皇明进士登科考》卷五《正统十三年戊辰》："第二甲五十名赐进士出身：(第八名)徐溥，福建邵武县人。"(3)明何出光等《兰台法鉴录》卷八《正统朝》："徐溥，字仕弘。福建邵武县人。正统十三年进士。除江西道御史。"(4)明谈迁《国榷》卷二七，正统十四年四月庚午："进士……徐溥……为两京监察御史。"

---

① 龚延明主编，邱进春点校：《天一阁藏明代科举录选刊·登科录》(点校本)，宁波出版社，2016年，上册，第135页。

【谢燫】 字世彰。其先浙江台州临海人,宋丞相谢深甫之后。景泰二年(1451)登柯潜榜进士第,列第三甲第七十四名,赐同进士出身。初授湖广道监察御史,历两淮都运使,官至广东左参政。参见《闽书》、道光《福建通志》、咸丰《邵武县志》、光绪《邵武府志》、民国《福建通志》、《明清进士题名碑录索引》。

《天一阁藏明代科举录选刊·景泰二年进士登科录》:"谢燫:景泰二年第三甲第七十四名,贯浙江台州府临海县,字世彰,年三十一,十二月初十日生。祖:子温,上饶县学教谕,父:敫,长汀县学教谕。福建乡试第二十二名,会试名次第一百三名,状态:国子生,生卒:1421—1480年。"

《明代登科总录》:(1)《国朝历科题名碑录初集·明洪武至崇祯各科附·明景泰二年进士题名碑录辛未科》:"赐同进士出身第三甲一百二十三名:谢燫,浙江台州府临海县。民籍。"(2)明俞宪《皇明进士登科考》卷六《景泰二年辛未》:"第三甲一百二十三名赐同进士出身:(第七十四名)谢燫,浙江临海县人。"(3)明张朝瑞《皇明贡举考》卷四《景泰二年》:"第三甲一百二十三名赐同进士出身:谢燫,浙江临海县。"(4)明何出光等《兰台法鉴录》卷九《景泰朝》:"谢燫,字世彰。福建邵武县人。景泰二年进士。除湖广道御史。天顺二年,丁忧。五年,复除南道……两淮运使,广东左参政,致仕。"

按,(1)嘉靖《邵武府志》:"台州临海人,寓居邵武。"(2)咸丰《邵武县志》卷二《冢墓》:"谢燫墓在樵岚悟空山。"

【朱钦】 字懋恭。成化八年(1472)登吴宽榜进士第,列第三甲第三十四名,赐同进士出身。授宁波府推官,擢监察御史,累迁浙江按察使、湖广左布政使,终官右副都御史,巡抚山东。参见《闽书》、道光《福建通志》、咸丰《邵武县志》、光绪《邵武府志》、民国《福建通志》、《明清进士题名碑录索引》。

《天一阁藏明代科举录选刊·景泰二年进士登科录》:"朱钦:成化八年第三甲三十四名,贯邵武府邵武县,军籍。字懋恭,年二十九,十一月初一日生。祖:孟龄,父:道晖。福建乡试第五十名,会试第八十一名,国子生,生卒:1425—1502年。"

《明代登科总录》:(1)《明实录·武宗实录》卷一八五,正德十五年夏四月丁亥"朱钦,字懋恭,福建邵武人。成化壬辰进士,授宁波府推官。擢监察御史……升山东副使……补浙江,寻升按察使、湖广左布政使。进都察院右副都御史,巡抚山东……谤于刘瑾,被逮入京……致仕归……以道学称于闽。年七十七而卒。"(2)《明史》卷一八六《朱钦传》:"朱钦,字懋恭,邵武人……举成化八年进士,授宁波推官。治最,征授御史……弘治中……历浙江按察使……乃稍迁湖广左布政使。武宗立,以右副都御史巡抚山东……瑾诛,乃复官。十五年卒,年七十七。"

按,咸丰《邵武县志》卷二《冢墓》:"朱钦墓在曾坑"。

【孔经】 字大猷。成化十七年(1481)登王华榜进士第,列第三甲第三十二名,赐同进士出身。官南京户部主事。参见《闽书》、道光《福建通志》、咸丰《邵武县志》、光绪《邵武府志》、民国《福建通志》、《明清进士题名碑录索引》。

《天一阁藏明代科举录选刊·成化十七年进士登科录》:"第三甲第二百名赐同进士出身,贯邵武府邵武县。军籍,府学生,治《诗经》。字大猷,行一。年二十七,五月十六日生。曾祖得清。祖章,县丞。父昭。母谢氏,继母王氏。具庆下。弟纶、绍、纲、缙、绅。福建乡试第八十五名,会试第二百九十五名。"

《明代登科总录》:(1)《国朝历科题名碑录初集·明洪武至崇祯各科附·明成化十七年进士题名碑录辛丑科》:"赐同进士出身第三甲二百名:孔经,福建邵武府邵武县。军籍。"(2)明俞宪《皇明进士登科考》卷八《成化十七年辛丑》:"第三甲二百名赐同进士出身:(第一百八十名)孔经,福建邵武县人。"

【危行】 字世隆。弘治十五年(1502)登康海榜进士第,列第三甲第一百八十名,赐同进士出身。授乐安知县,擢监察御史,以廉能称,卒于官。参见《闽书》、道光《福建通志》、咸丰《邵武县志》、光绪《邵武府志》、民国《福建通志》、《明清进士题名碑录索引》。

《天一阁藏明代科举录选刊·弘治十五年进士登科录》:"第三甲一百九十九名赐同进士出身:危行,贯福建邵武府邵武县。匠籍。国子生。治《书经》。字世隆。行二。年三十九,二月二十一日生。曾祖原宗。祖仲达。父伯实。母官氏。永感下。兄泰。弟璧、让。娶苏氏。福建乡试第六十四名,会试第一百二十四名。"

《明代登科总录》:《国朝历科题名碑录初集·明洪武至崇祯各科附·明弘治十五年进士题名碑录壬戌科》:"赐同进士出身第三甲一百九十九名:危行,福建邵武府邵武县。民籍。"

按,邵武《危氏宗谱》(2017年合修本)其世系无载"危行",或为另一支危氏。

【万英】 字子俊。弘治十五年(1502)登康海榜进士第,列第三甲第一百二十八名,赐同进士出身。永乐间,曾祖光祖,官直隶顺天府顺义县,因占籍中应天乡试,官至池州知府,勒令闲住。参见道光《福建通志》、咸丰《邵武县志》、光绪《邵武府志》、民国《福建通志》、《明清进士题名碑录索引》。

《天一阁藏明代科举录选刊·弘治十五年进士登科录》:"第三甲一百九十九名赐同进出身:万英,贯顺天府顺义县。民籍。福建邵武县人。国子生。治《诗经》。字子俊。行一。年三十八,四月二十七日生。曾祖光祖,卫经历。祖谅。父洪。前母萧氏,母王氏,继母刘氏。具庆下。弟宣、芳。娶赵氏。顺天府乡试第九十八名,会试第一百九十一名。"

《明代登科总录》:《明实录·武宗实录》卷一四五,正德十二年春正月丁丑朔:"癸巳……吏部会都察院考察天下诸司官,以……知府……万英……等俱……罢软不谨者冠带闲住。"

【米荣】 字仁夫,号艮斋。嘉靖十一年(1532)登林大钦榜进士第,列第三甲第二十三名,赐同进士出身。初授太平府推官,擢兵部主事,转职方员外郎,迁湖广按察司佥事,加参议致仕。著有《艮所文集》。参见《闽书》、道光《福建通志》、咸丰《邵武县志》、光绪《邵武府志》、民国《福建通志》、《明清进士题名碑录索引》。

《天一阁藏明代科举录选刊·嘉靖十一年进士登科录》:"第三甲二百三十三名赐同进士出身:米荣,贯福建邵武府邵武县。军籍。国子生。治《易经》。字仁夫,行一。年四十七,九月二十九日生。曾祖友文。祖惟宝。父留住。母汤氏。具庆下。弟华。娶张氏。福建乡试第二十七名。会试二百六十八名。"

《天一阁藏明代科举录选刊·嘉靖十一年进士同年序齿录》:"米荣,字仁夫。治《易经》。丙午年九月二十九日生。福建邵武县人。观兵部政,授太平府推官。升兵部主事、员外,湖广佥事。号艮斋。曾祖友文。祖惟宝。父留住。母汤氏。弟华。子应钟、应锜、应铣、应铎。戊子乡试二十七名。会试二百六十八名。廷试三甲二十三名。"

《明代登科总录》:(1)《国朝历科题名碑录初集·明洪武至崇祯各科附·明嘉

靖十一年进士题名碑录壬辰科》:"赐同进士出身第三甲二百三十三名:米荣,福建邵武府邵武县。军籍。"(2)明俞宪《皇明进士登科考》卷一一《嘉靖十一年壬辰》:"第三甲二百三十三名赐同进士出身:(第二十三名)米荣,福建邵武府邵武县人。"

按,咸丰《邵武县志》卷二《冢墓》:"朝议大夫米荣墓在钟家源"。邵武《米氏族谱》载,洪武七年,米氏始祖米开庵,以邵武卫由山西大同落籍邵武东门,世袭军籍。米荣为邵武第五世,其从孙米嘉穗为万历四十六年举人。

【何廷钰】 字润夫。嘉靖二十九年(1550)登唐汝楫榜进士第,列第三甲第二名,赐同进士出身。初授中书舍人。选云南道监察御史,谪高邮州判官,罢归。参见《闽书》、道光《福建通志》、咸丰《邵武县志》、光绪《邵武府志》、民国《福建通志》、《明清进士题名碑录索引》。

《天一阁藏明代科举录选刊·嘉靖二十九年进士登科录》:"第三甲二百二十二名赐同进士出身:何廷钰,贯福建邵武府邵武县。匠籍。国子生。治《诗经》。字润夫。行二。年三十六,十二月初一日生。曾祖琼。祖宽。父洪。母虞氏,继母吴氏。严侍下。兄廷锦。弟廷铣、廷铭、廷锐、廷钟。娶郑氏。福建乡试第六十八名,会试第一百十九名。"

《明代登科总录》:(1)《国朝历科题名碑录初集·明洪武至崇祯各科附·明嘉靖二十九年进士题名碑录庚戌科》:"赐同进士出身第三甲二百二十二名:何廷钰,福建邵武府邵武县。匠籍。"(2)《明实录·世宗实录》卷三九七,嘉靖三十二年四月丙子朔:"壬辰,选授……中书舍人……何廷钰俱试监察御史……廷钰云南道。"(3)明何出光等《兰台法鉴录》卷一七《嘉靖朝》:"何廷钰,字润夫。福建邵武县人。嘉靖二十九年进士。三十二年,由中书选云南道御史。三十四年,巡视两关,降高邮州判官,罢归。"

【何廷锦】 字实夫,号蒙泉。嘉靖三十五年(1556)登诸大绶榜进士第,列第三甲第五十九名,赐同进士出身。初授武进知县,调益都县,致仕。参见《闽书》、道光《福建通志》、咸丰《邵武县志》、光绪《邵武府志》、民国《福建通志》、《明清进士题名碑录索引》。

《天一阁藏明代科举录选刊·嘉靖三十五年进士登科录》:"第三甲二百三名赐同进士出身:何廷锦,贯福建邵武府邵武县。匠籍。国子生。治《诗经》。字实夫。行一。年四十四,四月十六日生。曾祖琼。祖宽。父洪。母虞氏,继母吴氏。具庆下。弟延钰,前监察御史;廷铭、廷锐、廷钟。娶高氏。顺天府乡试第一百二十一名,会试第五十六名。"

《明代登科总录》:(1)《嘉靖丙辰同年世讲录》:"何廷锦,字实夫,号蒙泉。治《诗经》。癸酉年四月十六日生。福建邵武府邵武县人。观礼部政。曾祖琼。祖宽。父洪。母虞氏,继母吴氏。弟廷钰,御史。廷铣,医官。廷铭,生员。廷锐。廷锺。娶高氏。子士贤,生员。士范。士衡。乙卯顺天府乡试第一百二十一名,会试第五十六名,廷试三甲五十九名。授直隶武进县知县,己未调山东益都县致仕。"(2)《国朝历科题名碑录初集·明洪武至崇祯各科附·明嘉靖三十五年进士题名碑录丙辰科》:"赐同进士出身第三甲二百三名:何廷锦,福建邵武府邵武县。匠籍。"

【黄克谦】 字含光,号文谦。万历二十六年(1598)登徐秉忠榜进士第,列第二甲第二十七名,赐同进士出身。初授工部主事。历升兵部郎中,官至广东右参政。参见道光《福建通志》、咸丰《邵武县志》、光绪《邵武府志》、民国《福建通志》、民国《邵武县志》、《明清进士题名碑录索引》。

《明代登科总录》:(1)《万历二十六年进士登科录》:"第二甲五十七名赐进士出身:黄克谦,贯浙江杭州右卫官籍,福建邵武府邵武县人。仁和县学附学生,治《易》。字含光,行四,年二十二,九月初七日生……父思道,知州……会试第七十二名。"(2)《万历二十六年戊戌科进士履历便览》:"黄克谦,号文谦。《易》一房。丁居九月初七日生。仁和籍,邵武人。甲午乡二十八名,会七十二名,二甲二十七名……授工部主事……升广东右参政。"(3)《国朝历科题名碑录初集·明洪武至崇祯各科附·明万历二十六年进士题名碑录戊戌科》:"赐进士出身第二甲五十七名:黄克谦,浙江杭州右卫官籍。福建邵武府邵武县人。"(4)《明实录·神宗实录》卷四三八,万历三十五年九月辛卯朔:"甲寅……调车驾司郎中黄克谦为职方司郎中。"

按,黄克谦随父中浙江乡试,后落籍钱塘。明万历丙午(1606年)倡建邵武府驻北京邵武会馆,撰有《邵武会馆创始志碑》。①

【陈之美】 字日章,一字絅存。万历四十七年(1619)登庄际昌榜进士第,列第二甲第二十六名,赐同进士出身。初授户部主事,历官宁波府知府,累升江

---

① 李景铭:《闽中会馆志》卷一《邵武会馆》,1943年铅印本。

西右参议,官至广东参政。著有《仕学窥集》。参见《闽书》、道光《福建通志》、咸丰《邵武县志》、光绪《邵武府志》、民国《福建通志》、民国《邵武县志》、《明清进士题名碑录索引》。

《明代登科总录》：(1)《国朝历科题名碑录初集·明洪武至崇祯各科附·明万历四十七年进士题名碑录己未科》："赐进士出身第二甲六十七名：(第二十六名)陈之美,福建邵武府邵武县。民籍。"(2)乾隆《福建通志》卷四十八《人物六·邵武府·明》："陈之美,字絅存,邵武人。万历己未进士,授户部主事……迁知宁波府……后历广东参政。"

【何望海】 字若士,号金阳。天启二年(1622)登文震孟榜进士第,列第三甲第一百六十七名,赐同进士出身。初授揭阳知县,博学有文名。民籍。参见道光《福建通志》、咸丰《邵武县志》、光绪《邵武府志》、民国《福建通志》、民国《邵武县志》、《明清进士题名碑录索引》。

《明代登科总录》：(1)《天启壬戌科进士同年序齿录》："何望海,福建邵武府邵武县籍……字若士,号金阳……丁酉年十月初七日生……会试一百四十九名,廷试三甲一百六十七名……授揭阳知县。父池,乡饮,冠带耆宾。娶黄氏。"(2)《天启二年壬戌科进士履历》："何望海,金阳。《诗》三房。丁酉十月初七日生,邵武人。乡七十二名,会一百四十九名,三甲一百六十七名。户部政,癸亥授□□阳知县。甲子本省同考,回籍。"(3)《国朝历科题名碑录初集·明洪武至崇祯各科附·明天启二年进士题名碑录壬戌科》："赐同进士出身第三甲三百二十九名：何望海,福建邵武府邵武县,民籍。"

按,(1)民国《邵武县志》卷七《名胜》："知揭阳县何望海墓在龙潭华盖山。"[1] (2)沿山镇古山村《樵西古潭何氏宗谱》载有何望海作《双台峰碑文》："而予乡之北则有双台,是山也。"[2]双台山在古山村北,何望海当为古山村何氏。

---

[1] ［民国］《重修邵武县志》,民国二十五年刻本,邵武市地方志编纂委员会影印原书,第120页。
[2] 沿山《樵西古潭何氏宗谱》卷二《双台峰碑文》,民国三十三年刊本,谱存邵武市沿山镇古山村。

第四节　清进士汇考

【黄机】　顺治四年(1647)登吕宫榜进士第,列第二甲第二十七名,赐同进士出身。初授弘文院编修,累官文华殿大学士、吏部尚书。参见咸丰《邵武县志》、光绪《邵武府志》、民国《邵武县志》、《增校清朝进士题名碑录》。

按,黄机随父黄克谦中浙江乡试,居浙江钱塘县。《增校清朝进士题名碑录》籍贯作"浙江钱塘县"。

【冯可参】　字兼三。顺治十八年(1661)登马世俊榜进士第,列第三甲第二百五十名,赐同进士出身。除知郯城县,以亏损驿马罢。参见道光《福建通志》、咸丰《邵武县志》、光绪《邵武府志》、民国《福建通志》、民国《邵武县志》、《增校清朝进士题名碑录》。

【黄彦博】　黄机子。康熙三年(1664)登严我斯榜进士第,列第三甲第八名,赐同进士出身。参见咸丰《邵武县志》、光绪《邵武府志》、民国《邵武县志》、《增校清朝进士题名碑录》。

按,《增校清朝进士题名碑录》籍贯作"浙江仁和县"。

【吴震】　字惊百。康熙十二年(1673)登韩菼榜进士第,列第三甲第九十一名,赐同进士出身。参见道光《福建通志》、咸丰《邵武县志》、光绪《邵武府志》、民国《福建通志》、民国《邵武县志》、《增校清朝进士题名碑录》。

《康熙十二年进士登科录》:"吴震,福建邵武府邵武县,民籍,府学增广生,治《诗经》,字惊百,行一,年二十七,(丁亥年)十二月初八日生。曾祖文英,祖世懋,父昆,母邓氏。娶黄氏。福建乡试第二十八名,会试第七十名,(殿试)三甲九十一名。"[1]

---

[1]《康熙十二年登科录》,美国国会图书馆藏,癸丑科会试一百五十九名进士三代履历便览。

【黄炅】 字光远,华衮长孙。雍正八年(1730)登周澍榜进士第,列第三甲第二百四十七名,赐同进士出身。历任常山、兰溪、仁和知县,终太湖同知。参见道光《福建通志》、咸丰《邵武县志》、光绪《邵武府志》、民国《福建通志》、民国《邵武县志》、《增校清朝进士题名碑录》。

按,咸丰《邵武县志》卷二《冢墓》:"太湖同知黄炅墓,在和平里。"①

【叶为舟】 字济川。乾隆十年(1745)登钱维城榜进士第,列第三甲第二百名,赐同进士出身。历任蕲水、汉川知县,有能声。参见道光《福建通志》、咸丰《邵武县志》、光绪《邵武府志》、民国《福建通志》、民国《邵武县志》、《增校清朝进士题名碑录》。

按,叶为舟是大埠岗镇加州村杨家源人。杨家源在清代属于延平府将乐县,康熙年间叶为舟的父亲叶静安迁邵武城关。杨家源《叶氏族谱》卷首《皇清敕授文林郎予颖叶公与原配王孺人合葬墓志铭》载:"公讳为舟,字济川,别号予颖……先世居将乐,自其父静安公始迁于邵。"②

【罗均】 字彦卿。乾隆二十五年(1760)登毕沅榜进士第,列第二甲第五十名,赐同进士出身。试长乐、松滋知县,补麻城,以事去,再补德兴县。参见道光《福建通志》、咸丰《邵武县志》、光绪《邵武府志》、民国《福建通志》、民国《邵武县志》、《增校清朝进士题名碑录》。

【黄利通】 字资万,号顺庵。乾隆四十三年(1778)登戴衢亨榜进士第,列第三甲第二十六名,赐同进士出身。历官延平、汀州教授。参见道光《福建通志》、咸丰《邵武县志》、光绪《邵武府志》、民国《福建通志》、民国《邵武县志》、《增校清朝进士题名碑录》。

按,黄利通"少读书旧渠村",查清代"里社"无旧渠名,水北镇四都有新渠,或曾有旧渠,待考。

【魏德畹】 字田玉,榜名德琬。嘉庆七年(1802)登吴廷琛榜进士第,列第二甲第五十四名,赐同进士出身。历官广东西宁知县,迁湖南靖州知州。参见道光《福建通志》、咸丰《邵武县志》、光绪《邵武府志》、民国《福建通志》、民国《邵武县志》、《增校清朝进士题名碑录》。

───────

① [清]《邵武县志》,1986年点校本,第125页。
② 杨家源《叶氏族谱》卷首《志铭》,谱存邵武市大埠岗镇杨家源村。

按，民国《邵武县志》卷七《名胜》："直隶州知州魏德畹墓在樵西李家重门墩。"①

【龚正调】 嘉庆七年(1802)登吴廷琛榜进士第,列第三甲第二百二十四名(《增校清朝进士题名碑录》缺名次)。官刑部奉天司员外郎。参见咸丰《邵武县志》、光绪《邵武府志》、民国《邵武县志》。

按,(1)拿口镇庄上人,今邵武市拿口庄上龚氏家庙留存完好,相邻贡院府残墙犹存。近年出土《皇清诰赠奉直大夫刑部奉天司员外郎龚公墓志铭》："正调,乾隆乙卯恩科福建解元嘉庆壬戌科进士,任原刑部奉天司员外郎"②。(2)光绪《邵武府志》卷十七《选举》："先由举人捐刑部员外郎"③。(3)《咸丰邵武县志·选举》："历官刑部奉天司员外郎"④。《清仁宗睿皇帝实录》卷九七,嘉庆七年四月戊午条："谕内阁:据磨勘大臣,将本科会试中式覆勘应议试卷,黏签进呈。内二百二十四名龚正调一卷,签出文义疵谬,诗句粗鄙数处。且字画讹误甚多,首篇半系录旧。其素不能文,已属显然。前此乡试取中,亦必有枪冒等弊,特事隔多年,姑免深究。此等行险侥幸之徒,岂可令其滥厕科目?该大臣等仅请将该贡士先行扣除,停其殿试,仍由礼部照例核办具题。声叙殊未明晰。龚正调不但应革去进士,伊系由附贡生中式举人,并捐纳员外郎,俱着全行斥革,永不准再行应试。其字句应议之处,考试官未能看出,着该部照例议处。"⑤龚建雄《中华龚氏福建历代先贤传略》⑥考证疑为蒙冤,幸得昭雪。

【杨兆璜】 字渭渔,号古生。嘉庆十六年(1811)登蒋立镛榜进士第,列第三甲第一百一十一名,赐同进士出身。官浙江金华令,后历任广西柳州府、直隶广平府知府。参见道光《福建通志》、咸丰《邵武县志》、光绪《邵武府志》、民国《福建通志》、民国《邵武县志》、《增校清朝进士题名碑录》。

【梅树德】 字务滋,号铁崖。嘉庆十六年(1811)登蒋立镛榜进士第,列第三甲第一百四十一名,赐同进士出身。官浙江西安令,有循声。参见道光《福建

---

① [民国]《重修邵武县志》,民国二十五年刻本,邵武市地方志编纂委员会影印原书,第120页。
② 李军、蔡忠明、傅再纯编著:《邵武历代碑铭集录》,西南大学出版社,2023年,第494页。
③ [清]光绪《邵武府志》卷十六《选举》,2017年点校本,第471页。
④ [清]咸丰《邵武县志》,1986年点校本,第285页。
⑤ 《清仁宗睿皇帝实录》,卷九七,嘉庆七年四月戊午条。
⑥ 龚建雄:《中华龚氏福建历代先贤传略》,中国文化出版社,2020年,第426-427页。

通志》、咸丰《邵武县志》、光绪《邵武府志》、民国《福建通志》、民国《邵武县志》、《增校清朝进士题名碑录》。

按,民国《邵武县志》卷七《名胜》:"知浙江西安县梅树德墓在何家源里洋家山。"[1]

【张冕】 字繁露,号盅轩。道光六年(1826)登朱昌颐榜进士第,列第三甲第一百五十二名,赐同进士出身。历官泉州府、建宁府教授。参见道光《福建通志》、咸丰《邵武县志》、光绪《邵武府志》、民国《福建通志》、民国《邵武县志》、《增校清朝进士题名碑录》。

按,邵武市吴家塘《七牧张氏家谱》,祖籍吴家塘七牧,曾祖士敏迁邵武城东关外上河街。

---

[1] [民国]《重修邵武县志》,民国二十五年(1936)刻本,邵武市地方志编纂委员会影印原书,第120页。

第三章 邵武历代进士生平辑录

人物志是地方志的重要组成部分,自古有"地以人贵,人以地传""人物为一郡之柱础,乡邦之光耀"之说。自宋代开始,方志必列人物,这些古代精英人士大部分是进士出身,在传统文化中有重要的历史地位和社会影响力。《宋史》记载的邵武籍人物有14人,较早的明弘治《八闽通志》人物志载有宋代邵武进士人物53人,其后嘉靖《邵武府志》、《闽书》、道光《福建通志》、咸丰《邵武县志》、光绪《邵武府志》、民国《福建通志》人物志都在前志的基础上进行删减或增加,并按列传(良吏、名贤)、宦绩(宦迹)、儒林、文苑、忠义、隐逸等进行分类,但各志书因编纂者的观点立场不同,对人物的分类不尽相同,如,嘉靖《邵武府志》将黄履、黄潜善与施宜生同列,列为奸佞;《宋史》将吴处厚列为奸臣,而其他志书则不然等。另外,史书与方志对个别人物的生平表述不尽相同。如《宋史》龚夬、孙谔与方志传记出入较大,在第二章《汇考》中已有说明,本章不再点校。

相对而言,邵武府志、县志记载的人物较多,而通志则选择知名度更高的人物。清代至民国的地方志关于元明清的人物传记基本一致,以光绪《邵武府志》的人物志最多,且较为完整,该志吸收并完善了前志对人物的叙述。为了体现对人物表述的一致性,本章统一摘录光绪《邵武府志》卷十九至卷二十四的人物传记,唯黄潜善采用《宋史》传记。有传记的人物计94人,其中宋代71人,元代1人,明代14人,清代8人。参照志书体例,按朝代以列传、宦绩、儒林、忠义、隐逸等进行分类,以登科时间为序。

第一节　宋进士生平辑录

(一)列传

【上官凝】　字成叔。资禀刚正,内纯明而外简易,学务体要,为文不蹈陈迹,指画历代治乱得失,有卓识。登庆历二年(1042)进士第,调铜陵尉,时部使者以苛察威所部,凝独不屈,使者怒捃之,无所得,乃愧谢。秩满,有老叟十数人送至境上,馈药数器,行数里,发之皆金也,追而反之曰:"吾不私汝,汝忍吾私耶?"六年,调潭州司理参军,郡多滞狱,凝论决当罪,人无冤者。守常以喜怒轻重,凝数争之,守怒,凝争益力。县送盗七人,法当论死,凝觇牍察辞,觉中二人非盗,徐讯察之,果诬,立直之,人服其明。皇祐初,用荐为阳朔令,改知攸县、湖口县。又知分宁,豪右横逞里间,凝治之不贷,有讼阅九年莫能决,凝至,旬日皆得其情。知安邱,邑有成向者以殿中丞废居,干请侵渔,致资巨万,凝责数堂下,使伍累囚,期当穷治。会其族人奕为守,受向赂,劾凝,追逮胥吏百余辈验治无状,守愧为向卖,乃更辨析前章,置酒求解,凝不愠曰:"余自信而已。"山东蝗,旁邑被害,凝境上有鸟万数群食之,岁独稔。熙宁三年,迁尚书职方员外郎、通判处州。始至,守持法峭深,有不便,凝辄格之不下,其后守有措施,必先视凝意,故政皆近厚。未几,卒,民为出涕。子垲、均,自有传。崇祀乡贤。

【吴处厚】 字伯固,博学工词赋,登皇祐五年(1053)进士第。神宗屡丧皇嗣(《宋史》及志传俱作"仁宗",考立庙事在元丰中,作神宗为是),处厚上言:"昔屠岸贾之难,程婴、公孙杵臼尽死以全赵孤,宋有天下百余年,二人忠义未蒙褒表。"帝览疏矍然,即除处厚将作丞,诏封婴、杵臼皆为侯,立庙绛州。未几,迁大理丞。王安礼、舒亶相攻,事下大理,处厚直安礼而坐亶盗用官烛罪,时蔡确素与亶相结,遣人达意救亶,处厚不从,确怒,欲逐之。神宗崩,王珪为永裕山陵使,辟掌笺奏。珪卒,确代使,遂出知通州军,徙汉阳。元祐中,确罢相,知安州,有静江卒当戍汉阳,确固不遣,处厚怒曰:"尔在廊庙时数陷我,今比郡作守,犹尔耶?"廉得确《游车盖亭》诗,笺释上之。是时,宣仁太后临朝,确诗引用郝处俊上元间谏高宗欲传位武后事,阴有所刺,太后大怒。于是,谏官张焘、范祖禹等交章论确罪,确遂贬死,而擢处厚知卫州。初,处厚以才名重公卿间,王安石、司马光诸人皆与之善,确亦尝从之学赋,既相杵,乃摘发其罪,中外称快,然士大夫亦由此畏忌之。绍圣四年,再贬元祐党人,时处厚已卒,追贬歙州别驾。所著有《青箱杂记》十卷、《赋评》一卷。

附:司马光《送吴处厚知真州》诗:"乡托星屏驾,今随丞相车。终朝容懒拙,经岁庇迂疏。共此趋云阙,旋闻建隼旟。江淮一都会,游刃必多余。"王安石诗:"江上斋船驻彩桡,鸣笳应满绿杨桥。久为汉吏知文法,常使淮人服教条。拱木延陵瞻故国,丛祠瓜步认前朝。登临莫负山川好,终欲东归听楚谣。"

【龚仕忠】 字尽臣。嘉祐二年(1057)进士,从学于福州陈烈,烈重之。欧阳修将荐烈为直讲官,烈转荐仕忠于修,用为检阅局校书。治平初,诏议崇奉濮王典礼,仕忠援引经义上之,上是其议,除御史。熙宁初,王安石参大政,仕忠言安石不可大用,论章惇邪佞,必误国家。滕甫出知郓州,仕忠言甫忠,不宜补外,皆不见听,悒愤成疾。会其兄宗颜守饶州,犯赃,欲令仕忠护之,仕忠以执法则逆兄,徇兄则灭法,力乞致仕,奉祠归。

【黄履】 字安中。曾祖徽,以儒术游梁、宋间,与赵普友善,不肯与陈桥议。履游太学,有声。嘉祐元年(1056),释褐第一。(《宋史》本传云:"少游太学,举进士。"案,履不由进士出身,本传误。)熙宁间,同知太常礼院,奏乞特燕宗室以齿,引《小雅》"常棣""伐木"二诗,及《周官》司仪以为说,擢监察御史里行。时方讲求新法,履上疏论市易事,人称为凤鸣朝阳。宰相王安石恶之,罢台职。寻知谏院,兼管勾国子监,力陈天地合祭非礼,遂定北郊之议。遭母忧去。服除,召为礼部尚书,迁御史中丞。

旧制,臣下职事小阙罚金,后虽大臣亦不免。履奏:"贾谊有言'遇之以礼,则群臣自喜',群臣且然,况大臣乎？故罪在可恶,黜之可也；可恕,释之可也。岂可以罚金示辱哉？"尚书左丞蒲宗孟私役将作人匠,将作监牒大理寺,惟坐吏许经臣罪,履言:"法行自贵者始,蒲宗孟恃势违法,大理寺不尽公根究,皆畏避权势,慢上曲法。"诏御史台鞫实以闻,宗孟罢知汝州。哲宗即位,韩宗道自户部郎中除太常少卿,韩宗古自兵部郎中除光禄少卿,二人皆仆射韩缜兄弟子也,履言:"本朝故事,凡缘宰执避亲,多以本等少降处之,今宗道则升二班,宗古则升一班,于例未允。若使宰执皆援缜例以幸子弟,则是朝廷为官择人之清职,止为大臣族戚避亲阶宠之地。"疏入,改宗道为太仆少卿,宗古为少府少监。元祐元年,迁翰林学士、兼侍讲。

初,履在太学,与邢恕交游,后官于朝,因恕得出入蔡确、章惇门,每确、惇有所嫌恶,则使恕道风旨于履,履颇为所用。至是,右正言刘安世劾惇、确、恕罪,语并及履,除龙图阁直学士,出知越州。历知舒、洪、苏、鄂、青五州,江宁、应天、颍昌三府。绍圣初,惇当国,复龙图阁直学士,召还,仍为御史中丞。履久次在外,常怏怏,会惇与恕等诬谤宣仁皇后欲立徐邸事,履希惇意,上章言:"司马光变更先朝已行之法非是。"并论吕大防、刘挚、梁焘诸人,追夺贬黜有差。复与来之邵、张商英、刘拯同奏确有定策功，宜复官爵恤数，由是大为士论所诟。初，北郊议虽定，犹不果行，履又建言："阳复阴消，各因其时，上圆下方，各顺其体，是以圣人因天祀天，因地祭地，三代至汉，其仪不易。及王莽谄事元后，遂跻地位，同席共牢，历世袭行，不能全革。神宗考古揆今，以正大典，尝有意于兹矣。元祐大臣以宣仁听政，复用莽意合祀，渎乱典礼。今承先志，当在陛下。"哲宗可之，遂定郊议。四年，拜尚书右丞。

元符初，惇乞立刘贤妃为后，右正言邹浩上疏力争，责浩新州编管，履言："浩以亲被拔擢之故，乃敢犯颜纳忠，陛下遽斥之死地，臣恐人臣以言为讳。"是日，履留身奏事，连上四札救浩，引唐介、朱云为比。（《浮溪集·张根行状》云："妻父黄履有大事必以咨公，如救邹浩之类，皆白公发之。"是履救浩乃其婿所赞成。）惇因论履朋比怀奸，动摇国政，罢知亳州。徽宗即位，召除资政殿学士，俄复拜尚书右丞。

未逾年，求去，加大学士。建中靖国元年，卒。崇宁元年，治臣僚议复元祐皇后罪，追贬祁州团练副使。政和三年，诏复原官。

【孙谔】 字正臣。崇宁初，有旨改名，遂以字行。父迪，嘉祐二年（1057）进士，官太常博士，赠通议大夫。谔登熙宁六年（1073）第，又试法科第一。性忠直，立朝无所徇。王安石用事，中书置五房检正，谔以才入选，除监制敕库。与议新法不合，出为睦州司理参军。有酒户仆杀人，主受诬，谔辨其枉。青溪民僦舟，醉遗镪，既觉而舟已去，遂诉于谔，谔缓之，未几，舟人负镪至曰："我闻孙检正治狱神，不敢欺也。"绍圣元年（1094），迁秘书省正字，权梓州路转运判官。时籍泸南罗始党八姓生夷为义军，久而渐离其伍，有司欲诘之，恐为变，谔建言："团结夷军本欲使习汉化，今夷情已熟，有阙即犒，设夷首使自补，毋以刻核致怨。"朝议从之。召为尚书吏部员外郎，言者摘其元祐间所论奏，罢知南剑州。崇宁初，以国子祭酒兼权秘书监，中外期其大用。未几，复求补外，除直龙图阁，权江淮荆浙等路制置发运副使。初，蔡京为户部尚书，知谔才，将荐以自代，及与政，欲以为刑部侍郎，谔辞，京意犹未已。会有言其趣与新政异者，京怒，乃罢知润州，予祠。大观中，迁朝奉大夫，提举灵仙观，卒。谔笃志励学，于刑书纤悉详尽，又精阴阳、星历之学，所著《奏议》《经解》《杂著》《文集》四十卷。子镇，绍兴（五年）（1135）中进士，官修职郎。崇祀乡贤。

此传据龟山所作墓志删节为之，仍录志传于后，以备参考。孙谔，字正臣，三涧人。父迪，登嘉祐二年第。谔性忠直，博学多闻，登熙宁六年第，又法科第一，纤悉详尽，世莫能及。累官右正言。守正不阿，力论杨畏在熙、丰之间，其议皆与朝廷合，及元祐之末，吕大防、苏辙等用事，则尽变其趣而从之。绍圣之初，陛下躬亲总揽，则又欲变其趣而偷合诡随，天下之人谓之三变，望显黜之，畏遂落职。又言免役者一代之大法，愿博采群言，无以元丰、元祐为见，要以便元元无不均不平之患而止，则先帝之烈，昭然如日月之光明，岂不盛与？蔡京言："孙谔言役法，以为元丰多，元祐省，元丰重，元祐轻，则是谔谓元丰之法不及元祐明矣，时欲伸元谔之奸，惑天下之听，臣愚不知谔果何心也？"诏罢谔言职，补外，以直龙图阁知广德军。在军重贤下士，有张介者隐居城北，谔躬造见之，与酬唱焉。后入元祐党籍。龟山杨时志其墓。子镇，登绍兴己卯第，知某州，建义庄，有政绩。

【上官均】字彦衡，凝次子。熙宁三年(1070)初，以策试士，均条对数千言，考官吕大临、苏轼拟第一。以策中诋新法，忤王安石，叶祖洽颇附会，廷唱遂以祖洽第一、均第二。授大理评事。元丰间，召对垂拱殿，称旨，擢监察御史里行。会法官窦莘等谳相州富人子杀人狱，诏贷死，京师流言莘等受赇，蔡确引猜险吏穷治惨酷，无敢明其冤。是时，均方用确荐为御史，乃上疏论确持刑刻深，所辟官皆险薄，乞以狱事诏臣等参治。疏入，谪知光泽县。禁淫巫，创义社。

元祐初，再除监察御史。时议试士黜经义，均力论之，得不废。自王安石变法，天下骚然，至是详定差役法，均乞付台谏参定可否，并再疏请罢青苗，复常平。诏书慰安中外，宿奸旧恶置勿问，台谏仍不得弹治，均言："赏罚天下之公，姑息非政体。谏官、御史以言为职，当导之使言，未闻预诏某事当言，某事不当言。如天下事必待诏许而后得言，恐非朝廷福。乞追寝前诏。"又言："治道宽与猛相济而已，熙宁以来，务为刻深，陛下临御，务存宽大，诸道监司纵驰苟简，弊在过宽。愿明诏四方以宽不纵恶，恩不伤惠之意。"诏下其章，布告诸路。转承议郎。蔡确弟硕盗贷官钱万计，狱既上，均请并正确罪。又劾罢张璪、李清臣。御史张舜民论边事，因及宰相文彦博，舜民左迁，均言："舜民居风宪田之任，许风闻，所言当行之，所言非当容之，宜复其职。"不从，台谏约再论，均谓事小不当取必于上。王岩叟遂劾均反复，岩叟移官，均迁殿中侍御史。均在台职岁余，最为敢言,如释谒禁,裁冗官,特置试院,罢福建枪杖手,争买田、募役之非便,请核举谏官及外监司之选,诸奏论悉关政体。至是,引嫌乞罢,改礼部员外郎。

居三年,复为殿中侍御史。西夏自永乐之战怙胜气骄,欲复故地,朝廷用赵卨计弃四寨。至是,又请兰州为寨地,均疏谓:"兰州复弃,则熙河孤立难守,若继请熙河,将何辞拒之?宜治兵积粟,画地而守,使夏人晓然知朝廷意也。"章三上,不从。其后西事卒如均言。执政傅尧俞、许将、韩忠彦论事多同异,俱求罢,苏辙等以为言,诏罢许将,均言:"将以异论罢谏官,御史不敢异言,执政、台谏曲为随顺,纪纲法令,自此败坏,乞加苏辙妄言之罪。"大臣指均为朋党,宣仁太后言:"上官均无罪",乃出知广德军。绍圣初,召拜左正言。论治天下六术曰"审好恶,辨邪正,察众言,谨政令,操要术,明赏罚"。又论吕大防六罪,章再上,大防遂斥。宰相章惇欲专政,阴去异己者,出吏部尚书彭汝砺,而召朱服为中书舍人,均上书力争,忤惇意,迁工部员外郎。徽宗即位,拜起居郎,入对,陈治道四要,累迁给事中。太学生张寅亮应诏论事,得罪屏斥,均言:"寅亮不识忌讳,然志在效忠,陛下既招其来,又罪其言,恐阻多士之气。"寅亮得免。又言:"人主之学在于知要而适用,愿于燕闲观阅经史,以明义理之大,达治乱之体,因进退之臣以考政治得失,观群臣之志趣,则义理邪正判然别白。"疏入忤旨。已而,当轴者复欲尽循熙、丰法度,为绍述,以风均,均持议忤执政,籍元祐党,夺职。政和中,复龙图阁待制,致仕,卒年七十八。

子四人,恒、憺、愭、悟。愭、悟自有传。均自崇宁初以宫祠废居淮南几二十年,寒暑手一编不释。卒之日,家无余资,待朋友之赙始克殓,待朝廷之赐始克葬。著有《曲礼讲义》二卷、《奏议》十卷、《广陵文集》五十卷。崇祀乡贤。

【莫表深】 字智行,说之子。幼承家学。及长,闻名儒胡瑗在湖州讲学,遂往师焉。瑗每言表深器识远大,异日所至未易量。元丰二年(1079)登进士第,历建阳主簿,调凤翔府好畤令。好畤在陇右为剧邑,号难治,表深明约信令,历三年无一人犯重辟者。仇齐路险仄,不能通车舆,鸠工治为坦途,往来便之。转运使张舜民语人曰:"此利非济人溱、洧之比,吴侯可谓知为政矣。"荐于朝,改宣德郎,知泗州昭信县。提刑司有系四事,联省曹吏以枝辞蔓其狱,久莫能决,委表深往治之,一问而情得。民有持牒欲屏弃妻子者,诘其故,则曰:"病且贫,力不足以相收。"表深恻然曰:"吾为长吏,使民父子夫妇不相保,咎将推诿?"出私钱振之，里巷感表深义，协力以周，持牒者家室得聚如初。表深之轸恤民艰，敦励风俗，多此类也。徽宗登极，覃恩迁奉议郎，赐绯衣、银鱼，累迁开封府工曹。会更钱法，命夜下，表深适值宿，阴为区画，人无知者。及旦，揭示详悉，吏不得摇手为奸。府尹陛对被奖，遂以表深名闻，得旨除左司录事。旧时，京官不治吏，黠胥舞智玩上，习以为常。表深察其尤无良者痛绳之，一府慑服。以刚正忤同僚，同僚讽言官论列。政和三年（1113），出为广济军司录。久之，朝廷知其诬，起知睦州。表深曰："范文正、赵清献尝守是邦，遗范未远也，循而守之，则无余事矣。"已而，郡果大治。移知饶州，需次晋陵，爱其风土，遂居焉。请祠，提举嵩山崇福宫。卒年七十。有一子多闻，监镇江府排岸司；多见，明州慈溪县尉。

按，《八闽通志》、嘉靖《邵武府志》、《闽书》、咸丰《邵武县志》、光绪《邵武府志》、民国《邵武县志》均作"吴表深"。道光《福建通志》、民国《福建通志》、《宋登科记考》作"莫表深"，今从宋杨时《莫中奉墓志铭》，作"莫表深"。

【李夔】 字斯和，庆亲里人。幼颖悟，书过目成诵，舅氏黄履深器之。元丰二年（1079）第进士，调华亭尉，累官池州军事推官。守罗彦辅任气，夔随事规正，以争杀人狱相忤。其后，大理定谳，卒如夔论，众始服。知钱塘县，有兄弟争讼不决，夔削其牍，以天属至亲晓之，兄弟感泣谢去。辟鄜延帅幕，夏人入寇，众数十万，人情恟惧，夔指陈守御方略，境赖以安。筑威羌、殄羌等十余城，积劳勋。奉图诣阙，上《筹边五议》，大略使诸路互出，伐其并兵之谋，取横山断其右臂，参用汉唐转粟实边之策，命州郡广招置，足兵食，惩二寇辅车相依之势，以备不虞。朝议是之。建中靖国元年（1101），除太常博士，迁大宗正丞。条上当时所宜行四事，诏送讲议司。寻迁礼部员外郎。朝廷方议礼文，官曹丛脞。夔布衣时已预修冠服、制度，至是，根据经史，辨析悉协章程，长贰以为能，特迁朝议大夫，兼学制局参详官，移太常少卿。求外，以集贤殿修撰知邓州，兼京西南路安抚使。奸弊肃清，时上章言利病，辄报可，部使者患，遂以疾丐祠。政和中，子纲为尚书郎，就养京师，除右文殿修撰、提举醴泉观。入谢，会纲是日以侍御史职事同造朝，徽宗顾之，改容称羡。夔才识谙练，仕州县多异政，立朝著风节，奉祠逾十年卒。子四人。纲，自有传。维，官浙东提点刑狱，尝奉诏移闽部营纲葬事。经，通仕郎，富学识，为纲所器，早卒，纲哭之恸，竟致疾夔。纶，奉议郎、通判洪州，有文名。崇祀乡贤。

【上官恢】 字闳中,父照,均再从子。励志学问。元丰八年(1085)第进士,授潮州司户,再调富川令。用荐知芜湖县,转判吉州。崇宁五年春,朝廷念河朔城守之重,诏择守臣,乃以恢知深州,以内艰去。起知南剑州,改徽州。当兵毁之后,创夷未复,恢专务仁爱,多所宽贷,有甚不可者乃峻临之,吏民怀服。晚丐祠里居。胡安国上书宰相,言恢谙历世务,端重有守。遂以恢与杨时同荐,积官至中大夫,封历阳县开国男,食邑三百户。子祝,重和进士(1118),终敕令所删定官。崇祀乡贤。

【吴點】 字圣与。总角时,以文见乡先生黄履,进退如成人,履叹赏弥日,曰:"子必为令器。"闻王安石在江宁治经,负笈从之,文益进。擢元丰五年(1082)进士,调舒州司理参军,吏以點年少易之。有市医砭人死,系月余未决,點一见曰:"此非律所谓误不知方者耶?"吏相顾大惊。移知英州真阳县。岭海去朝廷远,令多版授,郡守率以胥遇之。點始至,左右风點庭趋,點不为屈,守怒,欲窘以事。久而知其贤,反荐诸朝。韩宗道知杭州,奏知富阳县,政绩为一路最。时孙杰察访东南,官吏皆重足事之,點守正不阿,杰独荐點可用。徽宗登极,转奉议郎,赐绯衣、银鱼,擢太仆寺丞。初,點与蔡京有旧,及京拜右仆射,點耻由其党进,力求补外,京哂曰:"君欲首为去国之人耶?"嗛之。除通判婺州。行未半途,差拨发福建路钱物。旧时,当是选者事已,必归报补美官。點至陈留,以记白部曹,不见京而去。京滋不悦。迁通判睦州,秩满,移越州,遂请老,贫不能归,寓居兰溪。御史中丞陈执中知其贤,荐起再任,點不得已至京师。会有同年生在庙堂,欲引點入觐,點固辞曰:"吾尝谢事矣,岂可复见天子乎?"得通判洪州,径出关。时茶法初下,诏责有司奉行甚迫,點独条上不便于民者数事,人皆为點危,點不恤也。已而,朝廷施行其说,百姓赖之。秩将满,以病告,得主管衡州露仙观,历奉祠十余年不出。钦宗受禅,赐三品服。擢知潭州,复请老。建炎四年(1130),卒,年七十有四,官自宣德郎十一迁至中大夫。

點退然如中人,而操履刚方,坚比金石,自少至老,清苦刻励,无几微不平意。其举进士出京师也,仆遭疠疾,同行皆恶之,欲委诸道,點缀己所乘舆载之,徒步走千里而归,人以为盛德。兄公达,受安定胡瑗学,中皇祐科。默登嘉祐第,官至太傅。黯,登治平第,官至太仆卿。

【龚夬】 字道亨。登元祐六年(1091)第,考官翰林学士范祖禹奇之,尝对苏轼言:"夬文可以经世。"轼荐于上,诏为著作郎。参知政事韩忠彦力言夬忠直,可补弹纠之职,召为殿中侍御史。即抗疏明元祐党人之冤,上纳之,为徙党人于内地。又劾蔡卞、章惇夤缘为奸,在君侧则蔽主德,在州郡则害苍黎,蔡京衔之。谪监扬州酒税,后以其名入元祐党籍。崇祀乡贤。

【黄中美】 字文昭。父蒙,举进士,赠中奉大夫,卒时中美方七岁。长而力学,贫不得书,常假于人以读,率一再过而归之,已成诵不忘。绍圣元年(1094)第进士,调真定府司理参军,历知平乡县,皆善于其职,以不阿上官罢。久之,贫甚,亲知强起之,更调镇西军节度推官。守武德将慢视僚属,中美不为挠,事有不可,必庭辩之,守为之愧屈。改宣德郎,知卫县。民有被诬罪当死者,察其冤,纵之,同列以故出死罪构于守,中美不恤。会河决数郡,诏诸令长护丁夫疏障,卫独不扰而集,以功转奉议郎,除河北都转运司属官,北京留守辟为真定府录事。是时,河北连岁不登,民多相聚为盗,而郡守逸遨如平时。中美忧之,每当集,辄辞不与,守问故,中美以实对,守不悦,乃移信德府。时兵兴盗起,信德城陷,官吏多出降。中美誓死不屈,有挺刃胁中美降者,顾左右踣之而逸。贼退,乃出,宣抚奇其节,俾行府事。中美抚摩创夷,民复安堵。以内禅,转朝议大夫。钦宗北狩,张邦昌受伪命,中美感愤,不数日卒。妻林氏以其丧归。中美为人坦易,不事边幅,与人交必以诚,当官不为赫赫名,而于事细微无不谨。旁郡有疑狱,部使者多以属之,往往得其情。吕颐浩知其才,欲荐之,未果而殁。葬铜青山下,朱子为撰墓碑。以子永存贵,赠光禄大夫。崇祀乡贤。

【上官愔】 字仲庸,均子。政和二年(1112)进士,主胶水簿,改监海盐镇,授泗州户曹,转封邱簿。宣和六年(1124),除太学正。高宗即位,召至行在,差充提举巡行迎奉一行事务所干办公事。初,二帝北狩,愔上相府书,请劝车驾入京,略曰:"都城自遭祸变,生灵嗷嗷,无所归命者已八十日。酌之公言,参知人情,未尝须臾不在赵氏。自闻元帅康王统兵次于近境,无不欢呼,延颈以望属车之尘。今天命所归,宜以时速即大位,备法驾,整车骑,西入京师,款谒庙社,慰安士民。然后,搜简士卒,进贤黜奸,大明赏罚,则兴复之期可指而俟。窃虑进言者不知事体,或云胡骑在郊,不宜自近,或云京城摧坏,无以为固。是皆不然,今四方勤王之师不下数十万,若遴选统帅,列屯城上,远斥堠,明烽燧,敌人安敢辄犯？城堞虽经毁败,兵卫若严,众志成城,亦足以自固。又况四方盗贼所在屯聚,若大驾趋城,号令四方,与之更始,孰不革面而从？如闻止驻旁郡,万一奸雄别生觊望,其患甚大。中兴权舆,在此一举。"建炎二年(1128),迁著作郎,特转承奉郎,除尚书吏部员外郎。绍兴五年(1135),除知南剑州。州当建宁、邵武二水之冲,滩险水恶,愔请于朝,俾漕司佐费,尽凿黯淡等九滩之险,二水以平。九年,召赴行在,以亲老辞,高宗曰:"朕闻愔才名。"促召之。愔力乞祠,转朝请郎,赐五品服。寻卒。愔守南剑州,去乡不数程,亲故莫敢诣之者。代还,俸禄无赢余,抵家,行橐已垂罄矣。其生平为文清简,援笔立就,意尽即止。所著有《尚书小传》《论孟略解》《史统》《史旨》。崇祀乡贤。

【李纲】 字伯纪。父夔,尉华亭,生纲于官舍,形神超异,幼俶傥有大志。政和二年(1112)登进士第,授承务郎,历官殿中侍御史。以言事忤权贵,改比部员外郎,迁起居郎。宣和元年(1119),京城大水,纲疏言阴气太盛,当以盗贼外患为忧,朝廷恶其言,谪监沙县税务。七年,为太常少卿。是冬,金人渝盟,边报狎至,命侍从官各陈所见。纲上《御戎五策》,且语给事中吴敏,请上传位皇太子,以安宗社、固人心,一切建牧、监国之议为非计。敏具以纲言入对。有旨召见,纲刺臂血上疏,痛切言之,内禅之议遂决。翼日,钦宗立,纲上封事,谓履位之初当上应天心,下顺人欲,攘除外患,诛锄内奸,以副道君皇帝委任之意。李邺使金,议割地,纲言祖宗疆土不可以尺寸与人,除兵部侍郎。

靖康元年(1126)春,金将斡离不渡河,徽宗东幸,宰执请上避敌,纲言道君皇帝挈宗社授陛下,奈何委而去之？上默然。太宰白时中谓都城不可守,纲曰:"天下城池岂复有如都城者？且宗庙社稷、百官万民所在,舍此何之？今日之计,惟当整饬军马,固结人心,相与坚守待援,岂宜轻动？"上问谁可将者？纲言白时中、李邦彦虽未必知兵,然藉其位号以抗敌锋,乃其职也。时中愆曰:"李纲莫能将兵否？"纲曰:"陛下不以臣庸懦,愿以死报。"乃以纲为尚书右丞,寻为东京留守。纲为上力陈所以不可去之义,上颇悟。会内侍奏中宫已行,上色变,仓卒降御榻曰:"朕不能留矣。"纲泣拜,以死邀之,上为勉从其请。是夕,纲宿尚书省,夜半,复决意南狩。诘旦,纲至,则禁卫擐甲,乘舆已驾矣,纲急呼禁卫语之,皆曰:"愿死守。"遂入见曰:"六军家属皆在都城,愿以死守,万一中道散归,陛下孰与为卫？且敌兵已逼,知乘舆未远,以健马疾追,何以御之？"上悟,辍行,命纲为亲征行营使,便宜行事。纲治战守之具,不数日而毕。敌人攻城,纲身督战,募壮士缒城而下,斩其酋长及众数千人。金人知有备,又闻上已内禅,乃退,求遣大臣至军中议和。纲请行,上以其性刚,不许,遣李棁,纲曰:"臣恐李棁柔弱误国事也。"已而。棁果辱命。纲言金人所需金币竭天下且不足,三镇国之屏蔽,割之何以立国?至于遣质,宰相当往,亲王不当往。莫若遣辨士,姑与之往返熟议,留宿数日,大兵四集,彼孤军深入,虽不得所欲,亦当速归。此时而与之盟,其和可久也。宰执皆不以为然。纲不能夺,求去,上慰谕使退。既退,则誓书遂行,以皇弟康王、少保张邦昌为质,惟三镇诏为纲所留未发。

时朝廷已输金币,而金人需索不已,益肆屠掠,都人愤甚。会边将种师道、姚平仲及四方勤王之师皆次第至,纲奏言金人贪婪无厌,凶悖已甚,其势非用师不可。且敌兵号六万,而吾勤王之兵集城下者已二十余万,彼以孤军深入重地,犹虎豹自投槛阱中,当以计取之,不必与角一旦之力。若扼河津,绝粮道,分兵复畿北诸邑,而以重兵临敌营,坚壁勿战,俟其食尽力疲,然后以一檄取誓书,纵其北归,半渡击之,此毕胜之计也。上深然之。姚平仲勇而寡谋,先期率步骑万人夜砍敌营,欲生擒斡离不,取康王以归。夜分,上始遣中使报纲,纲帅诸将且出封邱门,与金人战于幕天坡,以神臂弓射却之。平仲竟以袭营不克亡去。金使来让,遂罢纲以谢金人,以蔡懋代之。太学生陈东等诣阙上书,明纲无罪,军民不期而集者数十万,击破登闻鼓,呼声动地。内侍朱拱之宣纲后期,众恚而磔之,并杀内侍数十人。上急召纲,复命为尚书右丞,充京城四壁守御使。始金人犯城,蔡懋禁不得辄施矢石,将士积忿。至是,纲下令能杀敌者厚赏,众皆奋跃,馘斩无算。金人惧,稍却,且得三镇诏及肃王代质,乃退师。降知枢密院事。纲请如澶渊故事,遣兵护送,且戒诸将便利击之。乃以兵十万分道并进,将士受命,踊跃以行。会金别将攻高平,宰相咎纲尽遣城下兵,恐仓卒无措,急征诸将还。诸将已追及金人于邢、赵间,遽得还师之命,无不扼腕。比纲力争复遣,而将士解体矣。

初,徽宗之东幸也,童贯、高俅等以兵扈从,有言其为变者,议遣聂山往图之。纲言山所图果成,震惊太上,忧在陛下,万一不果,是数人者挟太上于东南求剑南一道,陛下将何以处之?上乃罢山不遣。金师退,上皇行次南都,欲遂如西都,屡以书责问朝廷事,且召吴敏与纲。纲请行,至则具言皇帝仁孝,及改革政事,止东南递角之故。上皇感悟,出玉带、金鱼、象简赐纲。纲还,具道上皇意,上悦,于是两宫疑尽释。而宰执进奉迎仪注,耿南仲犹欲屏上皇左右车驾乃进,纲力论其不可。南仲怫然曰:"臣适见左司谏陈公辅,乃二月五日为李纲结士民伏阙者,乞下御史置对。"上愕然,纲曰:"臣与南仲所论国事也,南仲乃为此言,臣何敢复有所辩?愿以公辅事下吏,臣得乞身待罪。"章十余上,不允。太上皇帝还,纲复恳辞,上手诏勉留,不得已就职,上备边御敌八事。时北兵已去,太上还宫,上下恬然,置边事不问,纲独以为忧,与枢密许翰议调防秋兵。吴敏乞置详议司,检详法制,革弊政,诏以纲为提举官。纲奏边患方棘,宜稍抑冒滥,以足国用,执政以其得士民心,欲因而离之,揭其榜于通衢。守御司奏补副尉二人,御批有"大臣专权,浸不可长"语,纲引前所奉敕旨奏辩,且求去。上遂用南仲谮,以纲为河北河东宣抚使,使提兵救太原。纲拜辞,不许,退而移疾,章十余上。台谏有言纲不可去朝廷者,斥之。或谓纲此非为边事,欲缘此去公,则都人无辞耳,公坚卧不起,逸者益肆,上怒且不测,奈何?许翰书"杜邮"二字遗之,乃皇恐受命。然是时宣抚司兵仅万余人,庶事未集,纲乞展行期,御批以迁拒命责之,纲上疏明其所以未可行者,且曰:"陛下前以臣为专权,今以臣为拒命,方遣大帅解重围,而以专权拒命之人为之,可乎?愿乞骸骨,解枢管之任。"上趣召数四,曰:"卿为朕行边,便可还朝。"纲曰:"臣以愚直,不容于朝,此行无复还理。但使既行之后,进而死敌,臣之愿也。万一朝廷执议不坚,臣当求去,陛下亦宜察臣孤忠,以全君臣之义。"上为感动。及陛辞,言唐恪、聂山之奸,任之不已,后必误国。

至河阳,望拜诸陵。留十余日,训练士卒,修整器甲,造战车千余辆,俟防秋兵集大举。行次怀州,忽有诏罢减所起兵,纲奏:"河北、河东日告危急,未有一人一骑以副其求,甫集之兵,又皆散遣,臣诚不足以任此。且以军法勒诸路起兵,而以寸纸罢之,臣恐后时有所号召,无复应者矣。"疏上,不报,而御批责解围,日促诸将复承受御画,事皆专达,宣抚司徒有节制之名,纲上疏极陈其弊。值和议复起,诏止纲进兵。未几,徐处仁、吴敏、许翰皆相继罢谪,纲叹曰:"事无可为者矣。"即上奏丐罢。乃命种师道以同知枢密院领宣抚司事。召纲赴阙,除观文殿学士、知扬州,奏辞。寻以纲专主战议,丧师费财,谪授保宁军节度副使,建昌军安置,再谪宁江。宁江即九江府(旧志作"江宁",误)。金兵再至,上始悟和议之非，除资政殿大学士，领开封府事。行次长沙被命，即率师入援，未至而都城失守，二帝北迁矣。

建炎元年（1127）五月，高宗即位，拜尚书右仆射兼中书侍郎。中丞颜岐奏纲为金人所恶，宜及其未至罢之，章五上，为上所拒，犹遣人封章示纲，觊沮其来。纲至，见于内殿，自陈艰难之际，责望隆重，不足以当委任，且臣在道，颜岐尝封示论臣章疏，谓为金人所恶，不宜为相，愿追寝成命。帝为罢岐，而出范宗尹于外，宗尹亦论纲者也。纲犹力辞，上温旨勉受命，纲倾首谢曰："臣愚陋无取，荷陛下知遇，付以宰柄，俾佐中兴，所望圣慈察管仲害霸之言，留神于君子、小人之间，使臣得以尽志毕虑，虽死不恨。昔明皇欲相姚崇，崇以十事要说，今臣亦以十事仰干天听：一曰议国是，二曰议巡幸，三曰议赦令，四曰议僭逆，五曰议伪命，六曰议战，七曰议守，八曰议本政，九曰议久任，十曰议修德。"翼日，班纲议于朝，惟僭伪二事留中不出。纲言二事乃今日政刑之大者，陛下欲建中兴之业，而尊崇僭逆之张邦昌，其谁不解体？又伪命臣僚一切置而不问，何以励士大夫之节？上遂诏群臣集议，黄潜善主邦昌甚力，吕好问附潜善，持两端，纲争论移时，语甚激切，内侍有泣下者。乃诏邦昌安置潭州，吴开、莫俦而下，皆贬谪有差。纲又言靖康之祸能仗节死义者，在内惟李若水，外惟霍安国，愿加赠恤，上从其请。有旨兼充御营使。

纲请于河北、河东置招抚、经制二司，择有才略者为之，使宣谕天子恩德，所以不忍弃两河之意，有能全一州，复二郡者，以为节度、防御、团练等使，如唐方镇之制，使自为守，朝廷永无北顾之忧矣。上问谁可任者？纲荐张所、傅亮。张所者，山东人，靖康中为御史，尝以蜡书募兵河北，河北人信之。亮起陕西，以边功得官，都城受围，尝率众勤王，屡有斩获。纲知二人才可用，而二人者顾皆以言事得罪，纲为婉言于上与潜善，乃以所为河北招抚使，亮为河东经制副使。上之登极也，令赦书毋传播两河，及是皇子生，当赦，纲请因今赦广德意，并及勤王之师。自是，两路人情翕然，应两司募者甚众。

纲复荐宗泽，及东京留守许翰为尚书右丞。纲始创立军法，命招置新军及御营司，并依新法团结。又请以车制颁京东西制造而教阅之，江淮诸郡造战舰，募水军，及询访诸路武臣才略可任者以备用。又进呈募兵，买马，劝民出财以助兵费三札。又乞省沉员，节浮费。上皆从其言。

是时,四方溃兵为盗者十余万人,攻劫淮南、山东、襄、汉之间,纲命将悉讨平之。纲自赴行在。至是,凡四十余日,诸事始就绪。一日,论靖康时事,纲言人主职在知人,进君子而退小人则大功可成,否则衡石程书无益也。因论靖康初朝廷应敌得失,金人两至都城,所以能守不能守之故。且勉上以明恕尽人言,以恭俭足国用,以英果断大事。上皆嘉纳。纲又奏:"臣尝言车驾巡幸之所,关中为上,襄阳次之,建康为下,陛下纵未能行上策,犹当且适襄、邓,示不忘故都,以系天下之心。"上遂命纲草诏,谕两京以迁都之意,读者皆感泣。后十余日,上忽降手诏,欲幸东南,纲疏争,始许幸南阳,而上终惑于黄潜善、汪伯彦请幸扬州之议。又数日,迁纲左仆射,而以黄潜善代之。

北京留守张益谦者,潜善党也,奏招抚司之扰,欲沮张所,以沮纲。既而,诏罢经制司,召傅亮还行在。纲知为潜善、伯彦所中,争之不能得,乃再疏求去。或谓纲曰:"公决于进退,于义得矣,如逸者何?"纲曰:"吾尽事君之道,不可则全进退之节,祸患非所恤也。"初,金人议立异姓,宋齐愈以片纸书"张邦昌"三字授吏部尚书王时雍入议状,至是,鞫僭伪狱,逮齐愈弃市。张澂为御史,劾纲以私意杀侍从,且论其买马招军之罪。诏罢纲为观文殿大学士、提举洞霄宫。尚书右丞许翰、太学录陈东皆上书争之,翰罢,东坐戮。逸者更诋纲遣弟纶通贼,复夺职,居鄂州。纲为相七十五日而罢。

自纲罢,张所以罪去,傅亮托母病归陕西,招抚、经制二司俱废,车驾遂东幸,两河郡县相继沦陷,金人大扰关辅,中原盗贼蜂起,朝廷不能制,卒如纲所料。二年,以谪降官不得同住一州,移纲澧州,又谪授儋州团练副使。三年,移置万安军,行次琼州,以特恩许自便。四年,自鄱阳归邵武。七月,复银青光禄大夫,遂居福州。

绍兴元年(1131)春,韩世忠讨范汝为,拔建州,将尽屠其民,纲自福州驰见之,建民得免。九月,复资政殿大学士。二年,除观文殿学士、荆湖南路安抚使、知潭州。是时,荆、湘间大半皆盗区,纲以次讨降略尽。纲方建议屯兵上游,据形势,接声援,为恢复中原计,议未行,复以谏官徐俯、刘裴论罢,予祠。四年冬,金人及伪齐来攻,纲上防御二策,诏三省施行。五年春,诏问攻战守备、措置绥怀之略,纲请于淮东西及荆、襄要地置三大帅,屯重兵,驻跸建康,以收西北人心,勿为退避之谋,勿遣和议之使,因条上六事,上为降诏褒谕。除江南西路安抚制置大使、兼知洪州。有旨赴行在,奏事毕之官。

六年春,准告,兼营田大使,引对内殿,因上言今日用兵之失者四,措置未尽善者五,宜预备者三,当善后者二。时宋师与金、齐相距于淮、泗半年,纲奏两军相持,非出奇不足以取胜,愿遣骁将,自淮南约岳飞为犄角,夹击之,大功可成。已而,诸将大破伪齐兵于淮、泗之上,车驾进发,幸建康。淮西统制郦琼以全军叛归齐,纲指陈朝廷有措置失当,深可痛惜,及当监前失以图方来者十有余事。张浚引咎去位,言者引汉武诛王恢为比,纲上书营救甚力。又闻车驾将幸平江,即上言:"自古用兵以成大业者,必先固人心,作士气,据地利而不肯先退,尽人事而不肯先屈。昔汉、楚相距于成皋,袁、曹相持于官渡,皆以先自退屈致败。今日之事,岂可因一叛将之故,望风退屈?果出此,人情动摇,士气消缩,彼进我退,丑类鸱张,虽欲如前日之返驾还辕,复立朝廷于荆棘瓦砾之中,不可得矣。"八年,还自长乐,闻王伦使金迎梓宫,及还,与金使偕来,以诏谕江南为名,纲复上疏极言,虽于时论不合,上亦不以为忤。九年,除知潭州、荆湖南路安抚大使,具奏力辞。

明年正月,卒于福州,年五十八。讣闻,上为震悼,遣官赙赠,抚问其家,给丧葬之费,赠少师,官其亲族十人。十六年,加赠太师,谥忠定。纲负天下之望,以一身用舍为社稷生民安危,虽身或不用,用亦不久,而其忠诚义气凛然动乎远迩,每宋使至燕山,金人必问李纲、赵鼎安否?其为远人所畏服如此。咸丰三年(1853),从祀文庙。

【季陵】 字延仲,其先处州括苍人,娶上官恢女,遂占籍邵武。登政和二年(1112)进士第,累官太常少卿。建炎初,任中书舍人。时久雨,下诏求言,陵因上言:"常雨常寒,阴气太盛,金人屡岁侵轶,生灵涂炭,怨气所积,变生灾异。陛下正宜修德,以上格天心。"又言:"建康,陛下所当守,亦敌人所必攻。九江上流,有建瓴之势,淮南诸郡,有唇亡之忧。臣愿陛下为马上之计,毋自退屈。"是年,金人入寇,事起仓卒,高宗南渡,朝廷仪物遗弃,陵自扬州亟奉太庙神主以趋临安。四年,升户部侍郎,疏言朝廷用人,当纪其功而忘其过,勿因一眚废其终身,诏榜其疏于朝堂。既而,侍御史沈与求等劾陵所言非是,遂与求皆罢。绍兴初,迁广东经略使。子璧、圭,皆显。崇祀乡贤。

【朱震】 字子发。政和五年(1115)进士,仕州县有廉名。以胡安国荐,召为司勋员外郎,不赴。赵鼎为相,荐震学术深博,廉正守道。高宗召至,问《易》《春秋》之旨,具以所学对,擢祠部员外郎,兼川陕荆襄都督府详议官。震因言荆襄之间,沿汉上下,膏腴之田七百余里,若选良将领部曲镇之,招集流亡,务农种谷,寇来则御寇,去则耕,不过三年,兵食自足。又给茶盐钞于军中,募人中籴,可以下江西之舟,通湘中之粟,观衅而动,席卷河南,此以逸待劳万全计也。迁秘书少监,兼侍经筵,寻迁中书舍人兼翊善。高宗曰:"天生朱震、范冲,为今日资善得人。"郭千里除将作监丞,震言千里侵夺民田,曾经按治,愿寝新命,从之。转给事中,迁翰林学士。虔州多盗,震曰:"使居官者廉而不扰,则百姓虽诱之不为盗矣。愿诏太守到官日,条具官吏贪墨无状者,一切罢去,择慈惠有治效者,优加奖劝。"徽宗未祔庙,议行明堂祭,震言王制丧三年不祭,惟天地社稷为越绋而行事,《春秋》书夏五月乙酉吉禘于庄公,《公羊传》曰:"讥始不三年也。"国朝景德二年,真宗居明德皇后丧,既易月而除服,明年遂享太庙,合祀天地于圆丘,当时未行三年之丧,行以日易月之制可也,在今日行之,则非也。七年,丐祠。未几,卒。高宗曰:"杨时、胡安国、朱震俱亡矣。"甚惜之。赠中大夫。震经学深醇,著有《汉上易解》,尝云:"陈抟以先天图传种放,放传穆修,修传李之才,之才传邵雍;放以河图洛书传李溉,溉传许坚,坚传范谔昌,谔昌传刘牧;穆修以太极图传周惇颐,惇颐传程颢、程颐。是时,张载讲学二程、邵雍之间,故雍著《皇极经世书》,牧陈天地五十有五之数,惇颐作《通书》,程颐著《易传》,载造《太和》《参两》篇。臣今以《易传》为宗,和会雍、载之论,上采汉、魏、吴、晋,下逮有唐及今,包括异同,庶几道离而复合。"盖其学以王弼尽去旧说,杂以庄老,专尚文辞为非,是故于象数加详焉。其论图书授受原委如此,盖莫知其所自云。

【谢祖信】 字诚甫。宣和六年(1124)进士,由迪功郎历江西提刑司干办公事。绍兴初,献屯田利害于朝,转从政郎,充敕令所删定官。召对,奏言:"国家之不竞,在于士大夫无激昂奋励之志,而以循谨自持为贤;无捐躯致命之节,而以全身远害为智。整理边防,则讥以生事;服勤州县,则指为迂图。伏望朝廷选官之际,取其能济时用者进之,察其虚名无实者退之,则好恶彰,风俗变,而真材出矣。"五年,除试监察御史,守殿中侍御史,时方治绍圣大臣诬谤之罪,而祖信与章惇联姻,会谪降章氏诸孙,祖信不自安,求去,除直秘阁,知吉州,迁浙东提刑。

九年，复为殿中侍御史。疏言和预买为今日民间之病，乞下诸路转运司，各令条具所敷之宜，或以税钱，或以亩顷，凡有田产者，以丈尺为准，等而上之，合零就整，依夏税法。如此则奸民猾吏，诡名析产者，无所容其幸，而所出均矣。诏户部酌议措置。旧时，缣帛价廉，官预俵买，本以宽民，民得钱于春，而输缣于夏。军兴以来，官中无本可俵，名为预买而实白著，其后户部又令折钱，江浙之民深以为患。故祖信论之。复言东南之财尽于养兵，民既困穷，国亦虚弱，今梓宫既还，有陵寝迁奉之费，皇太后归，有宫室迎卫之费，非特前此养兵一事而已，望预戒奢靡，一从省约，以遵先帝恭俭之仁，以成圣孝养志之美，然后经理中原，以固根本。高宗嘉纳之。时赵鼎以奉国军节度使知泉州，桧讽祖信诬鼎尝受张邦昌伪命，诏落鼎节钺，擢祖信权吏部侍郎。于是，章氏诸孙集关下，再谋理诉。高宗谓执政曰："此事闻有从官为之主者。"执政奏谢祖信章氏子婿也，遂除祖信徽猷阁待制，出知潭州。值武冈洞酉阳三天叛，势摇荆湖，祖信谋于副总管马广，奏遣武臣张球知武冈军，遂擒三天，破其巢穴。高宗竟以章氏故，不之召也。祖信抑郁致疾而卒。初，祖信登朝日，去惇亡已数十年，闻追治诬谤宣仁事，尝避嫌不敢与章氏往来，及潭州命下，大诟其妻数日曰："尔家累我。"前后居台，奏陈多切时弊，惟以论鼎为桧所拔，士论薄之。

【何兑】字太和，号龟津。重和元(1118)进士，授广西提刑检法官。东平马伸以御史宣慰诸道，见而贤之，奏为属，授以程氏《中庸》之学。靖康初，秦桧为中丞，伸为殿中侍御史，时金责朝廷立异姓，伸曰："此天位也，安得易？"退立不可易议示桧，使连名书之。及张邦昌僭逆，桧被执北去，独伸主台事，斥邦昌避位，且檄取复辟期，寻被贬死。兑私辑其事状。绍兴中，通判辰州，闻桧南归，掠靖康反正功，兑将取所辑事状达尚书，以明伸忠，子镐劝俟桧死上之，兑曰："万一先死，瞑目有余憾矣。"卒上之。桧怒，下兑廷尉，窜英州。桧死，复原官，归里门，谈笑语所亲，以马先生事得白为快。奉祠，归一年卒，著有《易传》。

【黄中】字通老，履从曾孙。幼读书一再过辄成诵。初以族祖荫补官。绍兴五年(1135)，廷试擢进士第二，授保宁军节度推官。以不附秦桧徙外二十余年，桧死，乃召为校书郎，兼国子司业。二十八年(1158)，充贺金国生辰使，还为秘书少监。寻除起居郎，累迁权礼部侍郎。中之初还也，言金治汴宫，必徙居见迫，宜早为计。上瞿然，宰相汤思退顾谓中曰："沈少监归，殊不闻此，何耶？"居数日,中白宰相,请以妄言待罪,思退怒,故除介为吏部侍郎,徙中以补其处。显仁太后崩,百官朝临,将避辰日哭,中争之。已而,上殡日适在权制释服之外,有司议百官以吉服陪位,中又争之。

三十年(1160),金人来贺天申节,充接伴使,锡宴,使者以暑故请拜宇下,中持不可。明年,金使复以天申来贺,邃以钦宗讣闻,朝论俟使去发丧,中驰白宰相:"此国家大事,臣子至痛之时,一失礼,谓天下后世何?"乃如礼。中自使还三年,每进见,辄言边事,决策用兵,陈御备方略,上方向其说。不数月,金亮拥众渡淮矣。中论淮西将士不用命,请择大臣督帅。既而,以殿帅杨存中为御营使,中率同列力论不可。敌骑窥江,朝臣争遣家逃匿,中独宴然。比敌退,惟中与陈康伯家属在城中,众惭服。

车驾将抚师建康,而钦宗未祔庙,思退请省虞速祔,中持不可,上纳焉。议者犹谓凶服不可以即戎,上曰:"吾固以缟素诏中外矣。"卒从中言。月朔,留司百官当入临,思退议寝其礼,中又力争。比作主癥重,中以初服请,右相朱倬不可曰:"徽考大行,有故事矣。"中曰:"此前日之误,今正当改之。"倬因妄谓上意实然,臣子第恭顺可也,中曰:"责难于君,乃为恭耳。"金易主,遣使责臣礼,及新复诸郡,议者谓土地实利不可与,礼际虚名不足惜,中奏曰:"君臣之名既定,则实当从之,百世不易,若土地得失,非有定也,安得反谓之实而先之乎?"上然之。会诏问足食足兵之计,中对以量入为出,请出内帑财赋归左藏,俾有司得稽虚实,上善之。

孝宗内禅,中首以尧、舜、禹、汤、文、武、周、孔所传,为上敷陈甚悉。会诏给笔札侍臣,论天下事,中既条上,且申前奏,极论内帑之弊。明年,兼国子祭酒。星变,诏求言,中曰:"前给笔札,群臣皆条对,未见施行。夫言之非难,行之为难,愿陛下力行而已。"有旨,太皇太后令皆以圣旨为号,中以故典争不得。宰相议遣王之望使金约和,中又论之,亦不从。明年,天申上寿,议者以钦宗服除,将用乐,中奏曰:"《春秋》君弑贼未讨,虽葬不书,以明臣子之罪。况钦宗实未葬,而可邃作乐乎?"复以白之宰相思退,弗纳,右相张浚亦附和。中具草,将复论之,事既寝,兼给事中,内侍李绰等迁官不应法,谏官刘度坐论近习龙大渊,忤旨补郡,已复罢之,中皆不书牍,缴奏以闻。群小益媒孽中,罢去。

乾道初,引年致政。居六年,召对,劳问甚渥,授兵部尚书,兼侍读。中前在礼部，尝谏止作乐事，中去，卒用之。至是，又将锡宴，遂奏申前说。诏遣范成大使金，以山陵为请，中言："陛下圣孝及此，天下幸甚。然钦庙梓宫置不问，有所未尽。"上不能用。敌果肆嫚言。中又奏请命有司作《乾道会计录》以制国用，罢发运使及他民间利病，边防得失数事。中前以言不用，被逸去，其复来也，将卒行其志，而上意向中亦厚。至是不卒岁，又以言不用，有归志。乃陈十要道，以为用人而不自用，以公议进退人才，察邪正，广言路，核事实，节用度，择监司，惩贪吏，陈方略，考兵籍。上亟称善。中力求去，以龙图阁学士致仕。

归田十余年，乃心未尝一日忘朝廷，间语及时事，辄慷慨悲忧不能已。淳熙初，上手书，遣使访问朝政阙失，进职端明殿学士。中具对天下大计，言极切直。属疾，手草遗表，犹以山陵、钦宗梓宫为言，以主权不可假左右为戒。淳熙七年（1180）八月庚寅，卒，年八十有五。诏赠太师，谥简肃。有《奏议》十卷。

中天性庄重，终日俨然，坐立有常处。少从舅游酢游，许以大器。入太学，会京城失守，伪楚僭位，中即日出居外舍，邦昌致伪诏劳问诸生，中独不污。在王府，时龙大渊以藩邸官得幸，中未尝与狎，他人多蒙其力，中独不徙官。为司业，芝草生武成庙，不以闻。宰相诘之曰："治世之端，抑而不奏，何耶？"中曰："治世何用此为？"六和塔成，宰相命诸达官人写释氏四十章之一，刻之壁间，中谢不能。中性和易，善处同列，尤喜荐士，詹事王十朋、舍人张震皆中汲引，张浚、刘绮复用中力为多，然未尝以告人也。致政后，里中后进上谒，必训以孝弟忠信。朱子裁书以见，有曰："今日之来，将再拜堂下，惟公坐而受之，俾进于门弟子之列，则某之志也。"敬慕如此。卒，朱子为志其墓。崇祀乡贤。

附录：朱子《上黄端明书》："八月十一日，具位熹敢斋沐裁书，请纳再拜之礼于致政尚书端明文丈台座。熹闻之，孟子有言'天下有达尊三，爵一，齿一，德一'，此言三者之尊，达于天下，人所当敬，而不可以漫然者。虽然，爵也，齿也，盖有偶然而得之者，是以其尊施于朝廷者，则不及于乡党，施于乡党者，则不及于朝廷，而人之敬之也，亦或以貌而不以心。惟德也者，得于心而充于身、刑于家，而推于乡党，而达于朝廷者也。有是而兼夫二者之尊焉，则通行天下，人莫不贵，虽敛然退递，不以自居，而人之所以心悦而诚服者，盖不可解矣。恭惟明公以两朝侍从元老，上还印绶，而退处于家，自天子不敢烦以政，赐之几杖而乞言焉。其位与年，固不为偶然而得之者矣。而明公则未尝以是而自异于人。其所以默而成之,不言而信者,则日新而未尝有止也。此天下知德之士,所以莫不窃慕下风之义,俱有执鞭之愿,而熹之愚,则有甚者焉。盖其生平气禀偏驳,治己则不能谨于细微,立志则不能持于常久,以致待人接物之际,温厚和平之气不能胜其粗厉猛起之心。是以尝窃自悼,以为安得朝夕望见明公之盛德容貌,而师法其万一,庶几可以饰身补过于将来,而不遂为小人之归也。今日之来,盖将顿首再拜于堂下,以偿其夙昔之愿,伏惟明公坐而受之,使自进于弟子门人之列,而不孤其所以来之意,则熹之幸也。乡往之深,不自知其僭越,敢以书先于将命者,而俟于庑下,以听可否之命。熹不胜惶恐之至。"

【赵善俊】 字俊臣,简王元份七世孙也。父不衰,历饶州永平监,初居信州弋阳县,丐祠主管华州云台观,始徙家邵武,祠秩满,除建昌军兵马都监,改监泉州,晚再为福建路兵马钤辖,累官至武经大夫。善俊初以取应补承节郎,监南狱庙。绍兴二十七年(1157)第进士,由忠翊郎历提辖榷货务都茶场。乾道六年(1170)夏,求补外便亲,除知郴州。陛辞,奏对详明,孝宗喜曰:"宗室乃有斯人。"留为太府寺丞,擢淮南转运判官。

明年,就除直秘阁,知庐州。岁旱,浙江饥民麇至,善俊设法周恤,复括境内荒芜官田三万六千余亩,分三十六圩,请凡土著流移,案户均给,而贷以牛种,生者予屋,死者予椟,条具事宜上于朝。又因流民仰食,为裁其直,严戒团甲队长毋以徭役扰之,仍乞给复五年,主客俱利,户口日增。孝宗闻之,大悦。州城旧为金人所夷,淮西帅郭振修筑,未竟而卒,善俊请续其功。复奏异时恃焦湖以通馈饷,今湮涸当浚,乡兵旧保孤姥二山,且储粟焉,今屋坏当葺,愿辍州财充其费,脱金人败盟,则吾守城之兵粮道无乏,守险之民至者如归矣。因陈军政三策,招弓弩手,补神劲军之阙,旌民兵武勇者,以励其余,禁奸人盗马淮北,事多施行。

九年(1173),入为考功员外郎,有谮之者,罢归,主管台州崇道观。才半岁,复召赴行在,除知襄阳府,加直龙图阁以往,时淳熙元年(1174)也。至则抚民整军,边境肃然。十二月,移淮东转运副使,以亲老请闲,求守建宁府。凡三年,会淮西谋帅,复知庐州。善俊言和好不可恃,戍兵不可不增,城濠不可不浚,孝宗深然之。是时,诸营方分兵屯田,善俊上言罢屯田有三利,习熟战阵之兵得归行伍,日从事于教阅,一利也;无张官置使以糜稍食,无买牛散种以费官物,二利也；屯田之田，悉皆膏腴，牛具屋庐，无一不备，以资归正人，使之安居，三利也。诏从其议。孙叔敖芍陂、西汉七门堰溉田不赀，善俊推寻故迹，募民修复之。丁父忧。服除，十三年（1186），起知鄂州。孝宗曰："武昌凋敝，藉卿抚摩，行召卿矣。"未至，南市大火，焚万余家，善俊驰往视事，辟官舍，出仓粟，以待无归者，弛竹木税，开古沟，创火巷，预绝后患。僚友争言用度将不足，善俊曰："吾且瘠已以肥人。"凡游宴、馈遗、例册所供，下至车骑、鼓吹，一切省去。未几，公私皆裕，亟发所余，代民输税役一年，民甚德之。

十四年（1187），再知建宁。光宗即位，迁福建转运副使，引乡嫌辞，移江西转运副使。奏和买已白科，从而折变，益以糜费，其数反重于正绢，江州德化县倚阁逃户税，而总领所犹督折帛，请并议蠲减，诏从之。寻除知潭州，兼湖南安抚使。首乞择郴桂守臣，而赏其治理有成效者，严禁军教阅，而劾其事艺不应格者。免黄河铁缆岁万六千缗。会臣僚请诸道节州费，宽属县，善俊曰"是吾心也。"复减七万缗以倡。绍熙二年（1191），就迁秘阁修撰，赐服金、紫。寻召还，未至，为侍御史林大中所沮，差知镇江府，改知泉州。将赴，丁母忧，甫免丧而卒，年六十有四。

子汝将，抚州司户参军。汝正，监泉州盐税。善俊风仪修整，襟度坦夷，少壮时以功名自期，当时论宗室人材者，谓自赵汝愚外，他人莫及也。弟善傍、善仪、善侃、善佐、善觟，俱登第，善仪、善佐有传。

【赵善佐】 字左卿。登绍兴三十年（1160）进士，历将乐县丞，累迁知泰州。未几，知赣州。将行，以书问朱子政所宜先，朱子以所闻告之。至则叹曰："民所病者，尚不止是也。"值岁大旱，祷祠振贷，必尽其力。节游宴，罢土木，宽诸县逋负，捐市人酒课。常时州郡别以使臣掌牙兵，善佐罢之，而归其职于兵官，责以严纪律，谨训练，营部肃然。州人相率以治行上使台，善佐亟谕止曰："太守德薄政荒，不能布宣天子德意，使旱至此，父老不以为有罪则幸矣，何善之可称？亟归，教尔子弟孝于亲，弟于长，忍小忿，敦大信，以善其俗。天暑道远，毋苦往来为也。"闻者感叹，益相告戒，毋违令。淳熙十二年（1185），卒于官。善佐初在长沙，从张栻游，受其学以归。其后待次遭忧，闲居累年，寻绎旧闻，讲习不倦，而尤究心于《易》。其于进退得失之际，漠如也。著有《易疑问答》。崇祀乡贤。

【任希夷】 字伯起，号斯庵。其先眉州人，四世祖伯雨为谏议大夫，祖贤臣仕闽，因家邵武。希夷少刻意问学，为文精苦。弱冠登淳熙二年（1175）进士第，调浦城主簿。从朱子学，笃信力行，朱子器之曰："伯起开济士，非常流也。"迁萧山丞，有政绩。先是，官萧山者以俸薄，秩米皆倍支，希夷曰："非法也。"计公廪悉还官。朱子贻书美之曰："推此，无往不为义人。"开禧初，主太常薄，奏绍熙以来礼书未经编次，乞下本寺修纂，从之。迁礼部尚书，兼给事中。请赐周惇颐、程颢、程颐、张载谥。进端明殿学士，签书枢密院事，兼权参知政事。寻乞祠，薨，赠少师，谥宣献，著述甚多。崇祀乡贤。

【谢师稷】 字务本。父浚，字伯深，元丰进士，以通直郎知沙县，有政声。师稷初历福清、怀安丞，擢判兴化军，累迁福建路提点刑狱，持节乡部，以除弊兴利为己任。时建、剑、汀、邵四郡民苦敷盐之弊，师稷按法除之，又为奏免输铁叶钱。淳熙五年（1178），秩满奏事，因极言敷盐病民状，寿皇降诏褒美，复畀漕事，以直秘阁宠其行。师稷再至部，凡盐之利害悉罢，行之郡有岁。输军储斛面已免征，守以经费不足，将复之，师稷请于朝，岁增运盐二纲给用，得不复改。知明州，兼沿海制置使。召还，除右司郎中，以集英殿修撰，出知平江府。撙节浮费，未满岁，积钱四十万缗，请以缮城，上下称便。乞祠，转中大夫致仕，卒年八十三。子如圭，绍兴中进士。师稷端重廉介，历诸道皆有去思，将乐、顺昌及本乡人并立祠祀之。崇祀乡贤。

【上官涣酉】 字元之。幼敏悟力学。登嘉定元年（1208）第，调蕲春尉，辟本州防御推官，又辟庐州观察推官，淮南制置赵善湘就辟本州准备差遣，改奉议郎，添差通判镇江府。丹阳东湖塘岸圮，朝议修筑，命涣酉主其役。涣酉访诸故老，具得本末，规画有条理，且暮躬视惟谨，堤成，公私便之。除知真州，兼淮南运判。时岁有边警，涣酉至，急改筑仪真城，期月功集，役大费巨，而民无所与。又创立忠武军五百人，别为营垒，以壮守卫。豫办一年钱米，又以羡财籴米万五千石，以备凶荒。淮阴、盱眙运道梗，涣酉造舟海运，军粮以济。除淮南运判。越五月，梁成大以私憾劾之，诏赴行在奏事，力请祠去。

端平三年（1236），除知池州，兼提举江东常平茶盐公事。池阳江横六百余里，为备疏略，涣酉缮舟楫，治戎器，简卒立寨，以为江防。浮光失守，敌哨骑直抵江岸，后知有备，引去。涣酉莅政公平，无所回挠，巨室不便其所为，构言者劾之，朝廷知其无辜，除提举浙东常平茶盐公事。而言者不已，竟予祠归。淳祐元年(1241)，除右曹郎官，仍兼国用所参详官，力辞，遂免兼职。是时，二三大臣间隙已开，涣酉上章，首陈邪正是非之辨，次论屯田军政之弊。改尚书佐郎，迁将作监。尝因转对，言兵财之权当以宰相兼统，执政相与参决之，不必分为二。除大理少卿，寻升卿。复论国势人才，运粮流民数事，又乞令荆、襄、湖南、两淮土著士子，不分沿边次边，并许赴武举试，量增解额、省额以惠边郡，朝廷行之。迁起居舍人。涣酉罄竭忠忱，极言无隐，卒以子立无依附，为当揆所忌，予祠。祠满，引年纳录，不报。十二年(1252)，除右文殿修撰，提举亳州明道宫，谕旨云："朕方崇清约，以励委蛇之风；储老成，以副前席之想。吁章虽力，于体非宜。"宝祐二年(1254)，复上章请老，升集英殿修撰致仕，积阶朝议大夫，历阳县开国男。

涣酉恬淡耻奔趋，仕已无喜愠。绍定、淳祐间，两忤时相，闲居十九年，晚立螭坳，卒罹逸口。初寓京口时，防江军失伍，富家被掠一空，过涣酉门，摇手相戒曰："个官人不爱钱，不得犯。"上闻。寻以麾节起家。秩满归，卜居吴门，架屋数楹，匾曰"采菊"，董槐为记，有云"元之静退有守，而不近名"，人以为确论。崇祀乡贤。

【龚定之】 字匡国。绍定二年(1229)进士，为人潇洒俊逸，善属文，尤精天官书。一日，有妖星犯牛、女间，定之指示弟子曰："此兆在闽分，必有盗起。"庚寅五月，果有晏头陀等寇邵武，刘纯击平之。端平二年(1235)，统制孟珙驻扎黄州，措置边防，见定之，与语大悦，因问天文分野之说，定之历举《统天》《开禧》《会天》《授时》诸历，宿度长短之数以对，又问算数从何积？定之曰："斗建改步成月，青龙移辰成年，至朔同日成章，同在日首成蔀，蔀终六旬成纪，岁朔又复为元，此算数从甲子而积也。"珙称善久之。荐于上，诏为太常博士，召对端明殿，进授翰林侍讲。史嵩之恶之，讽谏议大夫刘晋、御史陈垓共劾之，罢职。上徐悟曰："朕知正直者为人所忌。"诏复职，定之力辞，时贾似道在旁，乃曰："士固有志，听其自便可也。"遂以主管玉虚观致仕。

【上官涣然】 字文之，涣酉弟。绍定六年(1233)，以涣酉禋需恩，补将仕郎，调鄞县尉。不畏强御，卒为权门所挤。吏部侍郎杜范嘉其节，特注无为军录事参军，讞狱多所平反。淳祐元年(1241)，擢进士第，沿江置使别之杰"别"(旧《志》讹作"刘"，据《宋史》改正)。辟准备差遣。是秋，元人围安丰，委涣然巡江西，犒师上流，敌退围解，升一阶，寻辟淮东幕。适敌兵深入，置使李曾伯遣诣采石置局通牒。时敌骑已抵城下,涣然为贼所袭,诡计宵渡,达采石。自是,书翰宵旦无阻,以功进一资。明年,奉命督运吴门,阅月运米六十万石,特除知全椒县事。右相赵葵檄入幕。会制使吴渊一见伟之,不听还邑,委书拟计理房公事,府中事难决者咸折衷之,初,渊创立屯田,收绝产,使军民杂耕,奉行者过于搜括,和、舒两郡民胥愁叹。涣然力救止,辞气俱厉,渊改容谢之,改辟他倅,且谓:"涣然文士知兵,可为帅储。"荐于上,擢迁戎簿。陛对,首言欲正朝廷,当正君心,欲明纪纲,当明公道,培善类以壮君子之脉,容直言以伸公论之气。次言兵事,以玩敌为戒,因条陈守边三事。上嘉纳。改胄监簿,寻转朝奉大夫。岁余,差知邵武军,乞回避,除司农丞。迁右司郎,以言者去,主管崇禧观。卒。入仕三十余年,家无余赀。崇祀乡贤。

【叶武子】 字成之。与李方子善,同受学于朱子,朱子书《十梅》诗畀之曰:"吾诗不苟作,以子笃实,故相赠耳。"补太学生。时议函韩侂胄首与金和,武子曰:"奸臣首不足惜,如国体何?"率同舍生力争之。嘉定七年(1214)登进士第,授郴州教授,一以白鹿洞学规为诸生程,郴士胥劝。调湖南茶盐提举,迁国子正,丐外,添差通判建宁府,擢知处州。祔循民瘼,奏除苛政,理宗嘉之。丽水袁十六窃发,捕者妄系仇民以归,武子问得实,斩三人,余皆释之,民大服,盗亦息。入为宗学博士,陛对,论罢福建乡保催科之害。请老归,寻除直秘阁。嘉熙间,进直宝谟阁。淳祐三年(1243),赐诏褒美,特升直龙图阁。五年,进秘阁修撰。六年,卒。武子学深于《易》,谓《易》道莫大于时,时有二义,有在外之时,有在我之时,人之出处,以在我者为主,我之时可动,然后论其在外者,不然则悔吝且生。时朝议开边,识者以为隐中时病云。崇祀乡贤。

【吴炎】 字济之。登绍熙元年(1190)进士乙科,调桂阳军教授。环郡皆猺,炎不鄙夷其人,讲切磨濯,弦诵彬彬,旁境闻风,多来学者。地远且贫,士或不能偕计吏,炎积余廪,哀众力,置贡士田。前相余端礼判潭州,与湖南诸监司合荐于朝,诏与掌故京秩。嘉泰二年(1202),除户部架阁,迁武学学谕。开禧元年(1205),改太学博士。时韩侂胄专国,炎不乐官京师,乞补外,添差建宁府通判,累著政绩,请祠,主管台州崇道观。初,炎与丽水章良肱同朝相善,嘉定初,良肱弟良能拜御史中丞,举炎自代,被召诣阙,而良能已除参政,问炎所欲,炎曰:"食议幕之禄足矣。"良能曰:"吾何辞以白吾兄?"遂除知江阴军。时方更楮法，吏奉行新例甚峻，炎陛辞，极论其弊，且曰："民心向背，社稷存亡系焉。开边挑敌，曩尝失天下之心矣，奈何更持不恤之论，行一切之政，稽令者斥，干令者诛，大吏倡之，小吏迎之，臣恐人心动而国势随之矣。"又疏言士风饕墨，宜复祖宗治赃吏旧法，引公仪休、毛玠事以讽当轴之贪者，词旨剀切，勿所顾避。前一日，所亲任希夷在词掖，诣炎商对语，炎拒不答，疏出，希夷始大愧服。江阴以邑为郡，岁入常不给，赖柏税支吾，后改税务隶嘉兴。炎请复之，宽征啬用，以其余力葺郡学贡闱，缮筑黄田闸，资民灌溉，治绩为浙西诸郡之最。七年，除监温州，炎固请小垒，改知兴化军。时当宾兴，炎命乐工按古音谱，歌鹿鸣以飨之。尝筑庐浦陡门，及建军学曝书会，时以儒吏称之。入为太常博士复以老乞休，主管崇禧观，改千秋鸿禧观。十四年，卒，年六十有九，官至朝散郎。

炎少教学，长宦游，所入皆以奉尊老，均兄弟。色晬而庄，言简而远，若甚和易，而有毅然不可犯者。终其身不汲汲进取，历仕二郡，自下车奏记时宰外，比去不再通名，其清介恬靖，出于天性如此。刘克庄铭其墓，谓炎与叶武子为樵川古君子云。子垠，荫授通直郎，知瓯宁县。崇祀乡贤。

【危昭德】 字子恭。宝祐元年（1253）进士。咸淳二年（1266），除秘书郎，迁监察御史，疏言："国之命在民，民之命在士大夫。士大夫不廉，睃民膏血为己甘腴，民不堪命矣。愿陛下与二三大臣察利害之实，究安危之本，明诏郡国，修举荒政，蠲除苛赋，固结人心，乃所以延天命也。"又论考课之法，贪浊昏庸固在必惩，廉能正直，尤当示劝，察之精则黜陟咸服，行之力则观听俱孚，而计吏之实得矣。复言："陛下为万世根本之虑，为一时仓卒之防，必求安节之亨，毋招不节之咎，宫闱之费差省，帑藏之积自充。"又乞察欣瘁休戚之故，酌利害损益之宜，折衷泉货而远近便，开通关梁而商贾行，下修身奉法之诏而吏得自亲，出输仓助贷之令而民免贵籴，室墨敕之门而无官府黜陟之异，止轮台之议而无疆界彼此之分，则气脉苏息，意向翕合矣。寻迁殿中侍御史，谏作宗阳宫。权工部侍郎，兼修国史实录。未几，乞致仕，特转一官。昭德在经筵，以《易》《春秋》《大学衍义》进讲，反复规正，多所裨益。子彻孙，咸淳元年（1265）第进士。崇祀乡贤。

【黄潜善】 字茂和，邵武人。擢进士第，宣和初，为左司郎。陕西、河东地大震，陵谷易处，徽宗命潜善察访陕西，因往视。潜善归，不以实闻，但言震而已。擢户部侍郎，坐事谪亳州，以徽猷阁待制知河间府。

靖康初,金人入攻,康王开大元帅府,檄潜善将兵入援。张邦昌僭位,潜善趋白于帅府,王承制拜潜善为副元帅。

二年,高宗即位,拜中书侍郎。时上从人望,擢李纲为右相,纲奏逐潜善及汪伯彦,右丞吕好问止之。未几,潜善拜右仆射兼中书侍郎,纲遂罢。御史张所言:"潜善奸邪,恐害新政。"左迁所尚书郎,寻谪江州。太学生陈东论李纲不可去,潜善、伯彦不可任,潜善恚。会欧阳澈上书诋时事,语侵宫掖,帝谓其言不实,潜善乘间启杀澈并东诛之。识与不识皆为之垂涕,帝悔焉。

明年,金人攻陕西,京东、山东盗起,潜善、伯彦匿不以闻。张遇焚真州,距行在六十里,内侍邵成章疏潜善、伯彦误国,成章坐除名。御史马伸亦以劾潜善、伯彦得罪,谪监濮州酒税,道卒。

潜善进左仆射兼门下侍郎。郓、濮相继陷没,宿、泗屡警,右丞许景衡以扈卫单弱,请帝避其锋,潜善以为不足虑,率同列听浮屠克勤说法。俄,泗州奏金人且至,帝大惊,决策南渡。御舟已戒,潜善、伯彦方共食,堂吏大呼曰:"驾行矣。"乃相视仓皇鞭马南驰。都人争门而出,死者相枕藉,人无不怨愤。会司农卿黄锷至江上,军士闻其姓,以为善也,争数其罪,挥刃而前,锷方辩其非是,而首已断矣。

帝渡瓜州,幸镇江,敌兵已蹑其后。潜善、伯彦联疏言艰难之时,不敢具文求退。中丞张澂劾之,乃罢潜善为观文殿大学士,知江宁府,落职居衡州,郑毂又论潜善、伯彦均于误国,而潜善之恶居多,王庭秀继以为言,责置英州。谏官袁植乞斩之都市,帝不许,寻卒于梅州。

潜善狠持国柄,嫉害忠良。李纲既逐,张悫、宗泽、许景衡亦相继贬死,宪谏一言,随陷其祸,中外为之切齿。高宗末年有旨,潜善、余深、薛昂皆复官录后。谏官凌哲言,深、昂朋附蔡京,潜善专恣误国,今尽复三人恩数,恐政刑失平,忠义解体。诏以潜善尝任副元帅,特复元官,录一子。

——录自《宋史》卷四百七十三《奸臣三》

(二)宦绩

【龚识】 字默甫,慎仪子。端拱元年(988)进士,学术醇正,操履端方。祥符中,以翰林学士李宗谔荐,擢监察御史,从真宗东封。还,迁殿中侍御史,兼左巡史。宋袭唐制,御史不专言职,入台言事自识始。逾年,求退,授检校司封郎中、平江军节度副使。

【龚纬】 字光甫,一字仲常,卫尉上卿定言子。年十七,登淳化三年(992)第。恬淡不乐仕进,以父命出,历官桂阳令。先是,邑有张氏女诣母党黄应家,为恶少所瞰,夜入其室,诡应名强逼之,女自缢死,以口脂书白襟为验诬应,系狱数岁莫能雪。纬至,一鞫得实,一邑惊为神。而前问官忌纬才,转媒孽之,复以持身廉正,喜傲上,数得罪部使,竟以邑令终。弟纪,咸平三年(1000)进士,官至职方郎中。

按,光绪《邵武府志·人物志》作"登淳化二年第",误。《八闽通志》、嘉靖《邵武府志》等明代志书均作"登淳化三年第"。

【虞肇】 字公初。庆历二年(1042)进士,充御史台推直,用法明审,出知南安军,寻谢归。崇祀乡贤。

【高照】 庆历六年进士(1046),任处州司理参军。时郡有盗,迫胁平民,捕者利赏,诬以真盗,将论死,照察其枉,出系者百余人。

【黄伸】 字彦发,其先光州固始人,从王潮入闽,家邵武。十世祖惟淡,以五经教诸子,皆登科,世号"黄五经"。伸与兄仅、弟侑齐名,时比"河东三凤"。仅,皇祐五年(1053)中进士,伸与侑同登嘉祐六年(1061)第(《选举志》进士榜有侑无伸,而伸名见于嘉祐二年释褐榜,岂先释褐,后登第耶?)。知河南县,文彦博荐之,赐以束帛,知泉州,建学,芝生于梁,改建州。未几,建称治,有瑞粟生,属邑奏最。历太仆司农卿。子滂、沔、沂,皆克世其家。

【危雍】 皇祐五年(1053)进士。熙宁间,知晋江县,尝筑烟浦埭以捍海潮,蓄灌溉,又筑清洋陂,自南安九溪至高溪,凡三十六派,合流而下,灌田四千八百顷,民食其德。

【上官垲】 字彦明,凝长子,敏而好学。甫冠,登嘉祐二年(1057)进士第,官至太子中允、广南东路转运判官,尚书叶祖洽称其才行过人,治有异迹。垲三子:恂,绍圣元年(1094)进士,历东阳郡丞、兴化军教授。愔、怡,自有传。

【龚敏】 字吉老。治平四年(1067),释褐入太学,与谢商老、游权老齐名,时人称为"三老"。初,授主簿,迁闽清令,邑多盗,敏严缉捕。有盗首朱治家赀巨万,结内侍李宪为援,莫能制,敏捕得之,系狱,治使人致三百金求免死,敏叱去。或以李中官为言,敏曰:"李宪通贼,法所不容,恨未得斩宪耳。"或又曰:"且从末减,不然恐得祸。"敏叱曰:"汝以我重一官耶?吾知除恶安民而已。"明日,驱治邑门外,杖杀之,余盗远遁,散治产以给士农之不足者,受害之家鼓舞相庆。李宪衔之,竟罢职。

【何与京】 字庆孙,少同弟与猖从龙山朱景先学《诗》《春秋》。第熙宁三年(1070)进士,调南城主簿,迁永春令,终某州推官。与京口吃,不能剧谈,其为政,始详而劬,终简而佚,义之所在,上官不能夺。累摄州事,为监司所重,将荐之,寻卒官,归葬于凤田。有集稿五卷。与猖同榜进士,官宣德郎,令景陵。案,与京邵武东乡凤田人,旧志失其爵里。康熙初,普庵堂僧觉掘田,得志石半段,是郡人黄履撰,上官均书,盖庵后即与京葬所也。此传节采墓志中语,亦足以见其为人矣。

【黄德裕】 字仲益,黄五经后。元丰二年(1079)进士,历知闽县,方正有为,再知凤翔,卒。

【吴思】 字子正。元丰二年(1079)进士,调蕲州黄梅尉,再调虔州右司理参军。虔俗犷悍,喜斗讼,视他郡为难治。思敏达强济,事至辄迎刃解。会昌民有诬告毒毙者,县狱具,思直其冤,得不死。令很愎,讼思不已,守遣思更讯,卒如思所断。法当迁秩,任事者不以闻,思曰:"吾为理官,治狱求生,蕲尽吾职而已,无他觊也。"就移和州防御推官,除知吉州吉水县。有老吏舞法为蠹,思廉得实,系治之,吏穷迫,计污思以缓其狱,阚思出,谬为家问,置金其中,使小吏纳之思妻黄氏,方疑问间,而思适至,发书见金,诘得其情,遂置吏于法。当路以为能,交荐之,改宣义郎,知池州建德县。兴学校,劝农桑,教民力本,岁余大治。徽宗登极,覃恩,迁奉议郎,赐绯衣银鱼,辟福建路转运司管勾文字。明年,丁母忧。服除,监江州广临监。值更钱法,日夜鸠工赴期会,以课最闻。再迁承议郎,还阙,除监大观库。大观元年(1107),以疾卒,年五十有三。思为人乐易,不事表襮,家素贫,清约自克,而赒恤族党无吝色,明达吏治,所至有声,士论每以用不极其才为憾,而思处莞库泊然也。尤博学,所著诗文词义清远,有《文集》五十卷、《契丹西夏录》十卷。子伟明,字元昭,崇宁五年进士,历秀州崇德县尉,绍兴中知兴化军,政尚简严,吏民安之,后奉祠归。

【危建侯】 字利用,元丰五年(1082)进士。元祐间,知宁化县,三年不任刑罚,专以德化为治,民怀其仁,生子多以危名者。官至金紫光禄大夫。

【上官燈】 字正平,垱次子。少孤,事母孝。从叔父均学,刻意进修。元丰八年(1085)登进士第,调溧阳尉,改蔡州新息尉,用荐迁濠州录事参军,复丞永城县。廉而不刿,直而不矫,明而不苛,居官十余年,恬淡自守,未尝与物忤。卒于官。

【朱蒙正】 字养源。少豪迈,既长,始折节读书。资政殿大学士黄履,其舅也,每奇之。蒙正亦深自淬厉,入太学,博友英俊。元丰八年(1085)登第,授扬州江都主簿,听讼称平,令知其能,县事悉委决焉。迁南康军都昌县丞,以忧去。服阕,补茶陵县丞。县久缺令,诸务废弛,吏缘为奸,蒙正完葺仓庾,谨视出入,奸弊遂绝,租赋不督而办,岁旱祷雨辄应。元符元年(1098),辟知定州安喜县。先是,蒙正在茶陵,守正不阿,为当路所不悦,既去,掊摭细故,以法中之,坐是落职。大观初,始雪前事,除知开封府长垣县。未几,差通判火山军。秩满,造朝,权司农寺丞,通判顺德军,赐五品服。太守武人,越常例遗之甚厚,蒙正辞弗获,悉以所遗寄公帑。后太守坐不法除名,蒙正无所累,人高其识。政和四年(1114),以疾丐归。明年,从官荐蒙正康强有守,得旨差提点信州上清宫,改成都长生观。蒙正廉慎质直,恂恂如不言,而胸中是非了然,自负欲有所为,仕宦龃龉,卒不如志。

【谢如意】 政和二年(1112)进士。宣和中,为南剑州司录。时福州兵叛,害其帅,拥众数千出南剑,如意白郡守,晓以祸福,守即遣如意往谕之,众听命,乃面缚其渠二十余人,赴郡斩之,乱随弭。

【邓邦宁】 字康国。政和五年(1115)进士,历知漳州,有惠政。

【邓根】 字深伯,邦宁从弟,重和元年(1118)进士。建炎初,知秀州崇德县,有杭州军校陈通作乱,根同经制司属官鲍贻逊率枪杖手与战。已而,御营统制辛道宗军次秀州而溃,道宗奔还镇江,乱兵拥高胜为首,攻秀州,遂逼崇德,根善射,有勇略,力却之。明年,巨盗徐明犯境,根复讨平之。吏部侍郎刘珏荐于朝,转通直郎。会金帅宗弼兵至,守臣程俱遁去,宣抚使周望之用州民之请,命根摄知州。绍兴末,除直秘阁,为淮东安抚使,兼知扬州。寻予祠归。

【黄章】 中之弟。绍兴二年(1132)进士,历沙县令,不媚权贵,以廉能,用荐为御史台主簿,持正不阿。出知台州,所至政绩多可纪。

【黎太忠】 黎家人。绍兴二十四年甲戌(1154)进士,官至户部侍郎。其行实惜无征,第据其里有增口祠,殿塑侍郎夫妇像,其子孙及里人至今祈祷,每有奇验。观其里人数百年犹祀之,则其泽足以及人,谅不浅也。

【上官端义】 字方叔。少孤,自知问学,既长警敏。绍兴十七年(1147)释褐,以荫授惠安县主簿,操守廉介,俸入不供用,常取足于家,凡催科示之以信,民自乐输。调袁州参军,值岁饥,守委发粜,民或不足于直,出货助之。寻丞建安,摄浦城、瓯宁二邑,所至有惠政。

【黄永存】 字坚叟,中美第四子。绍兴二十四年(1154)进士,历官尚书郎、军器监。出为淮南转运副使,大修农战,为北伐计。迁知温州,终正议大夫。孙,大昌,著《兼山语解》,隐居不仕。大昌子公绍,别有传。

【上官粹中】 字德厚,一字醇叟,均再从曾孙。性诚,不能容人之过,有不义辄面斥之,乡邻有争,诣粹中,得一言而决。少力学,先儒传疏及子史诸书,咸手自钞读。隆兴元年(1163),以特奏名调增城尉,改武冈军佥判,郡将石选莅事卞急,粹中委曲为论说,必当理而后已,同僚或以事忤,徐为解之,卒无他。零陵有重囚,狱久不决,提刑司檄粹中往谳,片言而定,囚感服。秩满,迁增城令。先是,粹中尉增城,民思之不忘,至是重临,动色相贺。粹中更勤恤民隐,奖进士类,劝农桑,兴水利,转运副使林光朝以治状闻。未几,卒。

【赵善恭】 字作肃,一名善仪,字麟之,善俊弟。幼敏悟笃学,善属文,奉亲事兄尽孝敬。年十九,取应合格,授承节郎,转保义、忠翊郎,历监新城、兴化酒税。乾道八年(1172)擢进士第,换文资,授左承务郎,十三转至中大夫,终司农卿,封祥符县开国男,食邑三百户,赐紫金鱼袋。善恭居官廉惠,所至兴利除害,人为立祠刻石,去则遮道留之。立朝不激不随,开禧用兵,力陈不可轻动,拂主议者意。出帅三镇,守江夏,总馈运,摄宣司,务以安静为事,招抚猺寇茶商,不至陆梁,振给流殍,增戍兵,督屯田,撙节应办,以备不虞。去鄂时,有雇夫钱六千余缗,悉归之官。清俭寡欲,经史外,惟蓄一琴自适。年七十卒。子汝洌,从政郎、建宁府观察推官;汝泷,迪功郎、衡阳县主簿;汝淏,从事郎、泉州司户参军;汝渲,迪功郎、贵溪县尉。

【上官贲】 字济叔。淹贯经史,文辞秀敏,三领贤书。淳熙五年(1178)以奏名授衡州常宁县尉。廉而有惠,盗贼屏息。调饶州浮梁县丞,郡县以事委决,尽得其情,陂塘渠堰多所修筑。擢贵州推官,丐祠,得监南岳庙。致仕归,手不释卷,岁以囷米散贫族,如是者数十年。

【李东】 字子贤，纲族孙，学于朱子。绍熙元年(1190)进士，授庐陵县主簿，秩满，周必大赠诗美之。迁知万安县，黄干荐于漕使，称其精敏。

【上官损】 字益之，恢从曾孙。五岁而孤，屹若成人，事祖母定省无违，祖母丧，哀毁不自胜。长向学，博极群书，为文典赡。庆元五年(1199)以特奏名授武平簿，莅官廉谨，勤于职业。邑养济院为强民所占，损为复之。又立庐舍廪谷，凡贫病之民与行旅无所归者，皆得就养。有盗诬旁居人分赃，狱已具，会损摄令事，察其冤，讯盗以所诬囚家何向，与屋之巨细若何，密遣工图之，与盗言殊异，盗乃服所诬，囚得释，邑人大服。调宁远丞，未至卒。

【上官必克】 字复之，一字师善，愔曾孙。幼警敏，九岁善楷书，写《孟子》一通，略无差遣。十三而孤，事母孝谨，勤问学。逾冠，领乡荐。庆元五年(1199)以恩授迪功郎，监成都府都税务，稽察精明，洞烛情伪，吏无所容奸，课额增羡，视常岁十倍二三。制置使谢源明、总领刘崇之、运判黄环交章论荐，调全州(《通志》作"泉州")录事参军。阅月卒。

【龚雍】 字行简。宋咸淳七年(1271)进士第三人，时国势渐危，雍无仕进意，归里以诗酒自娱。至元、延祐间，屡荐不起，或讽以不往必有奇祸，乃赴召，充史馆编修。疏言懿州、秦州各处地震，南山土崩，居民压死，天变甚大，惟济人可以回天，请给米赈灾黎。上悦，允行。求致仕，不许。复上《古今灾异君德禳救书》三卷，称旨，改国子监、崇文阁大学士，赐二品服。泰定丁卯(1327)，皇子允丹藏卜受佛戒于智泉寺，雍疏论其非，又著《儒释辨议》上之，不报。明年，上受无量佛戒于兴圣殿，复上疏以梁武帝为戒，上大怒，赐死，中书参政左塔不台曰："雍言虽狂，出于忠悃。"上怒乃解，出为江西中书行省参议，致仕。

(三)儒林

【游烈】 字晋光。受业胡安定之门，以孝节称，郡人知经学，自烈始。登皇祐元年(1049)进士。熙宁二年，由都官员外郎除提举广南东路常平，以亲老愿徙便地，未赴。四年正月，送审官东院，知兴化军。崇祀乡贤。

【卢奎】 字公奎。入太学，作《毋我论》，为时所称，号"卢毋我"。登政和二年(1112)进士第，官至江西运判。尝受学于杨时，其言仁及忠恕一贯，皆意味深长。晚寓黔中，有《笔录》十卷。崇祀乡贤。

【吴英】 字茂实,处厚裔孙。幼承家学,研精性命之旨。朱子尝主其家,讲学于莲花峰坞,相得甚欢。登绍兴三十年(1160)进士第,官泉州教授,谢归。朱子书歌行赠之,为择葬地于莲花峰南麓,亲视其窆。所著有《论语问答》。子寿昌。崇祀乡贤。

【饶幹】 字廷老。幼孝谨笃实,能自力问学,见称乡党。登淳熙二年(1175)进士第,授吉州吉水县尉,改潭州长沙县尉。适朱子为守,幹从而受业,夙兴治事,暇入听讲。后知淮安军,卒。游侣铭曰:"能琢磨而器吾之玉乎,则心皇皇如不足。能烜赫而丹吾之毂乎,则足缩缩如不欲。故乐也不加若性,而污也不惧其辱。是谓善学朱氏者,盖不惟其名而实之笃。"崇祀乡贤。

【俞闻中】 字梦达。尝受学于朱子,登淳熙八年(1181)进士第,知黎州,悉意抚字,民夷感戴。

【黄荣】 字肃甫,中之孙。父瀚,字仲本,朱子为作《复斋记》,官至司农卿。荣登嘉泰二年(1202)进士第,历知万安县,判靖州。即州学旁建书院,颜曰"作新",暇则讲学授徒其中,明教化,作学规训诱开喻,夷獠感悟。除工部员外郎。子熙,守高州,亦有声。

【吴季子】 字节卿,号裕轩。笃学工文,登(宝祐四年,1256)文天祥榜进士第,官至国子监丞。著有《大学讲义》。

(四)文苑

【龚宗元】 字日鼎。父识,帅平江,占籍昆山。宗元登天圣五年(1027)第,为待制李师中门人,累官吏部都官员外郎。皇祐二年,唐介贬英州别驾,宗元为师中作诗以赠曰:"孤忠自许众不与,独立敢言人所难。去国一身轻似叶,高名千古重如山。并游英俊颜何厚,未死奸谀骨已寒。天为吾皇扶社稷,肯教夫子不生还?"一时诵之。

【黄通】 字介夫。登嘉祐二年(1057)第,韩琦、范仲淹荐其才,除大理丞。通身长八尺,风韵潇洒,众目为异人。有为元宵灯诗者"谁将万斛金莲子,撒向皇都一夜开",通嫌其未壮,因自作云:"秦楼十二玉梯横,紫府千门夜不扃。疑是姮娥弄春色,彩云移下一天星。"其雄俊如此。著有《易义》一卷。崇祀乡贤。

【黄伯思】 字长睿。祖履,自有传。父应求,饶州司录。伯思幼警敏,听祖讲论经史,退与他儿言无遗误者。尝梦孔雀于庭,觉而赋之,词采甚丽,识者知其为文祥。甫冠,入太学,以祖履任假承务郎。元符三年(1100)试进士,入选,属徽宗谅暗,罢临轩。久之,就铨,历通州司户、河南府户曹参军,治剧不劳而办。秩满,留守邓洵武辟知右军巡院,洛下号衣冠薮泽,伯思得公卿家所蓄商、周、秦、汉钟鼎彝器款识,研究字画,辨析体制,遂以古文名家,篆、隶、正、行、草、飞白皆臻精绝,得其尺牍者多藏弆。召充详定《九域图志》所编修官,兼《六典》校阅文字。以修书恩擢秘书省校书郎,纵观册府藏书,至忘寝食。凡诏讲明前世典章、文物、舆地、图集,伯思以素学参预议论,多所订正,馆阁诸公自以为不及也,丁父忧,宿患劳瘵,因丧益剧。政和八年(1118),服阕至京师,除旧职,不数月卒,年四十。伯思风韵洒落,手不释卷,所至虽假室暂寓,必求明窗净几,披列图史,钩考隐奥。与同僚襄陵许翰尤相善,翰所解《太元》诸书有疑义,多就伯思质之。是时,士务浮竞,伯思独退然无营,追古作者,颇好道家言,自号云林子,别号霄宾。其再至京师也,梦人告之曰:"子非久人间者,上帝有命典司文翰。"觉而书之,逾旬而逝,家无余赀,盈箧笥者书籍而已。子二人:诏,右宣教郎、荆湖南路安抚司书写机宜文字;讱,右从事郎、怀安县尉。裒伯思平日议论题跋为《东观余论》三卷。

【黄公绍】 字直翁。咸淳元年(1265)进士,仕为架阁官。宋亡,隐居樵溪。尝读胡安国"心要在腔子里"语,因名其轩曰在。平生博洽古今,尤邃六书学,著《韵会举要》行世,学者宗之。先是,崇宁、大观间,黄伯思著《法书刊误》二卷,世号书家董狐,至公绍《韵会》行,津逮益广,故郡中言字学者,必以二黄为最。

(五)忠节

【龚远】 (《通志》作"张远")字尔登,元丰五年(1082)进士,归隐不仕。元祐间,建州节度使吕惠卿常以文艺往来。惠卿入朝,荐之,曰:"吕公以文相示则可,以官相迫则不可。"辞不就。后以侍御史龚夬荐,起为太常博士,议祀典称旨,进洪文馆学士,兼翰林检勘文字。见朝廷贬逐台谏,刻党人碑,叹曰:"此何等时?尚可居此位耶?"径辞归。至钦宗北狩,愤恨而死。

【龚老行】 字伯美,慎仪十三世孙,咸淳元年(1265)进士,历官朝议郎,判建康,调衡州。时贾似道专权,安置观文殿学士皮龙荣于衡州,龙荣饮药死,老行见之不忍,即致仕。德祐二年,江西制置使黄万石以邵武叛降,元老行避白沙山中。是年景炎七月,文天祥开府南剑州,经略江西,老行闻万石病,不能军,密移书天祥,约乘夜来袭城,天祥大悦,遣其将吕武领兵至,而老行率其宗族童仆应之,万石走,天祥上其事,诏为各部都军马,并力征讨,辞不就。明年,元兵大至,邵武复陷,老行义不受辱,崎岖山谷间。及元人杀天祥,有人录翰林学士王盘哭天祥诗示老行,老行诵诗毕,仰天大恸,绝食七日卒。

(六)隐逸

【朱缶】 大观三年(1109)进士,知柳州,耻出秦桧之门,以母老归,屡召不起,自号悠然居士。弟思,绍兴二年(1132)进士。

【黄通】 字景声。隆兴元年(1163)进士,知建宁府,历江南西路提点刑狱,以不附韩侂胄归,自号熙堂(旧志"堂"作"台")野老。

第二节 元进士生平辑录

列传

【黄清老】 字子肃,黄五经之后也。五岁,日记数千言。七岁,能属文。至元间,宋季硕儒犹有存者,清老年稍长,日从诸前辈游,闻见弥广。邑有处士严斗岩,诏征不起,清老师事之。斗岩曰:"吾昔受学于沧浪,今得子相从,吾无憾矣。"是时,同舍生或趋世所尚,为吏以事进取,清老独笃志励学不变。久之,部使者荐为建阳学官,士皆推服无间言。进三山书院山长,辞弗就,挟书入深山中,益究其所未至。泰定三年(1326),以《春秋》应浙省乡试第一。明年(1327)

登进士。中朝缙绅多知清老名,翰林直学士马祖常请留清老居馆阁,遂除翰林国史院典籍官。未几,迁应奉翰林文字、同知制诰兼国史院编修官。英宗一朝大典,撰述未终,诏命清老与苏天爵修成书四十卷。尝扈行上京,凡朝廷有大议论、除拜、祠享、诏令、祝册、应用之文多出其手。

元统初,出为湖广行省儒学提举,申严课试经训,一洗文辞浮习。吏白广海学官冒滥,当核实,清老曰:"三苗久阻声教,今方会同,中国士大夫冲犯瘴疠,往为之师,甚可矜念,吾何忍于逆诈乎?"每宾兴之岁,藩省大臣屡请清老校文书,去取精审,士论翕然。清老善教诱后进,远方来学者甚众。初,在朝著,宰执王懋德、史惟良,及一时名公卿,各遣子弟执经受业,多所成就。若四川行省参政、归赐燕南廉访司佥事王仪,监察御史坚笃不花,中书左司都事田复,太常奉礼郎程世,应奉翰林文字李绣,其尤著者。廷臣列荐清老可教国子,方议召还而卒,阶至奉训大夫,学者称樵水先生,有《樵水集》《春秋经旨》《四书一贯》等编。

第三节 明进士生平辑录

(一)列传

【徐溥】 字士宏。正统十三年(1448)进士,拜监察御史,巡按山西。故事,巡按不得携家属,独溥以无子故,上命许自便,盖异数也。未几,卒于任。卒之日,其孤方自襁褓,遗文事状无存者。都御史陈泰尝为文祭之,谓其气质刚方,扬清激浊,风纪振而吏畏其威,理道公而人遂其乐。土木之变,王振党马顺方横,溥与给事中王竑等即朝堂殴杀之,血溅朝衣,闻者称快焉。

【谢㷆】 字世彰。其先浙临海人,宋丞相深甫后也。父敩,官邵武训导,遂著籍焉。㷆登景泰辛未(1451)进士,拜御史。同官朱骥奏留湖广巡抚李实德堪内辅,掌台纲,都御史谓为间已,劾以上言大臣德政,罪当斩,㷆鞫其狱,止以奏事不实坐之。都御史盛怒,欲并罪爔,爔曰:"上言德政,他官可拟,若御史职在进贤退不肖,恶可缘此杜言路耶?"骥获免。巡按辽东,值都御史寇纯诬奏开元参将胡某,连所部将士五百余人,敕爔按之,众心汹汹,倡言欲杀纯,投北去,爔号于众曰:"寇都堂欲为汝害,我独不能为汝辩雪乎?"众皆欢呼罗拜。爔权宜发遣,人心遂定,乃上章自劾专擅之罪。少保于谦奇之。塞外老稚百余过辽阳,为哨兵遮获,总兵焦曦欲希功,约爔曰:"绣衣同奏,金都可得也。"爔报曰:"欺罔要功,吾所不忍。"既而,改南京御史,敕清军淮北,凤阳同知王某者以赃污事觉,夜遗数百金求免,爔正色叱出,竟置法。为御史九年,论列百余疏,皆切中机务。成化中,擢两广按察副使。淮盐利重,贩鬻率皆戚畹中贵人所占,爔一裁以法,贵戚敛迹。诸场豪民有名"坐山虎""截港虎"者,素为商民患,爔设法擒戮,公私便之。迁广东参政,有流寇拥众犯潮、惠,爔选将授方略,获魁丑三百余。佥事某追逮二郡民尝从贼者,将尽杀之,爔悉为存活焉。子珂、璠,皆甲子举人。

【朱钦】 字懋恭。少与同邑宁坚友,既师吴与弼,以学行称。举成化壬辰(1472)进士,授宁波推官。洁白自持,谳狱惟允。宁波田数患潮涌,钦筑它山堰浚沙港以杀潮势。入为御史,出督漕。遇涝灾,辄发粟振之,为广冢瘗暴骼。按河南,清军广西,并著风节。弘治中,累迁浙江按察使。十五年(1479),入觐,吏部举天下治行卓异者六人,钦与焉。稍迁湖广左布政使。武宗立,进右副都御史,巡抚山东,首劾方面不职者数人。刘瑾方炽,遣索彩绘五百匹,有司具请,钦斥使者归。会瑾嫉同监王岳,谮谪守陵南京,抵临清,缢杀之,钦上言:"陛下首政,威福之权不宜下移。太监王岳谪守祖陵,罪状未暴,赐死道路,不厌人心。臣知岳为刘瑾所恶,必瑾逸毁,以惑陛下。岳死弗足惜,而瑾之渐甚可畏。伏望察岳非辜,惩瑾逸贼。"疏至,瑾屏不奏,益衔之。初,钦以山东俗淫酗,严禁市酤,令济南推官张元魁察之,犯者罪及邻比,有惧而自缢者,其母欲奏诉,元魁与之十金,知府赵璜亦与谷二石,乃已。至是,为东厂所伺,瑾遣锦衣百户陈俊逮钦。钦即去冠裳,跣步就系,不内顾。既至京师,下诏狱,勒钦致仕,璜除名,元魁谪戍。瑾憾钦未已,坐以失解弓张事,罚米三百石输大同。钦躬诣互纳,家人请代,不可,曰:"天威咫尺,万里敢罔耶?"俄坐山东勘地事,斥为民。瑾诛,乃复官。十五年,卒,年七十七,赐祭葬。钦端重有威仪,家居衣冠俨坐,竟夕无惰容,与乡人语,必先孝弟。与陈献章、蔡清相友善。作文典实详赡,善书,有朱子风骨,著有《畏庵集》若干卷。崇祀乡贤。

【米荣】 字仁夫。母孕十四月生。少颖异,有志圣贤,从周礼讲良知之学,其言慎独,必先致知,格去吾心物欲,本体自无不快慊,礼深服其言。嘉靖戊子,领乡荐,入南雍,祭酒湛若水曰:"仁夫吾友也,不应齿诸生。"壬辰(1532)成进士,除太平府推官。内艰归,囊橐萧然。邑令叶朴重其品,以废寺田二百亩遗之,辞弗受。服阕,补铜陵知县。不畏强御,有能声。巡抚欧橄审户册,授以意,荣争其非便,酌宜行之。擢兵部主事,转职方员外郎,迁湖广按察司佥事。值岁歉,权宜赈济,全活甚众,民有得米则生之谣。宁乡饥民剽掠,荣出奇捕其渠,余不问。长沙巨寇梅四保等声势相倚,荣设策反间,令自仇杀,不烦一兵,余党解散。寻以右参议致仕归,年七十卒。著有《艮所文集》四卷。崇祀乡贤。

【陈之美】 字日章,一字絅存。万历己未(1619)进士,授户部主事,督通州仓,厘剔有方,积羡余数百金,刍豆称是,尽籍其数授代者。历迁员外、郎中。天启间,魏珰擅权,或说之交欢铨曹可致,之美正容却之。出知宁波府。会海寇犯境,之美指授方略,讨平之。火及黄堂,反风而灭,人谓太守廉明所感。及代,众为镌碑纪德,录其善政刊布之。迁按察司副使,分守瓯越,补任饶南。饶滨湖,故多啸聚,兼流寇充斥,之美为缮城凿池,庀战守具,浔阳上下无烽燧惊。淮藩涵玉手书"古社稷臣"四字褒之。事闻,擢天津粮储。未莅任,改调广东参政,分守岭南。整饬纪纲,一以廉法率下。寻请回里。著《仕学窥班集》若干卷。

(二)宦绩

【王定】 字彦文。永乐二年(1404)进士,除行人,以贤能加御史,遣往辽东巡点军务。定孤介廉静,风裁凛然,声振边域。未复命,卒。子孟荣奔丧,检其橐,文卷外萧然无长物。

按,光绪《邵武府志·人物志》作"永乐元年进士",误。各志均作"永乐二年进士"。

【吴禔】 字伯祯。永乐二年(1404)进士,历任江西按察司佥事,有声。推往抚谕安南,卒,不克还葬。

【花润生】 字蕴玉。幼颖敏,博学强记,人以为书肆。永乐二年(1404)第进士,知古田县,教民种艺,创公署学校,为子弟置书籍,亲课其业。改太和县,迁浙江市舶司提举,擢按察司佥事。寻以尚书王直荐,转提督浙江学校(按,《闽书》卷一百十六《英旧志·浙江学政》),规矩详审,考校精严。未七十,引年归,家居二十余年,足迹未尝至公府。自号介轩,又号紫云老人。有《介轩集》。

【曾真保】 字文鼎。永乐十九年(1421)进士,授浮梁知县,以清慎称。宣德末,有中贵张善者监造窑器,怙势剥民,真保疏其罪,状上,命诛善,民获安。秩满,民诣阙乞留,诏加六品秩,仍知县事。正统四年(1439),以老乞归。卒,浮梁人立祠祀之。真保工诗词,有《樵溪渔叟集》一卷。

【龚敩】 字时敏,慎仪十九世孙。正统元年(1436)进士,潜心道学,视荣利淡如也。由主事历官都转运使,常额羡余月计二千金,却弗取,其友风之,敩曰:"吾耻居官者动曰'好官多得钱',毫无为民之意,朝廷何赖此臣为?"未几,解组归,行橐萧然。

【危行】 字世隆。弘治十五年(1502)进士,授乐安知县。坚持清苦,民有来讼者,曲为讲析,征输耗羡,一介不取,自是健讼逋赋之风稍变。直港贼起,以计取之。擢监察御史,两折权贵狱,不避嫌怨。奉命巡江,适剧贼由黄之屯峰逸于江,肆剽掠,行疾强起视事,亲冒艰险,竟舆疾卒于官。行平生孝友,不事私积,兄弟同居垂四十年。为御史时,逆瑾窃权,罗织缙绅,遭罚赎甚酷,贷而后能输,责莫能偿也,死之日,囊余白金七两而已。

(三)文苑

【何望海】 字金杨。性聪颖,过目成诵,博学多才,文名甚著。登天启二年(1622)第,官揭阳知县。致仕归,于城南构精舍数楹,偕二三挚友吟啸其中,榜其庐曰"锦亭花月"。

(四)忠节

【吴言信】 洪武二十四年(1391)进士第三人,除翰林院编修。一日,太祖罢朝,与皇长孙议边事,召言信执笔,口授敕谕各台镇训将练兵、察险易、造军器诸机宜,撰既毕,太祖顾皇长孙曰:"汝谛视之,当使边尘不起,诒汝以安也。"后靖难兵起,不知所终,或谓其举家死难云。崇祀乡贤。

(五)孝义

【何廷钰】 字实夫,嘉靖二十九年(1550)进士,由行人转御史,条陈时政八事,下户部,户部格不复奏,廷钰诣郎中刘尔牧趣之,时尔牧倚户部尚书方钝,傲忽廷钰,廷钰奏尔牧谤帝不节财用,杖尔牧午门,廷钰亦以李默坐诽谤论死,严嵩指为默党,免归。初,廷钰为诸生,与兄廷锦齐名,友爱甚笃。廷钰早达,而廷锦方以贡入雍,心不平,至京,不诣弟舍。廷钰徒步候于旅次,廷锦缄户不出,廷钰跪门外,竟日至昏,乃得见,请移官舍,终不许,廷钰彷徨不忍去。乡人知其事者,叹息以为难,而私议廷锦不广云,后廷锦亦进士,以知县终。

第四节　清进士生平辑录

(一)宦绩

【冯可参】 字兼三。顺治辛丑(1661)进士,除知郯城县,以亏损驿马罢。耿藩作逆,迫受伪职,乃挈家遁山谷间,窜伏无常,为风湿所侵,手足木强,寻疾卒。可参幼聪颖,受书辄通大义,暨长,文誉蔚然,尝读李白诗,爱其才,以不能拒永王璘弃去不复览。莅郯三载,以廉静为治,夏秋两税蠲除耗羡,吏不容奸,民有讼,推诚晓譬之,立时决遣,未尝轻用刑笞也。初,郯人将建学宫,或梦神曰:"须俟二马公。"至是,诸生以为请,可参欣然为己任,督理之暇,与诸生讲论文艺,咨利病所当兴革者,立罢行之。红花镇浮税数千金,吏剥蚀为害,可参令民公举廉干者四人,分司其事,额解外毫无所私。郯俗好巫,狎娼优,可参力为攘斥,境内肃然。既罢,为寓公者五年,士民稔其贫,争致薪米。卒后十余岁,邑人贸迁过郯,闻其父老犹有咨嗟太息者。

【黄炅】 字光远,华衮长孙。雍正庚戌(1730)进士,历任常山、兰溪、仁和知县,终太湖同知。炅廉干有为,所至革除陋规,勒碑示众,或劝其少留代者地,弗顾也。兰溪民居稠密,数患火,炅于城北濠开小港,导水入城以制之,复跨港建石桥,以便行路。去城十余里,地卑下,溪水横啮为害,炅筑长堤捍之,自是水火二患皆息。在仁和,有藩吏舞文,持州县长短,值炅视事,携灯过堂下,立笞之数十,藩司不以为忤。公余,与诸生讲学论文,多所造就,殿撰吴鸿,其所识拔士也。擢无为州牧,未赴,补授太湖同知,仅一月卒。卒之日,几无以为敛,人称廉吏云。

【叶为舟】 字济川。雍正丙午举人,乾隆乙丑(1745)进士,知蕲水县。适邻邑饥,为舟碾米以济,全活无算。寻办金川军务,民不受累。先是,州民以争水道,案经十余载不决,为舟奉檄往审,一鞫而谳定。罗田杨寡儿疑狱,株连数十人,为舟廉得其情,惟坐正犯,余皆释之。俸满,调汉川,蕲民勒碑颂德,有"直道五乡仰,清风百世师"之句。时汉川罹水荒,前令以丰报,为舟抵任,据实力请得振,民庆再生。丁母忧,归。

【罗均】 字彦卿。祖谦,廪生,家不丰而好周人急。父炳,乾隆辛酉举人,精医,多活人。均第乾隆庚辰(1760)进士,试长乐、松滋知县,补麻城,以事去,再补德兴,丁父忧,未及奔丧而卒,年仅四十。均少英敏好学,文词典赡,年十四,为诸生有名。莅官以廉干称,所至颂德。长乐民马钺、马素尝有怨于楚南逆民陈九有,九有被罪,私牵引姓名数十人纳文书中,移湖北督捕甚急,合邑惴惴,新令不敢出视事。均时去任已五日,力请巡抚,以百口保无他,随诣各乡,谕诸有名人,令自出,众皆号泣罗拜,均曰:"第安之,吾已言于抚军,许昭雪矣。"既而,九有伏诛,诸被诬者皆得释。松滋有洞曰"红岩",深广四十里,常聚无赖数百,阴藉奸吏为主,煮硝矿其中,令捕之则执梃以拒。均谓是不可纵,纵则恶稔,是不可急,急则变生,姑以虚声恐之,将自散。乃先期会营弁集兵,并谕环山乡民,而自驰单骑往探,至则洞中已虚无人矣,立遣居民封洞而返,其遇事有胆识如此。任麻城最久,士民尤爱戴,其去也,立碑志思焉。

【梅树德】 字务滋,号铁崖。丰神秀逸,性温厚,动中规矩。幼失怙,事母孝,友爱幼弟。嘉庆戊午举于乡,辛未(1811)第进士,官浙江西安令,有循声。丁内艰归,士民送者塞途,有"百四庄中咸称慈母,七十年内仅见好官"之颂。

（二）儒林

【张冕】 字繁露，号盅轩。性刚方，言行不苟，通天文、地理、性命之学。道光丙戌(1826)成进士，以教授职权永福谕，旋补建宁府教授，郡英俊多出其门。未几，以忧归。甲午岁大祲，筹度荒政，兴义仓，修城垣，编保甲，皆资其力。服阕，补泉州府教授，作《悯俗》《砭俗》二箴以训士。时英夷扰厦门，与邑绅招募义勇数百，民赖以无恐。恒挟刀自随，曰："脱有不虞，惟以此报国。"辛丑，列计典第一。

不乐仕进，以老乞归，主濉川讲席者七年，士皆悦服。又倡请李忠定公从祀两庑。卒年七十。著有《春秋至朔通考》《尚书纪疑》行世。子二：长彤勋，恩贡生，以获盗功议叙训导。次彤，燕庠生。崇祀乡贤。

（三）文苑

【黄利通】 字资万，号顺庵。少读书旧渠村，尝拒夜奔者。及籍诸生有声。乾隆乙酉(1765)拔贡，朝考二等。庚寅举于乡，座主朱笥河先生特器之，勉以著述。戊戌(1778)成进士，以母老改教职，历官延平、汀州教授。其教士也，敦行谊，励名节，作《续师说》训诸生，大意谓昌黎传道授业解惑，不足蔽师义，如杨子云师者人之模范，其庶几焉。迨解组归，所得俸悉置祭田，并梓其师陈若庵诗集。年至七十，犹勤著述，有《自怡堂文集》若干卷。

【杨兆璜】 字渭渔，号古生。倜傥有奇气，资性明敏，读书目数行下。嘉庆己巳(1809)登进士第，官浙江金华令，后历任广西柳州府、直隶广平府知府。著有《东霞山馆诗钞》行世。

第四章 邵武进士家族及地理分布

魏晋南北朝九品中正制创立以后，中国封建社会进入了士族门阀垄断政治的历史时期，中正官往往被势家大族控制，于是品评人才只凭家世门第和父祖官爵，高门士族的子弟可以凭门第直接得到官职，"上品无寒门，下品无势族"成为那个时代的特征。[1]唐代以后以考试为主，荐举为辅，乃至全凭考试，也就是所谓科举考试时代。宋太祖赵匡胤即位后，深鉴五代时期武将专权跋扈之弊，始终强调文治，注重任用科举出身的文臣。在这种背景下，大批饱受儒家经史教育的寒峻之士由科举阶梯登上历史舞台，也使宋朝政治逐渐摆脱了世族门阀的影响，完成了中国古代由贵族政治向文官政治的转变。

但是，宋代世家大族成为封建社会政治集团重要力量的情况仍然存在。王善军教授在《宋代宗族和宗族制度研究》一书中指出："由于社会历史条件的变化，宋代已失去了魏晋时期门阀士族权势超越皇权的政治经济基础，但在两宋统治的三百二十年中，同样也存在世家大族这一现象，则是一个不容忽视的历史事实。而宋代世家大族的起家和发展主要依靠科举。"[2]

邵武的科举世家主要出现在宋代。在各种文献中可以看到，宋代邵武进士中大多具有血缘关系，"三世登坛，四代攀桂"，"父子一榜、昆季同年"的情况比比皆是。按照一个家族有二人登科即为科举家族的说法，宋代邵武县二百多名进士当中，家族进士约占90%。其中上官氏64人、龚氏48人、黄氏43人、吴氏21人、谢氏14人、危氏12人、朱氏6人、赵氏6人。尤其是上官氏、龚氏、黄氏、吴氏等大家族甚至断续延绵七代登科，有的尽管同姓未必同祖，但追溯先祖都有关联。

元代是中国历史上由蒙古贵族建立的一个封建王朝，新政权摧毁了宋代构建的家族势力，科举世家失去了原有的政治基础，如上官氏、龚氏、黄氏、吴氏、谢氏、赵氏逐渐走向没落。明嘉靖《邵武府志》卷八《选举》序曰："邵阳科目盛于宋，迹熄于元，而渐燃于今。"《闽樵和平上官氏宗谱·旧谱序》载："遭元兴兵燹……遂有斥族之祸，烬其居址，子孙离散，难于复旧。"有元一代邵武有可靠进士黄清老、存疑进士龚谷二人。

明清两代邵武的进士人数有所回升，明代邵武进士23人，涉及19个姓氏，

---

[1] 苗书梅：《宋代官员选任和管理制度》，河南大学出版社，1996年，第2页。
[2] 王善军：《宋代宗族和宗族制度研究》，河北教育出版社，2000年，第210-211页。

家族进士仅有何廷钰、何廷锦兄弟,而同姓氏者黄埜、黄克谦并非家族近亲关系。清代13个进士,涉及10个姓氏,仅有黄机、黄彦博为父子进士,而同姓者黄炅、黄利通亦非家族近亲关系。明清两代邵武县都罕有超过两代的进士家族。

第一节 进士家族的姓氏分布

科举考试制度为平民参政开放了门户,很多寒峻之士经由科举阶梯登上历史舞台,但是进士家族的形成首先要有一定的经济条件作为基础。北宋进士出身的平均年龄是30岁,南宋时则增至33岁,[①]明代进士的平均年龄为35岁,清代也基本如此。士子出身前至少须全力用功读书十数年,甚至二十年以上,而参加考试更需要承受很大的经济负担。如宋代考生首先必须到州城去,如果在那里取得成功,他就面临着去往京师开封或临安漫长而艰难的旅行。州试一般在八月份举行,省试是在次年二月,殿试是在次年三月,最后的结果则在次年四月唱名于集贤殿。如果把回家的路程和大量的旅行包括在内,成功地通过一个考试周期实际上要花一年。[②]"一个童生仅参加县、府两次考试的费用,就相当于一个三口之家农民的全年口粮,甚至是全部家产。因此参加科举考试的费用,贫苦农民一般是负担不起的。"[③]在这种情况下,能全力读书的人实在少而又少,比之今日义务教育不可同日而语。因此,只有经济实力十分雄厚的家庭,才有可能使其子弟接受长期正规的教育。明清以后,地方绅士讲究"耕读传家",以田业与教育相济,促使子弟登上仕途,从而维系家族的社会地位。

宋代的科举家族大多是先以一家之力促一人科举中第,一旦有人进士及第,则其家族大多可以发达繁荣两代以上,由此带来了家族地位的提高和财富积累,尔后荫及后世。这些书香世家都有良好的教育传统,又有较好的智商遗

[①] 李弘祺:《宋代教育散论》,东升出版事业公司印行,1980年,第126页。
[②] [美]贾志扬:《棘闱:宋代科举与社会》,江苏人民出版社,2022年,第77页。
[③] 王善军:《宋代宗族和宗族制度研究》,河北教育出版社,2000年,第210—211页。

传基础,加上有经济实力的保障,他们的子弟经过刻苦攻读,自然能在考试竞争中占据优势。下表为邵武历代家族进士人数列表:

表4-1 邵武历代进士姓氏比例

姓氏	上官	龚氏	黄氏	吴氏	谢氏	危氏	李氏	朱氏	赵氏	何氏	叶氏	饶氏	孙氏
人数	64	48	43	21	14	12	7	6	6	5	5	5	3
占比%	22.1	16.3	14.9	7.3	4.8	4.2	2.4	2.1	2.1	2.1	1.7	1.7	1.0
排名	1	2	3	4	5	6	7	8	9	10	11	12	13

说明:以考订前的289人为基数(下同)

有2名进士的姓氏有:卢、邓、任、丁、高、张、冯、黎、邹、杜。

仅1名进士的姓氏有:

宋代9个姓氏:虞、游、萧、莫、施、林、贾、马、宁。

明代9个姓氏:周、花、刘、曾、徐、孔、万、米、陈。

清代4个姓氏:罗、魏、杨、梅。

从上述列表可以看出,上官、龚、黄三个姓氏进士合计154人,占邵武历代进士的一半还多,达53.3%。吴、谢、危三个姓氏进士合计47人,占总数的16.3%。李、朱、赵、何、叶、饶、孙七个姓氏计30人,占总数的10.4%。这13个姓氏占邵武历代进士总数的80%。

1.上官氏家族

邵武科第之盛,首推和平,和平科第之盛,又首推上官一族。宋代词学家刘克庄《序·和平志》云:"和平里在邵武县之南乡,里有危氏、上官氏、黄氏,上官氏尤盛,自景祐至嘉定,此三姓擢进士第者二十余人,入太学预乡试累累不绝书。起徒求至显官,因而传子孙为世家,榜籍迭书、衣冠袭起者,不可以数计也。"[1]

南宋嘉定年间,时任建阳知县的刘克庄为《和平志》作序,盛赞和平的科举盛况"通天下以为罕见"。"和平"即和平里,今为邵武市和平镇坎头、坎下至和平村一带。宋代邵武设五乡二十一里,昼锦乡和平里为其一。《福建省志·人物志》

---

[1] [宋]刘克庄:《后村先生大全集》卷九四《序·和平志》,四部丛刊初编·集部,第1311册,商务印书馆(上海),1936年,第83—84页。

根据道光《福建通志·人物志》统计,邵武宋代进士数合计156人,其中上官氏62人。[1]1930年刊印的和平《闽樵和平上官氏宗谱》收录《宋正奉大夫上官凝公神道碑铭》载:"惟上官氏名门巨族,自其先祖历代簪缨,蝉联相继,今尤袍笏盈床……儒学兴门,延及孙曾。"[2]历代方志记载的上官氏进士累计有64人,基本出自宋代的同一家族。明永乐十三年进士官琚,可能为上官氏,但邵武《闽樵和平上官氏宗谱》世系中并没有官琚的名字,应该不属于该家族。

表4-2　地方志记载的邵武县上官氏进士列表

序号	姓名	登科时间	序号	姓名	登科时间	序号	姓名	登科时间
一、正奏名44人									
1	上官昇	大中祥符二年(1009)	16	上官公绰	政和二年(1112)	31	上官简	庆元二年(1196)
2	上官师旦	大中祥符五年(1012)	17	上官惕	政和二年(1112)	32	上官泷★	庆元四年(1198)
3	上官凝	庆历二年(1042)	18	上官维祺	政和五年(1115)	33	上官铭★	嘉泰二年(1202)
4	上官汲	皇祐五年(1053)	19	上官致孝	政和五年(1115)	34	上官衡孙★	开禧三年(1207)
5	上官垲	嘉祐二年(1057)	20	上官闵★	政和六年(1116)	35	上官涣酉	嘉定元年(1208)
6	上官均	熙宁三年(1070)	21	上官祝	重和元年(1118)	36	上官溁★	嘉定三年(1210)
7	上官济	熙宁三年(1070)	22	上官公举★	重和元年(1118)	37	上官涣申★	嘉定三年(1210)
8	上官彝	熙宁九年(1076)	23	上官閟	重和元年(1118)	38	上官益明★	嘉定九年(1216)
9	上官合	元丰五年(1082)	24	上官问	重和元年(1118)	39	上官文正★	嘉定十五年(1222)
10	上官憕	元丰八年(1085)	25	上官全节	宣和六年(1124)	40	上官涣元★	绍定四年(1231)
11	上官恢	元丰八年(1085)	26	上官汝明	建炎二年(1128)	41	上官涣然	淳祐元年(1241)

---

[1] 福建省地方志编纂委员会编:《福建省志·人物志》,中国社会科学出版社,2003年。
[2] 李军、蔡忠明、傅再纯编著:《邵武历代碑铭集录》,西南大学出版社,2023年,第247页。

续表

序号	姓名	登科时间	序号	姓名	登科时间	序号	姓名	登科时间
12	上官怡★	元祐六年(1091)	27	上官烨	绍兴二年(1132)	42	上官子进	淳祐四年(1244)
13	上官恂	绍圣元年(1094)	28	上官归★	绍兴十七年(1147)	43	上官天锡	淳祐七年(1247)
14	上官公陟★	大观四年(1110)	29	上官端义★	绍兴十七年(1147)	44	官琚	永乐十三年(1415)
15	上官愔	政和二年(1112)	30	上官骏	乾道二年(1166)			

二、特奏名16人

序号	姓名	登科时间	序号	姓名	登科时间	序号	姓名	登科时间
1	上官愉★	重和元年(1118)	7	上官损★	庆元五年(1199)	31	上官简	庆元二年(1196)
2	上官粹中	隆兴元年(1163)	8	上官必克	庆元五年(1199)	13	上官荣宗★	嘉定十六年(1223)
3	上官莹中	乾道二年(1166)	9	上官发	嘉定四年(1211)	14	上官应琪	淳祐四年(1244)
4	上官泰亨	乾道五年(1169)	10	上官琦	嘉定十年(1217)	15	上官庸	淳祐四年(1244)
5	上官贲	淳熙五年(1178)	11	上官昂	嘉定十年(1217)	16	上官彦华★	淳祐十年(1250)
6	上官伯忠	淳熙五年(1178)	12	上官知方	嘉定十年(1217)			

三、年榜无考4人

1.上官端修★　2.上官世京★　3.上官邵史★　4.上官闳★

说明:表中名字有★表示各志书有不一致的记载。详情见第一章表1-7。

考订后补录1人:上官彦宗。

据《闽樵和平上官氏宗谱》记载,上官氏先祖上官偕于唐元和间为福州户曹,卒于官,子孙因家于闽。其幼子上官丁道居光泽,上官丁道长子上官岳始迁邵武南乡和平里(今和平坎头村)。上官岳六代孙上官有质生三子:曾、凝、陶,分居西、北、南三处,后裔称之为西凝祖、北曾祖、南陶祖三房。两宋期间,这三房后裔"蝉联相继,历代簪缨","位公卿大夫以至丞、参、簿、尉者,不可悉数"。其中,西凝祖支派五代9进士,且多以廉吏流芳于世。北曾祖支派有五代16进士(含特奏名)等,该家族从北宋中期至南宋晚期,科第延续200年。

2.黄氏家族

邵武历代黄氏进士有43人。按朝代分布,宋代36人,元代1人,明代2人,清代4人。

根据出土墓志铭、传世文献,部分家族有较为明确的世系,其中黄惟淡家族23人,黄膺家族7人,其他家族13人。

表4-3 邵武历代黄氏进士列表

黄惟淡家族			黄膺家族			其他家族		
序号	姓名	登科时间	序号	姓名	登科时间	序号	姓名	登科时间
一、宋代									
1	黄政	太平兴国八年(983)	1	黄汝奇	庆历二年(1042)	1	黄奭	咸平三年(1000)
2	黄仅	皇祐五年(1053)	2	黄履	嘉祐元年(1056)	2	黄垍	天圣八年(1030)
3	黄通	嘉祐二年(1057)	3	黄潜善	元符三年(1100)	3	黄彻	绍兴十五年(1145)
4	黄侑	嘉祐六年(1061)	4	黄伯思	元符三年(1100)	4	黄璋	绍兴十八年(1148)
5	黄伸	嘉祐六年(1061)	5	黄章	绍兴二年(1132)	5	黄顺之	开禧元年(1205)
6	黄德裕	元丰二年(1079)	6	黄中	绍兴五年(1135)	6	黄清卿	年榜无考
7	黄邦彦	元祐三年(1088)	7	黄荣	嘉泰二年(1202)	7	黄缜	年榜无考
8	黄中美	绍圣元年(1094)				8	黄韶	年榜无考
9	黄永存	绍兴二十四年(1154)						

续表

黄惟淡家族			黄鹰家族			其他家族		
序号	姓名	登科时间	序号	姓名	登科时间	序号	姓名	登科时间
10	黄遹	隆兴元年（1163）						
11	黄静夫	绍熙元年（1190）						
12	黄大全	绍熙四年（1193）						
13	黄樵	庆元二年（1196）						
14	黄范	嘉定元年（1208）						
15	黄公立	宝祐四年（1256）						
16	黄公绍	咸淳元年（1265）						
17	黄蒙	年榜无考						
18	黄滂	年榜无考						
19	黄沔	年榜无考						
20	黄茂	年榜无考						
21	黄勋	永存子,见墓志铭						
二、元代								
22	黄清老							
三、明代								
						9	黄垫	永乐二年（1404）
						10	黄克谦	万历二十六年（1598）

续表

黄惟淡家族			黄鹰家族			其他家族		
序号	姓名	登科时间	序号	姓名	登科时间	序号	姓名	登科时间
四、清代								
23	黄炅	雍正八年（1730）				11	黄机	顺治四年（1647）
						12	黄彦博	康熙三年（1664）
						13	黄利通	乾隆四十三年（1778）

（1）黄惟淡家族

据家谱的说法，唐末五代该支由河南固始南下，卜居邵武平洒（今吴家塘铁罗一带），以五经课子，号"五经先生"，其子孙迁居和平坎头。黄惟淡之孙黄峭生二十一子，开枝散叶分迁各地，"元、明以后，因为子孙繁荣发达，黄峭才逐渐取代其祖父黄惟淡而成为邵武黄氏最具影响力的人物，在清代以后的黄氏族谱中受到广泛推崇。"[1]黄峭也由此成为华南及东南亚近千万黄姓的始祖。该黄氏进士主要出自三个支派：

①黄德裕支派　黄德裕为黄峭十世孙，黄政支系，居禾坪竹粟下。黄德裕于元丰二年（1079）登进士第，其后有黄邦彦、黄逋、黄静夫、黄清老一门五进士。[2]其世系如下：

黄德裕 → { **邦彦** / 邦杰 / 邦式 → **逋** → **静夫** → 景从 → 安之 → 寄孙 → **清老** / 邦佐 }

说明：黑体字为进士（下同）

---

[1] 刘佑平：《黄峭文化考序》，参见黄承坤编撰：《黄峭文化考》，香港奔马出版社，2023年。
[2]《宋故左中大夫直秘阁致仕黄公墓志铭》载："公讳德裕，字仲益，世为邵武人。黄氏本箸姓，占籍和平里者率多善类。其讳顺悌者，于公为曾祖，妣吴氏。讳仁晏者，于公为祖，妣吴氏。讳文绚者，于公为皇考。"《元故奉训大夫湖广等处儒学提举黄公墓碑铭并序》载："按，黄氏光之固始人讳惟淡者徙闽，五子各明一经，世号'黄五经家'。贵溪令知良，第三子也，居邵武之和平乡。"参见李军、蔡忠明、傅再纯编著：《邵武历代碑铭集录》，西南大学出版社，2023年，第269页、第400页。

该家族历八代断续及第延绵二百余年,至清代黄政支系还有雍正八年(1730)进士黄炅,黄炅的祖父黄华衮为康熙二十三年举人。

②黄中美支派　黄中美为黄峭七世孙,黄发支系,居和平坎头。该家族自北宋末黄蒙举进士开始,至咸淳元年(1265),连续六代,180余年间一门九进士。①其世系如下：

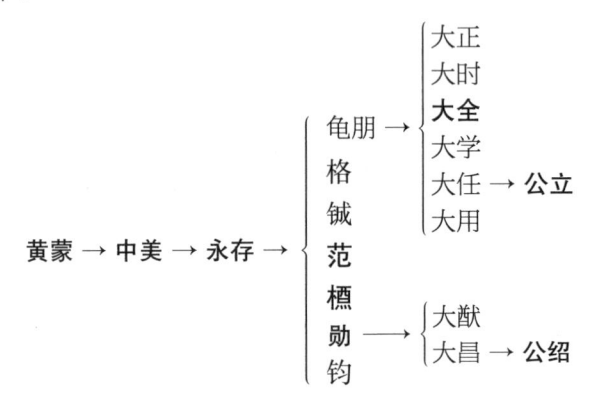

$$
黄蒙 \to 中美 \to 永存 \to \begin{cases} 龟朋 \to \begin{cases} 大正 \\ 大时 \\ \textbf{大全} \\ 大学 \\ 大任 \to 公立 \\ 大用 \end{cases} \\ 格 \\ 铖 \\ 范 \\ 栖 \\ 勋 \longrightarrow \begin{cases} 大猷 \\ 大昌 \to 公绍 \end{cases} \\ 钧 \end{cases}
$$

③黄伸支派　黄伸为黄峭六世孙,黄发支系,居和平坎头。黄伸家族一门七进士:黄伸、黄仅、黄侑、黄滂、黄沔、黄敦义、黄涣。②其中邵武籍有黄伸、黄仅、黄侑、黄滂、黄沔五人,黄敦义、黄涣为光泽人。参考和平《黄氏族谱》,年榜无考进士黄茂为黄伸之曾祖,依家谱和所载,黄茂至黄伸世系如下：

---

① 《宋黄永存墓志》:"公字坚叟,其先光州固始人,唐末惟淡者入闽,家绍武,以五经分授子,号黄五经。生知良,宰信州贵县。六传而至公曾祖扃,咸有隐德。扃生蒙,以文鸣于乡,赠中奉大夫,生公父中美,登元祐九年进士第。"《朝议大夫致仕赠光禄大夫黄公神道碑铭》:"盖公讳中美,字文昭,其先光州固始人,从王潮入闽,居建之浦城,后徙邵武。国初,邵武始别于建,遂为郡人焉。曾大父梦臣、大父扃,皆有隐行。至公父蒙,始举进士,后赠中奉大夫。"《宋始兴郡守黄公墓志》:"先公讳龟朋,字寿伯。其先光州固始县人,唐末避乱,随王潮徙闽中,又自建之浦城县分居邵武。家谱所载,有讳惟淡、号五经,葬故县九頔大柞木下者,即十一世祖也。"《有宋三益居士黄公墓志》:"三益居士,讳公岳,字子峻,予之堂兄也。厥子元通贻书来九江,且曰:先君襄奉有日,属予以志之。予与三益兄友爱不薄,当泚笔以叙其概。公派出光州固始,五经先生之裔也。七世祖徙居邵武。曾祖永存,正议大夫、军器监。祖龟朋,朝奉郎、知南雄州。父大全,承议郎、主管官告院。"以上分别参见李军、蔡忠明、傅再纯编著:《邵武历代碑铭集录》,西南大学出版社,2023年,第252页、第310—313页、第328—332页、第391页。
② [明]弘治《八闽通志》卷七十《人物·宋·良吏》(2006年修订本,下册,第941页):"黄伸,字彦发,邵武人。远祖惟淡,教子皆登科,世号黄五经。伸与兄仅、弟侑齐名,时比河东三凤……子:滂、沔,沂,皆克举其官。"另见《有宋中奉大夫知郡太博开国黄公圹志》,收入李军、蔡忠明、傅再纯编著:《邵武历代碑铭集录》,西南大学出版社,2023年,第357页。

黄峭→黄发→**黄茂**→华生→邵客→**黄伸、黄仅、黄侑**
　　　　　　　　　　　　　↳ **黄滂、黄沔**

(2)黄膺家族

黄膺支下自第九世黄汝奇于庆历二年(1042)登进士第,至十四世黄桀于嘉泰二年(1202)登进士第,六代160年断续有7人登科。黄膺八世孙黄宸生子三:汝济、汝臣、汝奇。黄履为汝济次子,嘉祐元年(1056)上舍释褐第一人。黄履与黄潜善为黄膺第十世远房堂兄弟,黄履之孙有进士黄伯思,黄汝臣支下有黄章、黄中、黄桀登科。其相互关系如下:

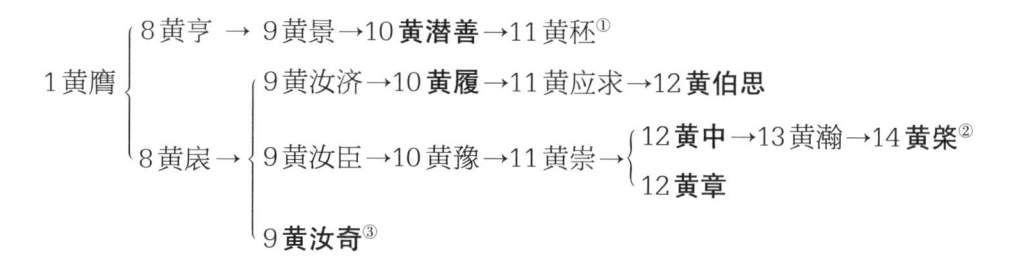

```
                 ┌ 8黄亨 → 9黄景→10 黄潜善→11 黄柸①
1黄膺 ┤
                 │         ┌ 9黄汝济→10 黄履→11 黄应求→12 黄伯思
                 └ 8黄宸 ┤ 9黄汝臣→10黄豫→11黄崇→┌12黄中→13黄瀚→14黄桀②
                           │                              └12黄章
                           └ 9黄汝奇③
```

---

① 《故右朝奉郎通判筠州黄公墓志铭》:"公讳柸,字伯瑞,建炎帝相讳潜善子也。曾祖讳亨,朝散大夫,赠太傅。祖讳景,朝散郎、秘阁校理,充徐王府侍讲,赠太师、中国公。"(李军、蔡忠明、傅再纯编著:《邵武历代碑铭集录》,西南大学出版社,2023年,第274页);[明]弘治《八闽通志》卷五二《选举》:"元符三年,庚辰李釜榜。黄潜善,履之从弟,终尚书左仆射。"

② 《宋司农少卿黄公墓志》:"公姓黄氏讳瀚,字仲本,始祖膺■□□〔光州〕固始县入闽,因家于邵武之故县,至公十有三世矣。曾祖豫,假承务郎■郎,累赠金紫光禄大夫。父中,端明殿学士,累赠少师,谥简肃。"(李军、蔡忠明、傅再纯编著:《邵武历代碑铭集录》,第354页);《有宋湖南提举户部黄公圹志》:"公姓黄氏,讳桀,字恭父。始祖膺,五季时自光州固始避地徙居邵武,至公十有四世。曾祖崇,故宣义郎,累赠金紫光禄大夫。祖中,故端明殿学士、中大夫致仕、累赠少师、谥简肃公。"((李军、蔡忠明、傅再纯编著:《邵武历代碑铭集录》,第361页);《金紫光大夫黄公墓志铭》:"谨按:右宣义郎致仕、赠金紫光禄大夫黄公讳崇,字彦高,其先光州固始人。十一世祖膺避地闽中,今为邵武军邵武县人。曾祖宸有隐德,为乡里所尊。晚以子仕登朝,授太常丞以卒。故知制诰吕公夏卿实铭其墓。后以孙履为尚书右丞,累赠司徒。祖汝臣,不仕。父豫,用右丞奏为右承务郎,皆以孝谨闻于乡党。"([宋]朱熹撰;朱杰人、严佐之、刘永翔主编:《朱子全书》,2010年修订本,第24册,第4209页);《宋故端明殿学士黄公墓志铭》"公姓黄氏,讳中,字通老。其先有讳膺者,自光州固始县入闽,始家邵武,至公间十有二世矣。公之曾大父汝臣,不仕。大父豫,假承务郎。父崇,赠金紫光禄大夫。"([宋]朱熹撰;朱杰人、严佐之、刘永翔主编:《朱子全书》,2010年修订本,第24册,第4213页)

③ [宋]李纲:《李纲全集》卷一六八《宋故秘书省秘书郎黄公墓志铭》:"公讳伯思,字长睿,父姓黄氏。其远祖自光州固始徙居闽中,为邵武人,曾祖汝济,赠太师。曾祖妣高氏,赠相国太夫人。祖履,任资政殿大学士、会稽郡公,赠特进。祖妣段氏,封魏郡夫人。考应求,任奉议郎,饶州司录事。"

（3）明清黄克谦家族

明末清初邵武有黄克谦、黄机、黄彦博祖孙三代进士。这支黄氏为元代由山东迁至邵武。坐落在北京正阳门外东草厂二条胡同的邵武会馆，有会馆创始人黄克谦所撰的《邵武会馆创始志》碑文，碑文载于1943年刊印的《闽中会馆志·邵武会馆》："胜国时愚始祖与戎马从龙起家邵阳，随沂而南航，遂世阀阅。迨余历仕，与百而四十，斟水思源，宁能一日忘故里哉！"[1]由此可知，黄克谦的始祖在元末为邵武人，后参加明军，迁驻邵武，传到黄克谦时已有140多年。到清代黄机、黄彦博随父亲任官迁居杭州，分别落籍钱塘县、仁和县。[2]按照古今惯例，籍贯是祖父长久居住地或出生地，计算三代，故黄克谦的子孙应为邵武人。当然黄机、黄彦博父子并非出生成长于邵武，也许正是这个原因，黄机官至吏部尚书，但邵武府、县方志均无黄机传记。

（4）其他黄氏家族

黄奭、黄玶（珀）父子为北宋前期进士，但这支黄氏既非黄膺家族，亦非黄惟淡家族。南宋黄彻、黄璋、黄顺之以及登科年份无考的黄清卿、黄繽，他们在现存的邵武黄氏族谱世系中无迹可考。清乾隆四十三年（1778）进士及第的黄利通也是如此，光绪《邵武府志》黄利通传记有"少读书旧渠村"的记载，[3]可能为邵武水北四都人，有待进一步考证。

3. 龚氏家族

龚氏也是邵武科举大户，仅次于上官氏。《闽樵和平上官氏宗谱》其序云："邵郡溯世家，惟官、龚二姓为最著。"[4]但是明代方志《八闽通志》、嘉靖《邵武府志》《闽书》仅载有21人，道光《福建通志》亦为21人，但有二人取舍不一，当增1人。咸丰《邵武县志》之后的地方志补录了26人，最终龚氏进士累计48人。其中宋代45人，元、明、清各1人。对此邵武茅埠《龚氏族谱》的解读是，元代一个叫龚位的诗人，常讥讽当时的邵武路学录陈士元的诗不成体例，故而陈士元

---

[1] 李景铭：《闽中会馆志》卷一《邵武会馆》，1943年铅印本。
[2] 房兆楹、杜联喆合编：《增校清朝进士题名碑录》，哈佛燕京出版社，1941年，第4页、第28页。
[3] [清]光绪《邵武府志》卷二十一《人物·文苑》，2017年点校本，第628页。
[4] 《闽樵和平上官氏宗谱》，民国庚午年（1930）十二修，谱存邵武和平坎头村。

厌恶龚氏,到了陈撰修《武阳志略》时,便将"龚氏仕迹十削八九"。①但实际上可能是龚氏部分进士早已迁离邵武,这个问题在下一节《进士家族的地理分布》继续分析。

表4-4 邵武历代龚氏进士列表

正奏名			特奏名			释褐			序号	年榜无考
序号	姓名	登科时间	序号	姓名	登科时间	序号	姓名	登科时间		
一、宋代											
1	龚伟	雍熙二年(985)	1	龚询	端拱元年(988)	1	龚国隆	祥符五年(1012)	1	龚经
2	龚识	端拱元年(988)	2	龚讽	熙宁九年(1076)	2	龚杲	嘉祐元年(1056)	2	龚仲英
3	龚纬	淳化三年(992)	3	龚荣	绍兴五年(1135)	3	龚敏	治平四年(1067)	3	龚笃生
4	龚纪	咸平三年(1000)	4	龚伸	绍兴五年(1135)	4	龚钟	政和六年(1116)	4	龚戈
5	龚宗元	天圣五年(1027)	5	龚宝	乾道二年(1166)	5	龚麟	宣和七年(1125)	5	龚华
6	龚会元	天圣八年(1030)	6	龚钺	淳熙五年(1178)	6	龚昌	嘉定三年(1210)	6	龚国章
7	龚仕忠	嘉祐二年(1057)	7	龚云	庆元五年(1199)	7	龚戎	咸淳元年(1265)	7	龚煜
8	龚程	嘉祐八年(1063)	8	龚厚	淳祐四年(1244)	8	龚荣正	咸淳四年(1268)	8	龚原
9	龚远	元丰五年(1082)				9	龚谯	咸淳四年(1268)		
10	龚邦彦	元祐三年(1088)								
11	龚赆	元祐三年(1088)								
12	龚夬	元祐六年(1091)								
13	龚彦彰	绍兴二年(1132)								

① 邵武茅埠《龚氏族谱·龚氏仁房列祖行实会要》:"第廿二世,位公,字应伟,学周公之子……工于诗赋,常作诗讥讽时事。县令张祥屡欲加害,惮弟雍耳。又常鄙陈士元之诗,谓其非体,士元亦恶之。及士元修《武阳志略》,将龚氏仕迹十削八九。"(2000年六修本,第107页)

续表

正奏名			特奏名			释褐			序号	年榜无考
序号	姓名	登科时间	序号	姓名	登科时间	序号	姓名	登科时间		
14	龚概	绍兴十二年(1142)								
15	龚宗显	开禧元年(1205)								
16	龚庆祖	嘉定四年(1211)								
17	龚定之	绍定二年(1229)								
18	龚震之	绍定五年(1232)								
19	龚老行	咸淳元年(1265)								
20	龚雍	咸淳七年(1271)								
二、元代										
	龚谷	泰定元年(1324)								
三、明代										
	龚敩	正统元年(1436)								
四、清代										
	龚正调	嘉庆七年(1802)								

邵武龚氏尊龚肃为入闽始祖。龚肃，河北冀州人，官任翰林院侍读、朝议大夫，因抗命直谏贬谪建安令。开平三年(909)，其子龚辉迁居邵武乌阪城(今水北故县村)，四代单传，至第五世龚愈生五子——勖、慎仪、保贞、耀卿、定言，分别为仁、义、礼、智、信五房。据邵武茅埠《龚氏族谱》卷四《龚氏老谱义房脉络图》[①]各房主要进士人物关系如下：

(1)仁房(龚勖)：龚戈、龚国章、龚庆祖、龚定之、龚正调(清进士)。

---

① 邵武茅埠《龚氏族谱》，闽邵龚氏义房万四公支合族修，2000年六修本，第166-192页，谱存邵武市沿山镇茅埠。

(2)义房(龚慎仪):龚识、龚伟、龚宗元、龚邦彦、龚程、龚杲、龚概、龚㮣、龚伸、龚钺、龚荣正、龚震之、龚老行、龚敦(明进士)。

(3)礼房(龚保贞)。

(4)智房(龚耀卿):龚询、龚会元、龚贶、龚钟、龚麟、龚讽。

(5)信房(龚定言):龚纬、龚纪、龚经、龚国隆、龚夬、龚宝。

邵武龚氏各支派播迁各地,遂成大族,屡世登第者不乏其人。龚氏也如同上官氏,自元以后一蹶不振,元明清三朝仅有3人登第。明进士龚敦作《龚氏老谱序》云:"人多谓其盛于宋,衰于元,至我朝而愈衰。"[1]

4.危氏家族

邵武危氏历代进士有12人,其中宋代11人,明代1人。

表4-5　邵武历代危氏进士列表

序号	姓名	登科时间	序号	姓名	登科时间	序号	姓名	登科时间
一、宋代								
1	危序	宝元元年(1038)	5	危梦亨	绍定五年(1232)	9	危西仲	年榜无考
2	危雍	皇祐五年(1053)	6	危昭德	宝祐元年(1253)	10	危居中	年榜无考
3	危建侯	元丰五年(1082)	7	危彻孙	咸淳元年(1265)	11	危举	年榜无考
4	危詠	元祐三年(1088)	8	危无咎	咸淳四年(1268)			
二、明代								
	危行	弘治十五年(1502)						

现有家谱记载的危氏进士有5人为邵武和平危氏,其先祖危郧于唐僖宗时由江西南城迁邵武和平,今和平镇梁家坪、路下田、危冲、坪地等村危氏后裔尊危郧为一世祖。危郧生二子:文整、文婉,文婉生三子:一郎、二郎、三郎。二郎的曾孙危雍为皇祐五年(1053)进士,三郎的曾孙危序、玄孙危詠为父子进士,该支系延至南宋第九、第十世又有危昭德、危彻孙父子进士。其家族进士传递如下:

---

[1] 茅埠《龚氏族谱》,闽邵龚氏义房万四公支合族修,2000年六修本,谱存沿山茅埠。

1危郧—2文婉—3危二郎—4危十一郎—5危师古—6**危雍**,危雍为今邵武市和平镇锡溪、沿山镇危家窠危氏先祖。

1危郧—2文婉—3危三郎—4危师公—5危阮嵩—6**危序**—7**危詠**—8危容—9危达—10危寰—11**危昭德**—12**危彻孙**。危彻孙为今和平危冲、路下田、梁家坪、邵武桂林危氏族祖。①

5.吴氏家族

邵武历代吴氏进士21人,其中宋代18人,明代2人,清代1人。

表4-6 邵武历代吴氏进士列表

序号	姓名	登科时间	序号	姓名	登科时间	序号	姓名	登科时间
一、宋代								
1	吴公达	皇祐元年(1049)	7	吴伟明	崇宁五年(1106)	13	吴约	年榜无考
2	吴处厚	皇祐五年(1053)	8	吴英	绍兴三十年(1160)	14	吴禠	年榜无考
3	吴默	嘉祐六年(1061)	9	吴炎	绍熙元年(1190)	15	吴羡	年榜无考
4	吴黯	治平四年(1067)	10	吴季子	宝祐四年(1256)	16	吴洵侯	年榜无考
5	吴思	元丰二年(1079)	11	吴表深	元丰二年(1079)	17	吴君义	年榜无考
6	吴點	元丰五年(1082)	12	吴尚	绍圣元年(1094)	18	吴季连	年榜无考
二、明代								
	吴言信	洪武二十四年(1391)		吴禔	永乐二年(1404)			
三、清代								
	吴震	康熙十二年(1673)						

说明:地方志载有"吴表深,元丰二年进士",现据《杨时集》卷三十三《莫中奉墓志铭》(中华书局,2018年点校本,第3册,第829—832页)作"莫表深"。"吴尚,绍圣元年(1094)进士",经考订,此记载存疑,不列邵武进士,参见第一章第七节的考证。

---

①《邵武危氏族谱》,2017年联修本,谱存邵武危氏宗亲。

吴氏有宋代吴公达、吴默、吴黯、吴點兄弟四人皆举进士；吴思、吴伟明父子进士；吴英为吴处厚裔孙，这些吴氏进士的相互关系在第二章第二节《宋进士记考》已有说明。明代探花吴言信又为吴英同宗裔孙。现今邵武吴氏散落邵武城乡各地，吴氏家谱多始修于清代，均认同为延陵吴氏，但都没有记载上述进士，可能与宋代邵武吴氏没有直接关联。

6. 谢氏家族

邵武历代谢氏有进士14人，其中宋代13人，明代1人。

表4-7 邵武历代谢氏进士列表

序号	姓名	登科时间	序号	姓名	登科时间	序号	姓名	登科时间
一、宋代									
1	谢浚	元丰二年（1079）	6	谢喆	政和五年（1115）	11	谢份	绍兴十八年（1148）
2	谢祖仁	崇宁五年（1106）	7	谢诗	重和元年（1118）	12	谢源明	绍兴三十年（1160）
3	谢锡朋	崇宁五年（1106）	8	谢祖信	宣和六年（1124）	13	谢酬酢	隆兴元年（1163）
4	谢如意	政和二年（1112）	9	谢如圭	绍兴五年（1135）			
5	谢寻	政和五年（1115）	10	谢鸿	绍兴十八年（1148）			
二、明代									
	谢爌	景泰二年辛未（1451）						

地方志记载的宋代谢源明家族有：**谢浚—谢师稷—谢如意、谢如圭—谢源明**，祖孙四代4进士。这支谢氏为避永嘉之乱，南迁至此，为邵武最早的南迁汉民之一，其故里为今卫闽镇谢坊村。该村近代出土有《宋庐州舒城县尉制议谢公墓志铭》《宋提举参谋开国谢公墓志铭》[①]，《绍兴十八年同年小录》载："谢鸿，

---

① 李军、蔡忠明、傅再纯编著：《邵武历代碑铭集录》，西南大学出版社，2023年，第392-394页，第396页。

邵武军邵武县仁荣乡同福里,第三甲第二十九人。"①宋代谢坊村正是仁荣乡同福里,谢鸿、谢份可能为兄弟。宋代邵武谢氏大多出自谢坊。北宋晚期以来,该谢氏为邵武科举世家,贤达而显贵。谢坊初名长亥,后因"谢坊溪中有大石,上刻'绣溪'二字,系尚书谢源明书"②而改名绣溪,又因谢姓所居,更名谢坊。年长的谢坊、陈坊人,早年经过富屯溪渡口的时候,都见过巨石上的"绣溪"二字,高坊电站蓄水之后,水位上升,现已难见真容。

《宋提举参谋开国谢公墓志铭》载:"公讳藻,字季玉,世家邵武之绣溪。工部尚书、四川制置使井斋先生讳源明之季子也。"③可见,谢源明是工部尚书,并非今人所说的兵部尚书。庆元五年(1199)八月七日,谢源明罢尚书职,转任四川制置使。④然而,邵武的明清地方志都记为"成都安抚使"。当然这并不矛盾,南宋的制置使多以安抚大使兼任,掌管本路诸州军事,为一方军事大员,所以误为兵部尚书不足为怪。谢源明是南宋兵部尚书黄中的女婿,朱熹撰《宋故端明殿学士黄公墓志铭》载,黄中有六个女儿,四女嫁宣教郎谢源明。⑤淳熙七年(1180)黄中去世的时候,谢源明的官职并不大,仅为宣教郎。黄中做过国子监祭酒(国家最高学府的校长),七十五岁的时候孝宗皇帝任命他为兵部尚书兼侍读。翁婿俩均为南宋的尚书,也是邵武的一个奇迹。遗憾的是谢源明虽为朝廷重臣,但地方志并没有他的传记,可能因为他的名声并不好,言官曾弹劾他"其阴险反覆,朋邪害正"。⑥

7.朱氏家族

朱氏宋代进士有6人,明代1人。其中朱蒙正、朱致恭为祖孙关系,朱缶、朱岊为兄弟关系。

---

① 《登科录·题名录》,收入王云五主编:《丛书集成初编》,商务印书馆(长沙),1939年排印本,第3409册,第9页。
② [清]咸丰《邵武县志》卷一《山川》,1986年点校本,第45页。
③ 李军、蔡忠明、傅再纯编著:《邵武历代碑铭集录》,西南大学出版社,2023年,第392-394页、第396页。
④ [清]徐松辑:《宋会要辑稿》职官七五《降黜官·内外任》,刘琳等点校,上海古籍出版社,2014年,第7361页。
⑤ [宋]朱熹撰:朱杰人、严佐之、刘永翔主编:《朱子全书》,2010年修订本,第24册,第4213页。
⑥ [清]徐松辑:《宋会要辑稿》职官七四《黜降官》,刘琳等点校,上海古籍出版社,2014年,第7302页。

第四章 邵武进士家族及地理分布 — 181

表4-8 邵武历代朱氏进士列表

序号	姓名	登科时间	序号	姓名	登科时间	序号	姓名	登科时间
一、宋代									
1	朱蒙正	元丰八年（1085）	3	朱缶	大观三年（1109）	5	朱畠	绍兴二年（1132）
2	朱朝倚	元祐三年（1088）	4	朱震	政和五年（1115）	6	朱致恭	绍兴二十一年（1151）
二、明代									
	朱钦	成化八年（1472）						

朱蒙正是资政殿大学士黄履的外甥，"其先亳州永城人也。十世祖仕闽，乐邵武故县溪山之胜，因家焉"[1]，朱蒙正、朱致恭祖孙皆进士。朱蒙正任茶陵县丞期间，守正不阿，不与当权者狼狈为奸，被排挤落职，后来守令贪赃枉法被除名，蒙正得以置身事外，人们称赞他有远见。

8. 李氏家族

宋代李氏进士有6人，明代1人。宋代李氏最著名的进士家族为李纲家族，李夔、李纲、李经父子三进士，李东为李纲族孙。

表4-9 邵武历代李氏进士列表

序号	姓名	登科时间	序号	姓名	登科时间	序号	姓名	登科时间
一、宋代									
1	李夔	元丰二年（1079）	3	李经	宣和六年（1124）	5	李填	宝祐四年（1256）
2	李纲	政和二年（1112）	4	李东	绍熙元年（1190）	6	李廷芳	年榜无考
二、明代									
	李得全	永乐十三年（1415）						

李纲家族的兴起离不开一个重要人物——北宋晚期尚书右丞黄履。李氏入闽始祖李师厚，祖籍无锡，五代十国期间曾为闽国户部侍郎。朱温篡唐，天下

---

[1] 李军、蔡忠明、傅再纯编著：《邵武历代碑铭集录》，西南大学出版社，2023年，第249页。

大乱,随后闽国灭亡,李氏第二世李待,为避战乱,隐居邵武庆亲里李家湾。其后两代"皆隐德不仕"。第四代,李纲的爷爷李赓娶了黄履的姐姐黄氏,黄氏早逝,续娶饶氏,至和年间(1054—1055)李赓携饶氏回迁无锡,却把前妻生的儿子李夔留在故县外婆家,十多岁还没有入学。直到李夔的舅舅黄履中进士回到邵武,才得到重点培养。"公幼孤,鞠于外家,成童犹未知书,而颖悟绝人,舅氏大资政黄公擢第归,一见器之,使赋诗,有惊人语,因授以书。"[1]黄履做官后把外甥带到身边,后来又把他送到最高学府太学读书,"初补监生,泊选内舍",李夔不负厚望,"中元丰二年进士第"。李夔成年后娶了浙江龙泉的官宦世家吴彦钦为妻,"惟吴氏世为望族,夫人生大家,而李公起寒素"[2]。其时李家尚为贫寒之家,而"吴氏素以富厚称",在这种背景下,李夔四子(纲、维、经、伦),先后有李纲、李经登进士第。

9.赵氏家族

宋代邵武赵氏6进士,均为太宗皇帝赵光义七世孙,"善"字辈。

表4-10 宋代邵武赵氏进士列表

序号	姓名	登科时间	序号	姓名	登科时间	序号	姓名	登科时间
1	赵善俊	绍兴二十七年(1157)	3	赵善佐	绍兴三十年(1160)	5	赵善滂	隆兴元年(1163)
2	赵善恭	乾道八年(1172)	4	赵善䑪	乾道八年(1172)	6	赵善侃	乾道八年(1172)

赵善恭、赵善䑪、赵善侃三兄弟为镇恭懿王赵元偓之后。赵善俊、赵善佐、赵善恭亦为三兄弟,为赵光义的第四子、商恭靖王赵元份之后。该支赵氏于建炎间"随龙渡江",一脉宗室南迁后,散居于南方民间。

建炎元年(1127年),朝廷将奉祀宋太祖赵匡胤以下7位皇帝的皇室寝庙应天启运迁到福州。建炎三年(1129)又将宗室机构西外宗正司移到福州,南外宗正司移到泉州,以防重演靖康之难皇室被俘的悲剧。南宋朝廷将福建视为可靠的财政支柱和根据地,因而对福建在政治和文化教育等方面也较为重视,这也

---

[1] [宋]杨时:《宋故李修撰墓志铭》,《杨时集》,北京:中华书局,2018年点校本,第3册,第806-814页。
[2] [宋]李纲:《李纲全集》卷一六七《故南昌县丞吴君墓志铭》,王瑞明点校,岳麓书社,2004年,第1561页。

使得福建在文化教育方面获得较好的发展空间和条件。近年邵武出土了多方宋代赵宋皇室墓志铭,如1990年9月25日,水北四都村民造林炼山时在新渠水垱山发现一座被盗过的古墓,邵武市博物馆会同福建省考古队对古墓进行了清理,出土了赵善恭及其夫人伍氏墓志铭。其后陆续在邵武双溪出土《有宋衡阳主簿赵氏之墓》,邵武芹田岗上出土《宋故奉议赵公墓志》等,表明邵武曾经聚集着数量众多的皇室成员。这些远离皇宫的宗室,独立生活在福建闽北,逐渐融入地方社会,成为地方精英。又因为有皇室背景,所以对当地社会发展和文化繁荣起到了一定的作用。

表4-11　邵武县其他家族进士列表

姓名	关系	备注
何与京、何与狷	兄弟	东乡凤田人,旧志失其爵里
孙迪、孙谔、孙镇	祖孙三代进士	宋代
杜东、杜耒	兄弟	宋代
卢奎、卢熊	父子	卢熊为补录
邓邦宁、邓根	堂兄弟	宋代
何廷钰、何廷锦	兄弟	明代
黄克谦、黄机、黄彦博	祖孙三代	明、清代

第二节　进士家族的地理分布

　　中国古代的村落有一个以血缘为纽带,聚族而居的特点,这种氏族聚落居住的方式可以追溯到远古时期。一个区域相同的宗族"祭祀同福,死丧同恤",他们相互守望,彼此团结,延续着宗族的发展繁荣。

　　宋代邵武进士家族更多的是集中在一个村落或一个片区。如,上官氏、黄峭支黄氏、危氏集中在邵武南乡和平里,北乡则为黄膺支黄氏、李氏,东区有吴氏、何氏、谢氏,城区主要有宋宗室赵氏、吴氏、朱氏,而宋代龚氏更多散落于外地。元代以后辉煌一时的科举世家一去不复返,明、清进士则集中于城区,更多地出自各地迁入的官宦子弟。

一、进士之乡和平里

宋代邵武设五乡二十一里,昼锦乡和平里为其一。有上官氏进士64人、黄氏23人、危氏5人、虞氏1人,计93人,占邵武宋代进士40%。和平里进士之多,正如刘克庄《和平志序》所言"通天下以为罕见"。清道光间邵南名儒、翠萝山人张文瑾为大埠岗《江氏族谱》题跋云:"樵南之族,唐五季盛推张氏、高氏、吴氏,仕至尚书、中大夫者不少。郡志虽佚,家乘古迹悉可据。两宋则唯上官氏、危氏、黄氏,诸官尚书、侍郎、待制者见诸郡志甚详。"[①]最负盛名的当为上官氏,翻开邵武历代方志"选举""名宦""乡贤""儒林"等篇章,上官氏无不充溢其间。该家族于两宋期间,科名蝉联相继,历代簪缨,盛极一时,号称"天下世家"。

二、名相故里仁泽乡

宋代仁泽乡今为水北镇区域,其中故县村为宋之前的邵武县城,曾为经济文化中心。南宋抗金名相李纲故居为八龙乡庆亲里李家湾(今邵武水北镇一都村),该支李氏于五代十国间迁庆亲里,家族有进士4人。黄膺支黄氏其先为光州固始人,唐末随王潮入闽,迁居水北故县,至第十世有尚书左仆射(宰相)黄潜善、尚书右丞(副宰相)黄履,兵部尚书黄中,书学理论家黄伯思等历史名人。黄履的外甥朱蒙正其"十世祖仕闽,乐邵武故县溪山之胜,因家焉"[②],朱蒙正、朱致恭祖孙皆进士。

[①] 大埠岗《江氏族谱》卷首,民国三十四年十修谱,谱存邵武市大埠岗镇。
[②] [宋]李纲著:《李纲全集》,王瑞明点校,岳麓书社,2004年,第1542页。

三、理学世家居东乡

洪墩尚读何兑"授以程氏《中庸》之学",其子何镐"朱子敬友之,常造其家,书问无虚月"。何与京、何与狷兄弟进士为"东乡凤田人,旧志失其爵里"。吴氏为宋邵武望族,吴处厚始居平洒(今吴家塘铁罗一带),以《青箱杂记》十卷流传于世,其裔孙吴英迁居邵武城区,在水北莲花山下筑漱玉亭,"尝与朱子讲学其间",其后世不乏理学名人,延至明初吴言信中探花。吴炎,拿口固竹人,娶光泽乌洲理学世家李吕之女。吴氏有吴公达、吴默、吴黯、吴点兄弟四人皆举进士,还有吴思、吴伟明父子进士,从已出土墓志铭看,该族葬地多为勤田(今城郊芹田),但其先世多居东乡。

四、衣冠南渡谢坊村

工部尚书谢源明家族居仁荣乡同福里(今卫闽镇谢坊村),其先祖为避永嘉之乱,衣冠士族南迁至此,为邵武最早的北方南迁汉民之一。谢源明一脉祖孙四代4进士,谢鸿、谢份等亦为谢坊人氏,宋代邵武谢氏13人多与该家族相关。

五、赵宋皇室踞郡城

建炎三年(1129),高宗为防重演靖康之难皇室被俘的悲剧,将部分宗室迁到福州、泉州,闽北各处也散落着皇室宗亲。太宗七世孙"善"字辈6进士均居住邵武城区。其他还有墓志铭可考的家族,如孙氏,孙迪、孙谔、孙镇祖孙三进士居城郊樵岚;吏部尚书杜杲家族世居城区;另有饶氏、叶氏等据相关信息可能也居住城区。

六、四海为家的龚氏家族

邵武、光泽尊龚肃为始迁祖,龚肃之子龚辉迁居邵武乌阪城(今水北故县村),四世单传,至第五世龚愈生五子:勖、慎仪、保贞、耀卿、定言,即仁、义、礼、智、信五房。这五房后裔大多外迁他乡。《福建姓氏志》载:"自从第六世龚勋由邵武王堂迁往光泽牛田,第七世龚颖回迁邵武王堂;义房龚慎仪迁安徽歙州,龚识迁湖南平江,龚宗元迁江苏昆山,该支龚氏后裔自宋代始不断迁往江西、湖南、浙江、江苏等地。"①仁房后裔有宋进士龚戈、龚国章、龚庆祖、龚定之,第24世龚克武迁邵武拿口镇庄上村,其后裔有清进士龚正调。义房龚慎仪迁安徽歙州,后裔不断播迁。其子龚识迁湖南平江,龚识子龚宗元、龚识之孙龚程名录分别载于淳祐《玉峰志》、《吴郡志》、嘉靖《昆山县志》、乾隆《江南通志》、《芦浦笔记》、《中吴纪闻》等方志和文献中。

义房龚慎仪之后,簪缨不断,名人辈出,延至南宋末期,12代中有九进士,但按照三代之内为本地人,其第9—18世有进士9人,已在苏州一带居住百余年。信房龚定言也迁往苏州一带,其子龚纪、龚纬名录载在《吴郡志》、乾隆《江南通志》,该房有进士6人,其中龚纪、龚纬、龚经三兄弟皆举进士。而智房一支有进士6人,礼房一支亦有进士多人,则不知迁往何处。《福建姓氏志·龚氏篇》及当地龚氏族谱也未明确其去处。邵武宋代龚氏聚居地除了下沙王堂,没有其他聚居地的记载,这一点从出土的宋代墓志铭上可以看出,邵武至今没有发现宋代龚氏科举人物的墓志铭,科举世家与当时邵武名门世家也少有姻亲关系。

现今邵武龚氏为南宋末返迁,最早的为沿山镇茅埠龚氏,于南宋景炎间迁入,其后为沿山沙坑龚氏,为元至正十二年迁入。其他50人以上的龚氏聚居地有拿口镇庄上(明万历间迁入)、沿山下樵、水北镇大漠村金山、一都村孔珠、故县村、四都村、大竹镇龚家排、大埠岗镇河源村龚家、下沙镇下沙村、屯上村、城郊镇芹田村等,这些龚氏聚居点都在明清期间迁入。②

上述为宋代科举世家的地理分布,而明清进士散落于城乡各处,并没有宋代那种明显的家族地理分布状况。明进士23人,涉及19个姓氏,清进士13人,涉及10个姓氏,但追溯每个进士的家世都非富即贵。总体而言,明清进士官宦子弟和军户子弟相对较多。如,明代徐溥、朱钦、米荣、孔经4人为军籍,黄克谦、谢㷇等为官籍,清代黄机、黄彦博父子为官籍。这部分进士主要分布在城区,而纯粹的民籍或匠籍出生的进士仅占1/3。随着人口的流动,外地因官因商

---

① 《福建姓氏志》第一卷《龚姓·繁衍·龚肃家族》,福建人民出版社,2019年,第956页。
② 《福建姓氏志》第一卷《龚姓·繁衍·龚肃家族》,福建人民出版社,2019年,第962页。

落籍邵武的新贵不断产生,到了清代后期,大行捐纳制度,富与贵紧密结合,平民向上流动机会已经大大减少。

古代进士既是家族的荣耀,也是地方官府追求的政绩。为了彰显地方文化教育的实力,地方志所载的科举名录往往比其他史书中的要多。这些本地的进士名录除了采自前志记载,后志补录的名录往往采自家谱。而家谱的修撰都从始祖开始记载,延续世系传承,不管身在何处或是分支单独修撰,前代都必须名列谱上,这种情况很可能将早已迁居外地的先辈误为本地人。地域狭小却贤能辈出的乡村科举世家尤其如此。一方面,杰出人物会寻找更加广阔的天地发展,另一方面,古代任官有严格的户籍地回避制度,"宋代地方官的回避范围则不限于本州、本县。宋太宗朝,江南广大地区的知州、通判等主要官员曾一度回避在本路任官,回避的区域相当于今天的省还稍大些。后来才逐步规定只回避本州县,而监司依然回避在本路任职。"[1]明清沿袭唐宋旧制,这种情况造成后世子孙落籍他乡。

迁居外地三代以上的进士仍记为邵武人,这种情况不仅是龚氏家族,邵武的其他几个科举世家亦是如此。邵武和平《闽樵和平上官氏宗谱·旧谱原序》载:"后之子孙,或流宦他乡,或散居城邑,今已百十余家。"[2]该序作于绍兴十二年(1142),也就是说,早在南宋之初和平上官家族已有百余家外迁。北宋大中祥符年间进士上官昇、上官师旦在《闽樵和平上官氏宗谱》世系中无载,第十三修谱荣名录便记为光泽人,实际上这两个人可能是和平上官氏的旁系。

和平黄峭娶三妻生二十一子,三房各留长子以奉晨昏,其余十八子各走他乡开基创业,但留在邵武的三房长子后裔仍然在不断外迁。如,黄伸家族只出现在湖南邵阳和光泽的黄氏家谱中,黄中美家族一门九进士,该族"七世祖徙居邵武"[3]。这里说的邵武是指邵武城区附近,即东路富屯溪沿线。黄中美神道碑立于铜青宝隆山下(今晒口街道同青新村),黄永存、黄龟朋父子葬仁荣乡新屯保,黄龟朋之孙葬水北药村,都说明至少在北宋中期,该支已迁离和平故地,当

---

[1] 苗书梅:《宋代官员选任和管理制度》,河南大学出版社,1996年,第320页。
[2]《闽樵和平上官氏宗谱》,民国十九年(1930年)第12修,谱存邵武市和平镇坎下村前山坪。
[3]《有宋三益居士黄公墓志铭》,李军、蔡忠明、傅再纯编著:《邵武历代碑铭集录》,西南大学出版社,2023年,第391页。

然这一支始终落籍邵武。其他科举家族,如吴氏、谢氏、何氏等也存在外迁超过三代记为邵武人的情况。因为家谱有记载,地方志为彰显乡里,激励后学,仍记作本乡人。这种情况因为历代志书有记载,我们是不能够进行改变的。

第三节　宋代进士世家的婚姻圈

在封建专制政体下,影响一个家族延续和发展的因素有多方面,其中婚姻是特别重要的一个因素。一个家族一旦成为世家大族,由父祖所形成的社会地位,对家族成员和姻亲的仕宦升迁都会产生重要的影响。士大夫之间通过联姻结为一体,促进家族社会地位的稳固和发展。系统梳理邵武近代出土的宋代墓志铭,可以看到邵武宋代进士家族的婚姻圈,大多建立在门当户对的科举世家或门第显赫家族之间。以下根据《邵武历代碑铭集录》梳理出宋代邵武科举家族的姻亲关系。[①](见表4-12)

表4-12　宋代邵武科举世家的姻亲圈

进士(家世)	娶妻(家世)	墓志资料
朱藻(朱蒙正父)	黄履的姐姐	《宋故朝请郎朱公墓志铭》
李夔(李夔父)	黄履的姐姐	《李修撰墓志铭》
李纲	黄履的次外孙女	《宋故龙图张公夫人黄氏墓志铭》
黄伯思	黄履的长外孙女	《故秘书省秘书郎黄公墓志铭》
朱缶	莫表深长女	《莫中奉墓志铭》
黄文绚(黄德裕父)	上官氏	《奉议郎黄君(文绚)墓志铭》
上官凝	高世罕长女	《高公墓志铭》
黄德裕	高世罕长孙女	《高公墓志铭》

---

① 李军、蔡忠明、傅再纯编著:《邵武历代碑铭集录》,西南大学出版社,2023年。

续表

进士(家世)	娶妻(家世)	墓志资料
上官恢	高世罕次孙女	《高公墓志铭》
黄滂(黄伸子)	上官基次女	《宋故朝奉郎新知建昌军兼管内劝农事云骑尉赐绯鱼袋上官公墓志铭》
黄铸(黄伸子)	朱藻的次女	《宋沛国先生夫人墓志铭》
丁洙	上官均姐姐的女儿	《宋故夫人上官氏墓志铭》
吴思	黄伸的女儿	《宋承议郎吴君墓志铭》
吴伟明	黄德裕长女	《宋故左中大夫直秘阁致仕黄公墓志铭》
杜铎(杜杲祖父)	黄中美之女	《右通直郎知袁州万载县杜君墓志铭》
季陵	上官恢的女儿	《荣国太夫人上官氏墓志铭》
杜杲	季陵的孙女	《宋吏部尚书龙学光禄赠开府杜公之墓》
谢源明	黄中的第四女	《端明殿学士黄公墓志铭》
谢蘧(谢源明子)	季陵的曾孙女	《宋提举参谋开国谢公墓志铭》
黄榮(黄中孙)	谢源明之女	《有宋江东常平提干平甫黄公墓铭》
上官文本(光泽)	黄清老长女	《元故奉训大夫湖广等处儒学提举黄公墓碑铭并序》

资料来源：以上墓志资料均引自李军、蔡忠明、傅再纯编著：《邵武历代碑铭集录》，西南大学出版社，2023年。

1.黄履与李纲、朱蒙正家族、黄惟淡支黄氏的姻亲关系

宋尚书右丞黄履出自邵武故县黄膺支黄氏家族，该家族是两宋期间邵武最负盛名的衣冠望族。黄膺九世孙黄汝奇于庆历二年(1042)登进士第，其后有黄履、宰相黄潜善、兵部尚书黄中、书学理论家黄伯思、台州知州黄章等以科举入仕，活跃于宋王朝的政治舞台，在中国历史上写下辉煌的一页。

南宋名相李纲家族自从其祖父李赓娶了黄履之姊后，李氏家族逐渐兴旺，成为邵武的科举世家。李纲之父李夔登元丰二年(1079)进士第，李纲和弟弟李经分别于政和二年(1112)、宣和六年(1124)中进士，李纲之族孙李东于绍熙元年(1190)举进士。黄履的两个外孙女，长外孙女嫁黄履之孙黄伯思，次外孙女嫁李纲，李纲和黄伯思既是表兄弟，又是连襟。元丰八年(1085)进士朱蒙正的父亲朱藻也娶了黄履的姐姐，朱蒙正与李夔又成表兄弟。朱藻的次女嫁黄伸之子黄铸，朱蒙正与黄伸为儿女亲家。黄膺支黄氏与黄峭支黄氏经过与朱氏联姻又结成姻亲关系。

2. 上官家族与黄惟淡家族、吴氏家族

唐宋以来，上官氏与黄惟淡支黄氏同为和平望族。北宋中衢州推官上官基的次女嫁司农卿黄伸之子太官令黄滂，凤翔知县黄德裕的父亲黄文绚又娶上官氏。元末，儒学提举黄清老的长女嫁上官文本。上官家族与黄惟淡支黄氏家族互为姻亲，还通过共同与高氏的联姻结成姻亲关系：大埠岗镇宝积村高世罕的长女嫁上官凝，长孙女嫁黄德裕，次孙女嫁知州上官恢，黄德裕与上官恢结为连襟。黄伸的女儿嫁县尉吴思，黄德裕的长女嫁徽州知州吴伟明，黄伸与黄德裕为宗亲，吴思、吴伟明为父子进士，因而吴氏与黄氏结成世婚。

3. 上官氏与黄氏（黄惟淡支）、上官氏、杜氏、季氏的姻亲关系

黄中美之女嫁杜杲的祖父杜铎，上官恢的女儿嫁季陵，季陵的孙女嫁杜杲。黄中美历官尚书郎、军器监、淮南转运副使，终正议大夫；季陵官至户部侍郎；上官恢历知南剑州、徽州，积官左中大夫；杜铎之子杜颖历官户部郎中、提点江西刑狱；杜颖的次子杜杲官至吏部尚书，长子杜东、三子杜耒皆进士。这样从北宋至南宋末，邵武的这几个官宦世家通过姻亲关系结为一体。

4. 黄中与谢源明、季陵

黄中的第四女嫁谢源明，黄中积官至兵部尚书、端明殿学士，谢源明积官工部尚书，南宋的两个尚书是为翁婿关系。谢源明之子谢蘧娶季陵的曾孙女。黄中之孙黄棨娶谢源明之女。谢氏与季氏的联姻又将上官氏、黄氏联结起来。

从上述的几个例子可以看到，宋代邵武科举家族之间形成一种错综复杂的姻亲关系，并且从北宋延续至南宋。这种科举世家之间的姻娅关系促进了家族政治利益和经济利益的延续。

第五章 邵武地方教育与科举

在以文教立国的中国古代,不少有识之士认识到教育在社会生活中的重要作用。《礼记·学记》载"建国君民,教学为先";王安石认为"天下不可一日而无政教,故学不可一日而亡于天下"[1],教育的发展和社会政治、经济、文化的发展密切相关,一个地区教育的发展既是当地经济文化发展的结果,同时也对当地文化水平的提升起着直接的推动作用,并最终对当地的经济发展起着积极的推动作用。

第一节　古代学校

唐末至五代之间,藩镇割据,战乱频仍,文教不修。宋太祖虽出身武将,却对武将跋扈深感不安。他掌握政权后,实行重文政策,重视发展教育和文治,主要选拔儒生担任行政官员。这使得儒生的地位极大地提高。为了满足各级官僚机构的需要,宋朝扩大进士名额,[2]重视和健全科举制度,建立起影响后代千年的文官政治体制。

宋代邵武兴建了军、县学校和许多书院,儒学人才辈出,扬名海内。其原因大体有二:一方面,邵武社会总体比较安定,长期未受战争破坏。宋仁宗以后,朝廷连续进行了三次大规模的兴学,使天下遍设学校,各地都建立了州(军)学和县学等官学。除了官学,宋代还出现了众多的书院、精舍等私学。邵武官学和私学的普及和发展,促进了地方教育的繁荣。另一方面是缘于理学的兴起。福建理学始于北宋,繁荣于南宋,延续于元明清三代。宋代的理学以洛学为主,理学正宗传播者多为闽人,理学渗透到福建文化的各个方面,成为福建文化的核心。宋代邵武的理学也较为发达,如福建理学的主要创始人游酢、杨时与邵武渊源深厚。游酢是建阳长坪人,也是邵武籍端明殿大学士黄中的母舅;杨时

---

[1] [宋]王安石:《王文公文集》卷三十四《明州慈溪县学记》。
[2] 徐晓望:《闽北文化述论》,中国社会科学出版社,2009年,第358页。

则在少年时游学于邵武。理学集大成者朱熹的居住地建阳、武夷山临近邵武，在邵武有众多的友人和弟子，他们在理学的传播过程中，先后创办了如台溪精舍、蒙谷精舍、漱玉亭等讲学场所，促进了邵武教育的发展和文化繁荣。

"邵武有学，自宋始也。"[1]邵武军是宋代新设立的一个州级机构，北宋天圣二年（1024年）始建邵武军学，熙宁年间（1068—1077）设立县学，南宋末的景定年间又创建樵溪书院。两宋间私学也遍布城乡，如名臣黄中创办的蒙谷精舍、理学家何镐的台溪精舍、黄峭家族的和平书院、上官家族的北胜书院、高姓家族的东林书院、杨氏家族的会圣岩等等。

宋代科举制度逐渐完善，对科举高中者的崇拜，影响到社会风尚的转移，将士子的注意力吸引到"寒窗苦读"上，形成了普遍的求学好学的社会风气。宋代邵武的科举事业也进入一个全盛时期，涌现出上官氏、黄氏、危氏、龚氏、吴氏、谢氏、赵氏、何氏等科举家族。"父子一榜、昆季同年""三世登坛，四代攀桂"，乃至延绵七代登科的盛事不断。明嘉靖《邵武府志》卷八《选举》有云："于宋则言天下科第之盛，必曰邵阳矣夫！"两宋间邵武进士人数占邵武历代进士总数的86%。

蒙元在攻灭南宋，统一中国的过程中，也对福建造成了严重破坏，学校和书院多被破坏和毁灭。加之元代选拔官吏不重儒生，科举迟迟不开，这些都导致元代地方教育的衰落。但是随着元朝的局势稳定后，朝廷也开始重视教育，至元二十三年（1286），元世祖"诏江南学校旧有学田，复给之以养士"[2]。有了元世祖的诏令，官学才得到一定程度的重建和修复。但是民间办学就没有这么幸运，数百年间没有得到恢复。如和平上官家族的白莲塘、北胜书院等就不复存在。有元一代按《八闽通志》所载，邵武仅考中1名进士。

明朝仍然重文轻武，推行科举取士政策，但更加强调程朱理学在考试中的重要性，教育和科举考试的内容都以四书、五经为主。作为程朱理学的发源地，福建士人十分热衷钻研理学著作，尤其是《四书集注》，因而在教育和科举各方面都取得了较快的发展，继宋代之后又进入鼎盛时期。

明代邵武府学、县学都进行了搬迁重建，明洪武二年（1369）"以樵溪书院改

---

[1] 光绪《邵武府志》卷十二《学校》，2017年点校本，第245页。
[2] ［明］宋濂等：《元史》卷八十一《选举一》，中华书局，1976年，第2032页。

府学",成化二年(1466)又将府学迁至城西南隅。地方官员对学校的建设较宋元更为重视,不断进行修缮翻新。洪武十六年(1383),诏民间立社学,有司不得干预。在地方官员的督促下,城乡相继建立书院和社学,明代载入方志的书院不下10所,社学7所。

清代教育承接明制,不断扩建和完善府学、县学。自乾隆后人口暴增,府学已不足以容纳各县生员,因此在明末建造的樵川书院的基础上进行扩建,并将官方公地的租金、寺庙田租补助书院,地方官员也进行多次捐助。与此同时作为启蒙教育的乡村社学、义学、族学不断增加。清雍正二年(1724)邵武乡村东、西、南、北各设社学一所,雍正七年(1729)又设正音书院一所。和平书院也得到重新修建,并由宗族学堂转变为多姓氏捐资筹建的地方性社学。随着对教育的重视,大的宗族皆有开办私塾学堂。

一、邵武的官学与私学概述

古语云:"古之教者,家有塾,党有庠,术有序,国有学。"[1]古代的学制类同于今,学历一级一级往上升,"其学以次递进,则间之秀升于庠,庠升于序,序升于学。"[2]以其对应的则为私塾(社学、义学)、县学、府学、国子监(太学),类似于现今的小学、初中、高中、大学。

(一)邵武军(路/府)学

宋太平兴国四年(979)邵武从建州析出,设邵武军,辖邵武、光泽、泰宁、建宁四县。天圣二年(1024),知军曹修睦在邵武西北隅(今邵武一中)创立军学,学子来自所辖四县。这是邵武有文字记录以来第一所官办的儒学讲堂,开启了邵武官方办学的历史。为了维持学校的正常运转,庆历七年(1047)"郡守宋咸嗣修,买田五百亩为学计"。著名理学家盱江先生李觏为之撰写记文。[3]北宋熙

---

[1]《礼记·学记(第十八)》:古代学校设置,每二十五家为"闾",其学堂叫"塾";每五百家为"党",其学堂叫"庠";每一万二千五百家为"术",其学堂叫"序";在天子所在的国都则设立大学。
[2]《傅氏义塾序(三)》,载李军、蔡忠明、傅再纯编著《邵武历代碑铭集录》,西南大学出版社,2023年,第184页。
[3][明]弘治《八闽通志》卷四五《学校·邵武府》,2006年修订本,下册,第46页。

宁年间(1068—1077),军学迁往水北,空置的军学改建为邵武县学。

宋元鼎革之际,战乱频仍,邵武学校的学田大量被侵占,没了经费,许多学校、书院因此停废。随着元朝的局势稳定,元延祐四年(1317)邵武路学得到修缮,到至正六年(1346)的30年间修缮5次,并收回被侵占的学田。元至正十八年(1358)千户魏刘家奴与光泽龚永造反,路学尽毁,于是迁至城内民宅为学。[①]

明洪武二年(1369)"以樵溪书院改府学",地址大致在今李纲纪念馆。成化十九年(1483)府学又一次搬迁,"郡守曹修睦建于郡治西南隅,即今学地。"[②]从洪武到崇祯年间,府学共有大小31次修缮和扩建,其中成化年间次数最多,为7次,平均每三年修缮一次;其次为嘉靖6次,万历6次,弘治3次,其他年间1至2次不等。府学修缮大部分是由地方官员主持,经费主要来源于官府支出。清代,从顺治十年(1653)到光绪六年(1880)的228年间修缮22次,约10年一修。

表5-1　邵武军(路/府)学历代修建一览表

序号	修缮时间	军(路/府)学地址	备注
宋　代			
1	天圣二年(1024)	郡治西北隅	郡守曹修睦建。
2	庆历七年(1047)	郡治西北隅	郡守宋咸嗣修,买田五百亩为学计。
3	熙宁年间	城外水北	徙建于城外水北。光绪《邵武府志》记为熙宁中。
4	建炎二年(1128)	栖诸生于县学,教官寓宁国寺十年	郡遭兵燹,而学独存,有司撤为吏舍。
5	绍兴八年(1138)	城外水北	教授陈之茂请于部使者复建,之茂有《泮宫纪事》。
6	开禧元年(1205)	城外水北	郡守田淡、翁丹山、师得遇,教授黄登、饶愿、方澄孙相继修之。
7	咸淳五年(1269)	城外水北	摄郡事廖邦杰创学门于棂星门左,并增学田。
元　代			
1	元延祐四年(1317)	城外水北	总管康忱重修,并肖从祀像。
2	泰定元年(1324)	城外水北	总管刘参重修。

[①]［清］光绪《邵武府志》卷十二《学校》,2017年点校本,第245页。
[②]［明］弘治《八闽通志》卷四五《学校·邵武府》,2006年修订本,下册,第47页。

续表

序号	修缮时间	军(路/府)学地址	备注
3	天历元年(1328)	城外水北	总管西达重修。
4	至正四年(1344)	城外水北	同知吴克忠相继修之。复清凉寺所侵学田。
6	至正六年(1346)	城外水北	学门坏于风雨,同知陈君(均)用复建。
7	至正十八年(1358)	不存	千户魏刘家奴与光泽龚永构逆,尽焚之。
8	至正二十四年(1364)	城内居宅为学	至正十八年(1358)毁于盗,总管胡文甫遂以魏刘家奴居宅为学。
	明　代		
1	洪武二年(1369)	以樵溪书院改府学。今李忠定公祠	通判章文旭、教授林必忠谓其地湫隘,请于省台。
2	建文元年(1399)	明伦堂西(孔庙)今邵六中所在地	教授程禧得明伦堂西官民地,乃徙堂于其上,迁殿于堂之旧址。
3	永乐十五年(1417)	同上	永乐十四年(1416)圮于水,唯礼殿存。奉命修建。
4	宣德四年(1429)	同上	同知宋贵重建四斋,邵武知县邹良重建两庑等。
5	正统四年(1439)	同上	知府徐述修大成殿,移戟门、棂星门各进丈余,引五曲溪流为泮池。
6	正统九年(1444)	同上	推官吴容造三石桥于殿前。
7	景泰五年(1454)	同上	教授崔盛、训导叶兴捐俸劝诸生助财修明伦堂、四斋、仪门。知府王庭遂修大成殿。
8	成化二年(1466)	同上	知府盛颙重建戟门、棂星门,修神厨等所。
9	成化六年(1470)	同上	师生请于巡抚都御史滕昭、监察御史左赞仍移棂星门于溪北,移明伦堂退三十尺。
10	成化十年(1474)	同上	知府冯孜重建两庑及乡贤祠。新建号房二十间于殿后。
11	成化十六年(1480)	同上	知府刘元重建大成殿,徙乡贤祠于棂星门之东南。
12	成化十七年(1481)	同上	增创号房一十六间于殿东南。
13	成化十九年(1483)	郡治西南隅	郡守曹修睦建于郡治西南隅。以工匠局隙地易殿东军地,纵六寻、横三寻有奇。
14	成化二十年(1484)	同上	建文会轩于堂东。
15	弘治四年(1491)	同上	守孙藩砌殿台扶栏以石。

续表

序号	修缮时间	军(路/府)学地址	备注
16	弘治十七年(1504)	同上	守夏英构诸学官舍。
17	正德十五年(1520)	同上	通判李华买学东民卢,拓本学隙地。
18	嘉靖二年(1523)	同上	守潘旦创建尊经阁,自为记。
19	嘉靖三年(1524)	同上	知府史绅因学南逼民居,别以隙地易而廓之,作二门于戟门南。
20	嘉靖九年(1530)	同上	改大成殿曰先师庙,大成门曰庙门。
21	嘉靖十一年(1532)	同上	知府邱民范建启圣祠。
22	嘉靖十六年(1537)	同上	改馔堂为敬一亭,以奉"敬一箴"。
23	嘉靖四十三年(1564)	同上	知府吴国伦辟民房,益以官基三丈,拓学地,改泮池于学门外。
24	隆庆四年(1570)	同上	同知包柽芳辟明伦堂,改泮水,葺墙宇。
25	万历十一年(1583)	同上	巡按龚一清拓堂为五楹,引九曲水入于内泮池。
26	万历二十九年(1601)	同上	学毁,唯存戟门、仪门。
27	万历三十年(1602)	同上	知府阎士选、推官赵贤意请于守巡两道一,以监粮银三千两重建。
28	万历三十三年(1605)	同上	同知冯运升、推官朱履仪建尊经阁。
29	万历三十七年(1609)	同上	大水,宫墙祠亭诸署复坏,知府周之基、同知万尚烈、推官杨春茂捐修之。
30	万历四十一年(1613)	同上	知府陶人群重饰廊门,棂星左右二坊,其他馔堂、号房、仓库、牲所、神厨则俱废焉。
31	崇祯十五年(1642)	同上	诸生余世樵辈建文昌祠于棂星门旁。
清 代			
1	顺治十年(1653)	同上	巡按成性、学使孔自洙修殿阁。
2	顺治十三年(1656)	同上	知府刘玉佩以九曲水系郡城血脉,不宜壅塞,捐金浚内外泮池。
3	康熙三年(1664)	同上	知府汪丽日修大殿、启圣祠、明伦堂。
4	康熙七年(1668)	同上	复劝捐修整,周筑墙垣。

续表

序号	修缮时间	军(路/府)学地址	备注
5	康熙八年(1669)	同上	通判柳文标重修石坊门
6	康熙十五年(1676)	同上	耿继善兵肆焚掠,府学尽毁,生员谢光惠与官铉力任之,先建殿、庑、启圣祠。
7	康熙十七年(1678)	同上	大成殿、庑、祠、戟门、棂星门、尊经阁规模初具。
8	康熙十九年(1680)	同上	知府张一魁修饰之,重建明伦堂东西廊、仪门,又浚泮池。
9	康熙三十七年(1698)	同上	署知府延平、同知赵世锡增甃砖石。
10	康熙三十八年(1699)	同上	知府颜光是为石栏以周内泮池。
11	康熙五十九年(1720)	同上	教授高建爵、训导陈敏树倡建奎光阁于尊经阁之南。
12	雍正元年(1723)	同上	改启圣祠为崇圣祠。
13	雍正十三年(1735)	同上	知府任焕重修堂庑
14	乾隆十年(1745)	同上	知府胡宝琳重饰殿门、堂墙,移学门于仪门外之西南隅。
15	乾隆十三年(1748)	同上	诸生熊日东、王体震、吴澍、符世隆辈请复东北隅侵地。
16	乾隆十七年(1752)	同上	同知刘嗣孔建名宦、乡贤祠于戟门之东。
17	乾隆二十年(1755)	同上	训导林锋于尊经阁东辟门以出巷道,颜其门曰"力护宫墙"。
18	乾隆三十年(1765)	同上	明伦堂脊倾,知府秦廷基重修。
19	乾隆三十四年(1769)	同上	雨圮明伦堂之西廊,知府张凤孙请以拿口驿丞旧地基变卖价银充费重,又议于四县劝捐。
20	嘉庆二十五年(1820)	同上	知府王楚堂浚九曲水入泮池。
21	咸丰十一年(1861)	同上	知府周揆源重修。
22	光绪六年(1880)	同上	明伦堂圮,署府张文斌、署县王金城募捐重建,署府徐震耀踵成之,殿、庑、祠、桥皆葺焉。

资料来源:综合弘治《八闽通志》卷四五《学校·邵武府》、嘉靖《邵武府志》卷七《学校》、光绪《邵武府志》卷十二《学校》。

(二)邵武县学

邵武县学晚于军学,清咸丰《邵武县志》卷七《学宫》载有翰林杜本所作的《重建文庙记》:"今邵武县之庙学,旧为郡学。宋熙宁间(1068—1077),迁于郡城之水北,遂以其地为县学。"①县学在城西北隅(今邵武一中址),历宋元明三朝,约460年。明嘉靖二十年(1541),县学搬迁到城中九龙观(今邵武六中基址),原因是学基褊狭,"郡城有九龙观者,形势巨丽,宜作黉宫"②。经过土地置换,原为道士所居的九龙观搬到城西北隅。洪武初(1368)至万历四十二年(1614),历247年,大小修缮19次,平均13年修缮一次。清顺治十年(1653)到光绪六年(1880)的228年中修缮22次,约10年一修。

清光绪二十八年(1902),知府张兆奎在城西旧试院内创办省立邵武中学校,1905年,科举考试制度废除,新式学堂建立,易名"邵武府中学堂",1910年,易名"邵郡中学校",民国六年(1917)收归省立,称"省立第六中学"。

表5-2 邵武县学历代修建一览表

序号	修缮时间	县学地点	备注
宋 代			
1	熙宁间(1068—1077)	城西北隅	军学迁水北,因以为县学。
2	端平二年(1235)	同上	绍定三年(1230)毁于兵。郡倅王埜复建。
3	淳祐十二年(1252)	同上	圮,县令朱子广修葺。
4	咸淳五年(1269)	同上	县令张湘重建讲堂、乡贤祠及瑞榴轩。
元 代			
1	元至元二十年(1283)	城西北隅	同知石哈剌不花重作文庙及棂星门。
2	泰定二年(1325)	同上	县尹王应祚重修。
3	至顺元年(1330)	同上	教谕萧德馨、训导夏道子、学录陈士元重建乡贤祠及号舍,又复侵田及增置学田。
4	至正七年(1347)	同上	邑人建宁学谕吴行可划田以增学计。

---

① [元]杜本《重建文庙记》,咸丰《邵武县志》卷七《学宫》,1986年点校本,第187页。
② [明]田汝成:《移建县学记》,载光绪《邵武府志》卷十二《学校》,2017年点校本,第255页。

续表

序号	修缮时间	县学地点	备注
5	至正九年(1349)	城西北隅	县尹陆文瑛倡始,耶律唯一继之,又重建文庙。
6	至正十三年(1353)	同上	县尹孔公俊复重修庙学。
7	至正二十四年(1364)	同上	邑民黄茂划田以增学计。
	明 代		
1	洪武八年(1375)	城西北隅	知县水苏民加葺治焉。
2	洪武三十一年(1398)	同上	知县詹德铭重建讲堂。
3	永乐十六年(1418)	同上	永乐十四年圮于水,知县蒋忠奉命建讲堂斋舍。
4	宣德五年(1430)	同上	知县邹良建两庑馔堂。
5	成化四年(1468)	同上	训导叶祯、梁文请于学宪刘子肃、守盛颙,复侵地。
6	成化十年(1474)	同上	巡抚都御史张瑄等嘱知府冯孜、知县王拯拓地重建,焕然一新。
7	弘治十二年(1499)	同上	参政俞俊重修两庑。
8	弘治十四年(1501)	同上	知府夏英购地建尊经阁。
9	弘治十六年(1503)	同上	复徙馔堂于瑞榴轩之北。
10	弘治十七年(1504)	同上	学使刘丙塑圣、配像,饰从祀神主。
11	嘉靖二十年(1541)	九龙观	因学基褊狭,以学地易城中九龙观地建学。推官丁湛、知府邢址相继成之。
12	万历元年(1573)	同上	又改先师庙东向。
13	万历九年(1581)	同上	知府郑宣化、知府江鸿庆复改南向。
14	万历三十年(1602)	同上	环筑以墙,改路于墙外。
15	万历三十七年(1609)	同上	大水,两庑、启圣祠、敬一亭半圮,知县宋良翰重修。
16	万历四十二年(1614)	同上	知县吴珽遂请盐粮银百七十两修之。
	清 代		
1	康熙五年(1666)	九龙观	戟门、两庑毁,知府汪丽日、知县张飚重建,稍减戟门,使见前峰,知县王公辅踵成之。
2	康熙十年(1671)	同上	教谕陈嘉章清归营兵侵地,以建启圣祠、文昌阁。
3	康熙四十五年(1706)	同上	知县严德泳重修殿庑。

续表

序号	修缮时间	县学地点	备注
4	雍正三年(1725)	九龙观	诸生增构文昌阁。
5	雍正四年(1726)	同上	重建戟门,甃明伦堂砖石。
6	雍正五年(1727)	同上	增筑两廊墙以隔东庑。
7	雍正六年(1728)	同上	修仪门。
8	雍正七年(1729)	同上	重建两廊,改修训导宅。
9	乾隆十年(1745)	同上	修棂星门,浚泮池。
10	雍正十一年(1733)	同上	增易殿瓦,饰明伦堂。
11	雍正十二年(1734)	同上	饰大殿神座、两庑廊阁,增露台石栏。
12	乾隆二十年(1755)	同上	知府刘嗣孔、知县边廷魁议修大殿,贡生童瑾捐九百金,知县王勋踵成之。
13	乾隆三十一年(1766)	同上	知府秦廷基捐俸金倡修,教谕伍光鉉劝募。
14	乾隆三十二年(1767)	同上	知县胡邦翰继至,遂议大修,增高大殿,重建两庑、戟门、棂星门、崇圣祠。
15	乾隆三十四年(1769)	同上	知府张凤孙、知县沈之本、教谕周应阳督竣。
16	乾隆三十七年(1772)	同上	邑绅黄文通独力捐修,易大殿二柱。
17	嘉庆十二年(1807)	同上	大修,训导柯辂劝募。
18	道光二十五年(1845)	同上	二十四年,殿雷震,殿柱朽蠹者悉露,凡十二株,并易之,改建明伦堂、斋舍。二十七年告竣。
19	咸丰八年(1858)	同上	毁于兵,仅存学门、奎楼、训导署。
20	同治八年(1869)	同上	知府叶炳华、知县邓厚成集绅劝捐重建,十年落成。
21	光绪十九年(1893)	同上	东庑半圮于雨,知县高淑勋劝应试文童捐资修整。
22	光绪二十年(1894)	同上	复令邑绅募捐,修殿柱虫蚀者,易以砖,崇圣祠、两庑、学舍、奎楼等俱修葺焉。二十一年竣。
23	光绪二十二年(1896)	同上	知县高淑勋劝募,古潭村职员何华捐银三百两,购置文庙乐器。
24	光绪二十八年(1902)	城西旧试院内	知府张兆奎在城西旧试院内创办省立邵武中学。

资料来源:光绪《邵武府志》卷十二《学校》,2017年点校本,第253—255页。

（三）书院

书院有官办书院和民办书院。官办书院由地方政府创办,并不像府学、县学有例定的财税拨款,作为官学的补充,由地方财政负责。乾隆三十五年(1770年)邵武知府张凤孙《拨仁寿寺田租记》说:"书院,辅学校之所不逮也。选精则人不滥,课勤则业不堕,廪裕则志不分,其收效也较速,故为政者重之。"[①]记文认为书院层次高于社学、义学和私塾。

邵武历史上有记载的官办书院有樵溪书院、樵川书院、正音书院等,这些地方官办书院规模不大,《拨仁寿寺田租记》记载:"(樵川书院)毕业之士以二十人为额"。

1. 樵溪书院

樵溪书院创建于宋景定中(约1262年),"摄郡事方澄孙、倅钱谦孙肇建于郡城东行春门外,以祀宋丞相李纲"[②]。可见,樵溪书院本是宋丞相李纲的祀祠,另外一个功能是作为学堂。古代社学、私学大多建在寺观、宗祠内,祠、学一体。至洪武二年(1369),樵溪书院改为府学,该书院存世107年。

表5-3　樵溪书院历史变迁一览表

变迁时间	办学地点	备注
宋景定中(约1262)	行春门外	摄郡事方澄孙、倅钱谦孙肇建于郡城东行春门外,以祀宋丞相李纲。
元至元十八年(1281)	樵溪五曲之上	同知万不花移建于樵溪五曲之上,为礼殿,祀先师孔子;为先贤堂,祀纲及诸乡贤。省注山长一员。有田若干亩。
泰定三年(1326)	同上	总管西达重修。
后至元四年(1338)	同上	监郡浚都王子哈剌虎台又修之。
洪武二年(1369)	同上	改为府学。

---

① [清]张凤孙:《拨仁寿寺田租记》,载光绪《邵武府志》卷十二《学校》,2017年点校本,第253页。
② [明]弘治《八闽通志》卷四五《学校·邵武府》,2006年修订本,下册,第48页。

2.樵川书院

樵川书院为府一级官办书院,其经费来自官方公地、寺田租、个人捐助和官府助学。

表5-4　樵川书院助学一览表

时间	办学地点	备注
乾隆三年（1738）	在亨泰坊仙源桥下府学后	知府任焕因明知府王逢元祠拓为樵川书院,收城濠官地租给膳费,后复拨泰宁龙山观租益之。
乾隆二十九年（1764）	同上	知府秦廷基增学舍八楹。
乾隆三十四年（1769）	同上	知府张凤孙、知县沈之本增拨仁寿寺田租以助膏火。
乾隆三十五年（1770）	同上	又拨泰宁监生童德洁所施惠应庙田十二处以益之。
嘉庆十七年（1812）	同上	署府祝锦堂、督学方振继捐田租。
道光六年（1826）	同上	署府薛凝度拨寺田,署府沈庆霖捐增。
光绪十一年（1885）	同上	知府刘锡金于保甲局煤息内岁,拨银一百两添助膏火,又按课拨奖赏钱。
光绪十三年（1887）	同上	清厘城厢内外官基,岁增征地租钱,生童膏火课额均有加。
光绪二十一年（1895）	同上	知府王琛,改定岁拨书院膏火银三十两,三节支付,每课奖赏钱七千文或八千文不一。

资料来源:光绪《邵武府志》卷十二《学校》,2017年点校本,第252页。

3.正音书院

正音书院在城内北市宝严坊(今宝严寺一带),雍正七年奉文设立。清代福建、广东两省乡试举子只会说方言,不会说官话。学政面试考生,语言不通。于是闽方言区和粤方言区的各州县都设有正音书院,教授官话,"延师训迪,范以官音,率邑之秀者童而教之,长而成习,俾知语言文字,间不可拘于其方"[①]。规定不会说官话的童生不能考秀才。

---

① [清]廷毓:《捐助正音书院膏火记》,载光绪《邵武府志》卷十二《学校》,2017年点校本,第258页。

表5-5　正音书院历史变迁一览表

变迁时间	办学地点	备注
雍正七年(1729)	北隅宝严坊	奉文建,延师教习正音。后裁。
乾隆十七年(1752)	同上	知府刘嗣孔改为邵公祠。
乾隆四十二年(1777)	同上	知府申大年始复旧制,以樵川书院地租厘为两院膏火。
乾隆四十六年(1781)	同上	生员魏邦泰以已租三百八十石有奇,庄屋二所。
咸丰八年(1858)	同上	院毁于兵,董士曾华勋检西塔文昌宫倾塌旧料,益以新材建,复前厅,移祀文昌神主,以邵公位附于座背。
光绪三年间(1877)	同上	署县王金城酌于税契项下每契价一两提钱二文,契尾一张提钱一百文,以充膏火。
光绪十三年(1887)	同上	知府刘锡金以刘文简公祠久遭兵火,筹款改建于院之后厅。
光绪十七年(1891)	同上	署县蔡永基又于契价每两增提二文,添师生膏火。
光绪十九年(1893)	同上	知县高淑勋捐俸重置号棹,按月课士。

资料来源:光绪《邵武府志》卷十二《学校》,2017年点校本,第258页。

(四)民办书院

民办书院有两种,一种是用来聚徒讲授、研究学问的场所。如遗址现存于邵武市洪墩镇尚读村的台溪精舍,是南宋理学家何镐研究学问的地方。何镐从朱熹游,朱熹曾造访该地。因为地处七台山之麓,小溪之滨,故名"台溪"。今乡人称之为"学堂"。[1]蒙谷精舍,在故县泉山麓,宋端明殿大学士黄中归隐休闲之所。"山中有泉,于是以易经的山水蒙卦意,匾曰'蒙谷',又构亭于泉上,曰'果',曰'育'。朱熹曾到过这里,手书其匾。"[2]漱玉亭,"在莲花山下莲池畔,宋泉州教授吴英建,曾与朱子讲学其间,今废。"[3]

这三所书院都是南宋理学先贤讲学和研讨学问的场所,参与者多为社会精英,并非普通学堂。也有后世以此为名,发展成私塾学堂的。如,台溪精舍到了明弘治时称为"学堂";明嘉靖二年(1523),知府潘旦在南溪书院旧址建黄简肃

---

[1] [明]弘治《八闽通志》卷四五《学校·邵武府》,2006年修订本,下册,第48-49页。
[2] [明]弘治《八闽通志》卷四五《学校·邵武府》,2006年修订本,下册,第48页。
[3] [清]咸丰《邵武县志》卷一《古迹》,1986年点校本,第60页。

公祠,后又将蒙谷书院移址于此,兼做学堂。另一种书院为官立民营的义学性质。明代冠以书院之名的义学尤多,光绪《邵武府志》记载明代的此类书院有:福山书院、矩墨书院、白渚书院、崇贤书院、养正书院、孤山精舍、邵阳精舍、九曲书院、雄风鸣书舍,这9所书院都在城区,存世时间不长,至光绪末"皆无存"。

表5-6 明代邵武县的书院①

序号	书院名称	创建年代	创建者
1	福山书院	正德十五年(1520)	知府张羽改寺观为之
2	矩墨书院	正德十五年(1520)	知府张羽改寺观为之
3	白渚书院	正德十五年(1520)	知府张羽改寺观为之
4	崇贤书院	嘉靖十二年(1533)	知县曹察改廨舍寺宇为之
5	养正书院	嘉靖十二年(1533)	知县曹察改廨舍寺宇为之
6	孤山精舍	嘉靖二十年(1541)	推官丁湛建
7	邵阳精舍	嘉靖二十一年(1542)	知府邢址建
8	九曲书院	万历三十一年(1603)	推官赵贤意建
9	雄风鸣书舍	万历三十四年(1606)	诸生公建

明代邵武还有武阳书院,该书院旧为社学,后设朱文公祠,明朝提学姚谟、知府潘旦、知县曹察,置田租……明万历十四年(1586)同知邬若虚又拨田租一石一斗于祠;清康熙初,知府汪丽日,康熙二十三年(1684),知府张一魁,皆捐金以修;乾隆三十年(1765),朱世熊重修,乾隆五十七年(1792),黄文通重新修葺,直至民国该书院仍存。南溪书院为龚氏家族所创办,后来龚氏家族又在今华严寺旁修建祠堂,南溪书院因此废弃。②

(五)社学

社学是元、明、清三代乡村里社设置的基础教育机构,类似于今天的乡村小学,是儒学教育的启蒙之所。社学属于公产,多为官方倡导督促,由地方士绅牵头兴办,以富者助饷、贫者出力的形式开办。宋代福建一些地区已有社学。③

---

① [清]光绪《邵武府志》卷十二《学校》,2017年点校本,第258页。
② 《邵武文史资料选辑》第22辑《宋代邵武书院述略》。
③ 徐晓望:《闽北文化述论》,中国社会科学出版社,2009年,第393页。

"元制,五十家为一社,每社设学校一所,择通晓经书者为师,农闲时令民子弟入学,以学习《孝经》《小学》《论语》《孟子》等。"①明承元制,各府、州、县皆立社学。明太祖朱元璋在洪武八年(1375年)正月诏告天下普遍设立社学,诏曰:

  昔日成周之世,家有塾,党有庠,故民无不知学,是以教化行而风俗美。今京师及郡县皆有学,而乡社之民未睹教化,宜令有司其更置社学,延师儒以教民间子弟,庶可导民善俗,称朕意也。②

在这种背景下,地方社学如雨后春笋般涌现,陈寿祺《重纂福建通志》载有邵武城区社学6所,云:"济川桥头社学、察院左社学、行春门外第三铺社学、通泰门外尚书坊社学、颁春铺社学、亨道坊社学,明知府盛颙立,今皆无存。"③这6所社学为明知府盛颙设置于天顺末(1457—1465),至清道光时"皆无存"。

清代地方沿明制,亦有社学及义学之设。清雍正二年(1724)邵武乡村东、西、南、北又各设社学一所,正音书院一所,东乡社学、西乡社学、南乡社学、北乡社学四所,雍正二年设。④社学属于基础教育阶段培养童生的地方,其程度类似于今日的小学。社学有义学性质,多设于当地祠庙之中。

邵武历史上最有名气的社学当推和平书院了。相传,和平书院始创于后梁开平二年(908)。和平《黄氏宗谱·峭山公行录》载:黄峭弃官归隐,"既而创和平书院,诱进后人。……处此五季更移之际,惟戒诸子养晦韬光,毋昧时而躁进"⑤。和平书院曾一度废止,清乾隆三十四年(1769)"应士民黄浩然等所请,以往年所置迎神念佛的田租,于文昌阁辟地复建""以唐宋旧名名之"。知府张凤孙曾作《记》,以嘉其事。《记》曰:"余嘉其请,稽古而名之以'禾坪书院'……禾坪衿耆造廷言曰:'自有营义馆之请……相与父勉其子,兄劝其弟,愿输材力以助。'"⑥从张凤孙所作的《记》可以知道,和平书院应写作"禾坪书院",这是张凤孙考证了古代的记载而命名的,其修建经费除了公众所置办的迎神念佛的田租以外,更多的是来自民众的捐款,办学层次为启蒙教育阶段。

---

① 刘海峰:《福建教育史》,福建教育出版社,1996年,第95页。
② 《明太祖实录》卷九六,洪武八年正月丁亥条,1941年梁鸿志影印本,第5页。
③ [清]陈寿祺:《福建通志》,清同治十年刻本,2011年影印原书,第544页。
④ [清]陈寿祺:《福建通志》,清同治十年刻本,2011年影印原书,第544页。
⑤ 和平《黄氏大成宗谱》卷一《峭山公行录》,清光绪十五年刻本。
⑥ [清]光绪《邵武府志》卷十二《学校》,2017年点校本,第259页。

(六)私塾

在古代中国社会中,私学与官学长期并存,在中国教育史上占有重要的地位。受财力所限,各地官办社学的数量非常有限,乡民或乡绅子弟大多就读于私塾。明清时期,邵武不少宗族创办了私塾,一些宗族中的"孤寒子弟"也得以入学受教。作为启蒙教育阶段的私塾,在数量上比官学、书院多,分布广,办学形式灵活、简便,能适应各地区不同条件和不同要求。科举家族在这方面尤其重视,自设书塾以育其族人,富贵人家更是邀请名师教授本家子弟。

私塾属于初级教育,若立志于参加科举考试仍然需要进入县学、府学直至国家最高学府国子监(太学)。古语云:"学之设由来重矣!古有家塾、党庠、术序、国学之名,其学以次递进,则闾之秀升于庠,庠升于序,序升于学。"[1]宗族中往往设置学田,或拿出祭田的部分收益,用于维持私塾的运转,同时对优秀学子予以奖励扶持。

创建于五代时期的和平书院为邵武最早的私塾之一。北宋初由和平上官家族创建于南乡八堡官坊墟的北胜书院,而北胜书院的前身是张氏家族的私塾"宁庵",张氏是和平一带的大族,历史可追溯至唐中期。《闽樵和平上官氏宗谱》卷一《白莲堂记》载:"予考古迹,有谢枋得撰[文](《邵武府志·记文类篇》):'唐有先贤张仁叔名子惠者……葬父母于邵武禾坪里之鹊(鹳)薮,其墓去庐仅百步,有田四十亩,岁收谷三百石,并蔬圃、竹林,施以养莲社为报本堂,匾其庐曰宁庵,以奉春秋享祀,常聚数十子弟辈,讲学终日,嘈嘈教读。予祖十五世有质公因买为祀宇……与子孙作读书处。'"[2]北宋间有高姓家族建于新兴里(大埠岗宝积)的"东林书院";南宋咸淳六年(1270)肖家坊锦溪杨氏创建的会圣岩,其《会圣岩记》载"惟先人有妥侑之所,子孙有肄业之地"[3]。清代,如大埠岗江氏江敦御昆仲以经商致富,先后建毓秀园、江氏山庄,"率其子侄诸孙之俊者,咸肄业其间"。建于清道光初年的傅氏家塾,坐落在大埠岗北里乾,占地3000余平方米,至民国仍作为宗族学堂。

---

[1] 李军、蔡忠明、傅再纯编著:《邵武历代碑铭集录》,西南大学出版社,2023年,第184页。
[2] 和平《闽樵和平上官氏宗谱》卷一,民国十九年(1930),第12次修本,谱存邵武市和平镇坎下村。
[3] 肖家坊《锦溪杨氏宗谱》卷首,1999年刊印本,谱存肖家坊镇将上村。

第二节　科举会馆

　　北京有座鲜为人知的邵武科举会馆——邵武会馆。该会馆坐落于今北京市崇文区西兴隆街154-158号（旧为140号），后门是东草厂二条胡同3号。会馆分南北两院，南院与黄冈会馆相邻。

　　1942年，在京任职的福州人李景铭，经过数月走访北京的各处福建会馆，编撰了《闽中会馆志》四册，其中一章为《邵武会馆志》，详细记载了邵武会馆的沿革、古迹、规约、文词、古物、轶闻遗事等内容。[1]邵武会馆为邵武人黄克谦始创于明万历三十四年（1606）。黄克谦，字含光，号文谦。万历二十六年（1598）进士，初授工部主事，升兵部郎中，官至广东右参政。会馆创设的主要目的是为邵武府（包括邵武、光泽、泰宁、建宁四县）举子进京应试提供免费或廉价的住所和其他便利条件，其运转经费来自乡贤的捐助。

　　自科举考试以来，各省州府的地方官员都极力扶持和关心本乡举子的学业，各地在京乡贤相继设立科举会馆，为当地进京应试举子提供方便。当时，福建八府只有邵武府未设置会馆，"吾入闽八郡会馆所在，惟邵阳独无"[2]。在这种情况下，黄克谦"首事计费一千五百缗"，购置"故荆楚邸"创建邵武会馆。邵武会馆同时也作为在京的邵武府籍官员聚会联谊场所，"乡人士聚会于斯，畅叙幽情，联络梓谊"[3]。乾隆年间，建立了会馆的规章制度，如"入都应礼闱，及赴引验请分发者，初到馆，即往拜本馆董事，请其吩咐守馆丁，采扫房间，备便床桌椅凳，铺设卧榻，安置行李。""入都应礼闱，及赴引验请分发者，初到馆时，本馆董事，俟齐到时，设席扫尘，例定素菜数簋，白干酒数斤，费约二元左右。"[4]每到会

---

[1] 李景铭：《闽中会馆志》卷一《邵武会馆》，1943年铅印本。
[2] 李景铭：《闽中会馆志》卷一《邵武会馆·邵武会馆创始志碑文》，1943年铅印本。
[3] 李景铭：《闽中会馆志》卷一《邵武会馆·廖登衢馆志序文》，1943年铅印本。
[4] 李景铭：《闽中会馆志》卷一《邵武会馆·乡先辈公议馆规》，1943年铅印本。

试年,举子都会提前几个月到达京师,有时邵武府籍京官还会对同乡举子进行考前督促辅导。是时,邵武府"人文蔚起,驻京者众"。

会馆因明清科举的兴衰而嬗变。到太平天国运动之后"文教衰微,甲弟颇鲜"。《廖登衢馆志序文》载:"清中叶后,遭洪杨变乱,境地萧条,文风衰歇,故入都者寥若晨星,风雨飘摇。馆屋遂多倾圮。"①咸丰七年(1857)、咸丰八年(1858)两年间太平天国军队三次攻入邵武,"邵(武)、建(宁)受害尤烈,由是文风浸衰,驻京者寥寥,经理无人"②。到了清代晚期,"虽有廷试人物,春必入都,例如燕子南来,一年一度,往往蓬门深掩,蛛网挂帘,月窥残垣,风穿断牖。"③因为会馆无人打理,南院的空地被相邻的湖北黄冈会馆侵占,后经多方争取,方才收回。但是被张之洞家侵占的宅地就没么幸运了,"光绪末年,张南皮扩充畿辅先哲祠,其地址与义园毗连。是时,郡人无驻京理馆务者,交界处墙塌未修,被侵占"④。当时张之洞势力强大,扩充畿辅先哲祠时,侵占了邵武会馆义园的土地,等到发现的时候房子已经落成,于是邵武会馆丢掉了三分之一的地盘。

1915年,原邵武府在京乡贤发起捐资重新修整。"民国四年乙卯春,余留学京都,与人士相聚于此,时宁君李泰,裘君章淦等,发议捐资,为重新整修计。"⑤邵武科举会馆延续至民国三十一年(1942),续存336年,一直是邵武府四县公产。新中国成立后可能充公,分配给了北京的无房居民。

从《邵武会馆志》可以看出明清两代邵武科举的兴衰以及地方官员对科举事业的重视程度,从而反映出古代邵武教育事业的整体状况。

---

① 李景铭:《闽中会馆志》卷一《邵武会馆·廖登衢馆志序文》,1943年铅印本。
② 李景铭:《闽中会馆志》卷一《邵武会馆·宁李泰序》,1943年铅印本。
③ 李景铭:《闽中会馆志》卷一《邵武会馆·宁李泰序》,1943年铅印本。
④ 李景铭:《闽中会馆志》卷一《邵武会馆·丁梅岩序》,1943年铅印本。
⑤ 李景铭:《闽中会馆志》卷一《邵武会馆·永春潘节文邵武馆志跋》,1943年铅印本。

第三节　科举牌坊

牌坊是封建帝王与地方官府衙门为表彰德政、功勋、科第等功名建造的门洞式建筑物,相当于当今的纪念碑。其中科举牌坊占了大部分,科举功名牌坊又分进士牌坊、举人牌坊,它象征着皇帝的恩宠,代表了一种无与伦比的荣耀。古代设立科举牌坊的目的是鼓励民众奋发图强,勤奋学习,以实现个人理想,光宗耀祖、流芳千古,对于地方倡导文教,教化民众,推动地方教育事业发展起到很好的效果。清咸丰《邵武县志》卷二《坊表》记载了宋元明清邵武科举牌坊,兹列表如下:

表5-7　邵武的科举牌坊

牌坊名称	地点	表彰人
丞相坊	府学宫南	宋丞相李忠定公纲
尚书坊	南厢大街	宋尚书谢源明
侍御坊	熙春街	宋御史危昭德
清节坊	北隅	宋龙图阁待制孙谔
黄简肃公墓道坊	故县前街	宋端明殿大学士黄中
儒科坊	新街儒科巷	宋进士吴季子
兰魁坊	秀水街	宋省元黄涣
魁辅坊	南厢	宋状元邹应龙
魁第坊	南厢大街	元进士黄清老
方伯坊	尚书坊北	明湖北左布政朱钦,后改"都宪"
司徒坊	高家巷内	明户部侍郎吴玺
柱史坊	布政分司东	明御史何廷钰

续表

牌坊名称	地点	表彰人
恩荣坊	四眼井街南	明参政谢爌
恩荣坊	八都七牧	明御史上官受
五马奇逢坊	新街	明九江知府谢焌
一门三大夫坊	东门大街	明知府谢焌、同知谢颖、参政谢爌
屏翰三藩坊	凤池坊	明参政陈之美
都宪坊	县前街口	明都御史陈泰
联桂坊	铁治街	明举人谢颖、谢爌
世芳坊	东隅	明举人崔中
鸣凤坊	世芳坊东	明举人孔经
青云坊	衙前街	明举人闻永
邦杰坊	南隅	明举人杨靖
登科坊	高家巷口	明举人李惟恭
宾贤坊	南隅	明举人邱九思
文魁坊	南门街	明举人上官祐
文魁坊	五都官塔岭	明举人宁坚
世科坊	文魁坊南	明举人上官祐及子肇和
步蟾坊	仓巷	明举人周灏
毓秀坊	北隅	明举人龚敦
世选坊	井巷西	明举人朱浩
登云坊	井巷口	明举人朱焌
凌云坊	东厢	明举人李富
翔凤坊	南厢	明举人朱钦
仪凤坊	柳树巷	明举人罗绅
钟秀坊	熙春街	明举人虞孟
探花坊	四角亭	明探花吴言信
化龙坊	东门吊桥	明进士危行

续表

牌坊名称	地点	表彰人
进士坊	联桂坊东	明进士谢爛
进士坊	世芳坊东	明进士孔经
进士坊	万竹园巷口	明进士吴禔
进士坊	侍御坊西	明进士何廷钰
进士坊	仓前街	明进士曾真保
进士坊	尚书堂西	明进士朱钦
进士坊	熙春街	明进士徐溥
进士坊	东门吊桥	明进士危行
兄弟进士坊	凤池坊	明进士何廷锦、何廷钰
兄弟进士坊	南濠桥头	明进士黄克谦、武举黄裳
朱公墓道坊	城南铺前	明敕封监察御史朱道晖

资料来源：福建省邵武市地方志编纂委员会整理：咸丰《邵武县志》卷二《坊表》，1986年点校本，第99-101页。

上表载有科举牌坊49处，其中为宋人立牌坊有9处，为明人立牌坊有40处，大多是后人为前人立牌坊。到清咸丰年间修纂邵武县志时，这些牌坊或存或废。美国基督教传教士医生福益华的儿子小爱德华·布里斯著《邵武四十年》，描述了他的父亲第一次来到邵武的情景：当经过一排石牌坊的时候，他停了下来，尽情地打量琢磨了一番。这些古老的牌坊上刻满了奇特的汉字，那种古老和奇异让福益华感到一种震撼。[①]从这段文字的表述中我们可以了解到，1893年福益华第一次到邵武的时候，东关沿河一带还有成排的石牌坊，当然也可能包括节孝牌坊，遗憾的是至今无一幸存。邵武与科举相关的牌坊仅有和平东门的一座"岁进士"牌坊，同治年间，为康熙二十七年(1688)岁进士李友杜所立。

---

① [美]小爱德华·布里斯著：《邵武四十年》，安雯，译，中央编译出版社，2015年，第14页。

第四节　科举人才在各区域中的地位

福建文化在快速发展的同时,也存在地区发展不平衡的问题。如宋代科举人才就呈现东部多,西部少,北部多,南部少的现象。这种差异是当时社会经济、教育、学风等综合因素影响的结果。[1]从自然地理上看,沿海地区的自然条件明显比内陆地区优越;从经济、文化上看,州府的政治中心优于其他地区。如何加快发展社会经济、文化,让人才脱颖而出？这些历史的经验与教训是值得我们深思的。

一、府城之地,雄踞榜首

宋太平兴国四年(979)邵武设军建制,辖邵武、光泽、泰宁、建宁四县,至民国元年(1912)撤销府建制,近千年间,邵武县一直是邵武军(府)的政治、经济与文化中心,科举人才数量在四县中始终雄踞榜首。

表5-8　邵武军、路、府各县进士统计表

县别	邵武县		光泽县		泰宁县		建宁县		合计
项目	人数	占比	人数	占比	人数	占比	人数	占比	
宋代	233	71.3%	25	7.6%	36	11%	33	10.1%	327
元代	2	100%	0	0	0	0	0	0	2
明代	23	57.5	3	7.5%	7	17.5%	7	17.5%	40
清代	13	41.9%	8	25.8%	1	3.2%	9	29%	31
合计	271	67.8%	36	9%	44	11%	49	12.2%	400
排名	1		4		3		2		

资料来源:光绪《邵武府志》卷十七《选举》,2017年点校本,第426-446、470-472页。

---

[1] 刘锡涛:《宋代福建人才地理分布》,福建师范大学学报,2005年第2期,第114页。

以光绪《邵武府志》统计资料为例,在邵武军(路/府)四县中,从区域占比来看,邵武县历代进士人271人,占总数67.8%,超过三分之二,建宁县49人,泰宁县44人,光泽县36人,充分显示出府城在政治、经济与文化方面的优势。但从朝代占比来看,邵武县宋代占71.3%,明代占57.5%,清代占41.9%,年代越往后邵武县所占的权重越下降(不计元代)。这也说明,明清以后邵武县作为府城的文化优势在不断下降,进士人数的占比在降低。而其他县,尤其是建宁和光泽的进士人数占比上升明显,表明这些区域的教育文化水平在不断提升。

邵武军(路/府)历代状元有2人,均出自宋代泰宁县,分别为熙宁三年叶祖洽、庆元二年邹应龙。邵武县没有出过状元,但位列一甲的榜眼有2人,即宋熙宁三年上官均和绍兴五年黄中,明代探花1人,为洪武二十四年进士吴言信。需要指出的是,建宁县多为客家人,至民国人口不足三万,然登科士子居光泽、泰宁、建宁三县之首,正如民国《建宁县志》载,"建宁,地处偏远,在大山中,然所产人材,虽通都大邑不足与之并……其中不乏政声彰著者",在古代邵武军(府)中占有重要的历史地位。

二、闽北前列,人才领先

两宋时期的闽北,主要指闽江上游一带,包括建州(南宋以后称建宁府)、南剑州、邵武军共3个州(军)的辖区,建州下辖建安、瓯宁、浦城、建阳、崇安、松溪、政和七县,南剑州下辖剑浦(今延平区)、将乐、顺昌、沙县、尤溪五县,邵武军下辖邵武、光泽、泰宁、建宁四县。2003年出版的《福建省志·人物志》统计的宋代闽北地区进士共有2091人,兹列表如下:

表5-9 《福建省志·人物志》宋代闽北地区进士人数列表

建州(建宁府)			南剑州			邵武军		
序号	县别	人数	序号	县别	人数	序号	县别	人数
1	建安	698	1	南平	318	1	邵武	156
2	瓯宁	303	2	将乐	19	2	光泽	22
3	浦城	94	3	顺昌	37	3	泰宁	15

续表

建州(建宁府)			南剑州			邵武军		
序号	县别	人数	序号	县别	人数	序号	县别	人数
4	建阳	77	4	沙县	87	4	建宁	26
5	崇安	163	5	尤溪	60			
6	松溪	8						
7	政和	8						
合计		1351			521			219

由表5-9可以看出，宋代闽北三个州军中邵武军进士人数最少，仅为建州的16.2%，南剑州的42%。但从所辖的地域而言，建州为7县，南剑州为5县，不仅地域辽阔，且人口基数较邵武军四县占更大的优势。在宋代闽北16个县当中，邵武县名列第五，接近崇安县，为闽北前列。

在南平市十个县(区、市)中，宋代邵武县进士人数位列第四名，与建瓯、延平相比差距较大，与崇安接近，但与其他县(区、市)相比仍然有较大的优势，而在明清期间位列第二，仅次于建瓯，处于领先地位。

表5-10 南平市各区县历代进士人数

	建瓯	延平	崇安	邵武	浦城	建阳	顺昌	光泽	松溪	政和	合计
宋代	1040	331	214	163	123	106	38	23	18	17	2073
元代	6	1		3	4	1	2				17
明代	87	21	6	24	20	11	2	3	9	4	187
清代	19	11	8	13	10	4	3	8	1		77
合计	1152	364	228	203	157	122	45	34	28	21	2354
名次	1	2	3	4	5	6	7	8	9	10	

资料来源：《南平地区志》卷三十九《教育》，2004年，第2056页。

说明：该统计资料因采用的文献不同，进士人数有歧义，数据仅供参考。

遗憾的是邵武县千余年间一甲进士前三名并无状元出现，仅有宋代上官均、黄中二榜眼，明初探花吴言信。上官均在会试中本为第一，因殿试中策论诋毁新法,得罪王安石,而叶祖洽颇能附会,因而叶祖洽为第一,上官均为第二。[①]黄中在殿试中初定为第一,时赵鼎为相,详定官中书舍人胡寅等定黄中为首选,辅臣奏黄中系有官之人,不宜列为榜首。高宗问故事如何,沈应求曰:"皇祐元年,沈文通考中第一。仁宗曰:'朕不欲以贵胄先天下寒酸。'遂以冯京为第一,文通为第三。"[②]有此先例,高宗许可将黄中降为第二名,擢汪洋为第一,并赐汪洋名应辰。黄中策论完全符合皇帝对选拔人才的具体要求。但因为黄中考试之前已经是从八品官职的在籍官员,不宜置于榜首,看似不公平,却能赢得天下士子的人心。就这样黄中与状元失之交臂,是为憾事。

表5-11 南平市历代一甲进士(状元、榜眼、探花)名录表

县别	状元	榜眼	探花
浦城	章衡、章文谷		杨邦弼
建瓯	叶齐、徐奭	范致明、谢汲古、龚奇	潘建中
建阳	丁显	江拯、陈轩	陈师锡
延平	黄棠		
崇安	詹骙		
顺昌		姚珤	
邵武		上官均、黄中	吴言信
光泽			
松溪			
政和			

三、地处山区,位列末端

就全省而言,邵武军(路/府)的科举人才位列福建的末端。宋代邵武军所辖邵武、光泽、泰宁、建宁4县在福建处于文化相对落后的地区。道光《福建通

---

① [明]《八闽通志》卷五十一《选举·科第·邵武府·宋》(2006年修订本,下册,第304页):"上官均,邵武人。凝之子。考官苏轼等取置第一,策中用《易》句'革而当,其悔乃亡'语,忤时相王安石,乃居第二。"
② [元]脱脱等:《宋史》卷一五六《选举志》,中华书局,2017年,第3627页。

志》载,宋代邵武军考中进士 195 人,在八州军中位居第七;元代按《八闽通志》所载仅考中 1 名进士。明初至嘉靖元年(1522)近 200 年中,邵武府才考进士中 26 名,其中光泽 3 名,泰宁 3 名,建宁 5 名。而从宣德元年(1426)以后近 100 年中,光泽只中举 6 名,泰宁 7 名,建宁 9 名。清代邵武府进士人数位列第九,排名进一步下降。以下对邵武军(路/府)的科举人才数量列表分析。

美国学者贾志扬《宋代科举》一书援引清人陈寿祺等撰《福建通志·选举》的记载,对宋代福建各州(军)进士总数进行了统计,兹列表如下:

表5-12 宋代福建进士分区统计表

州军	福州	建州	兴化军	泉州	南剑州	漳州	邵武军	汀州	合计
人数	2799	1318	1026	926	532	268	195	80	7144
名次	1	2	3	4	5	6	7	8	

资料来源:[美]贾志扬:《棘闱:宋代科举与社会》,江苏人民出版社,2022年,第279页。

说明:贾志扬的统计应是援引陈寿祺等撰《福建通志》卷152《选举·明进士》,该统计不含特奏名和年榜无考进士。

表5-13 元代福建进士分区统计表

地区	福州	建州	兴化军	泉州	南剑州	邵武军	汀州	漳州	合计
人数	17	7	7	2	1	1	1	0	36
名次	1	2	2	3	4	4	4	5	

资料来源:刘海峰:《福建教育史》,福建教育出版社,1996年,第99页。

说明:刘海峰的统计应是援引弘治《八闽通志》卷四六至卷五五《选举·科第》。

表5-14 明代福建进士分区统计表

府名	福州	泉州	兴化	漳州	建宁	邵武	汀州	延平	福宁	平海镇海	合计
人数	650	586	533	306	131	38	52	42	34	23	2395
名次	1	2	3	4	5	8	6	7	9	10	

资料来源:刘海峰《福建教育史》,福建教育出版社,1996年,第160页。(援引陈寿祺等撰《福建通志》卷152《选举·明进士》)。

表5-15 清代福建进士分区统计表

府名	福州	泉州	漳州	汀州	兴化	建宁	延平	邵武	福宁	龙岩	永春	平海镇海	台湾	合计
人数	735	238	113	87	61	39	28	25	24	22	20	3	33	1428
名次	1	2	3	4	5	6	8	9	10	11	12	13	7	

资料来源：刘海峰《福建教育史》，福建教育出版社，1996年，第220页。

从表5-12至表5-15统计数字表明，宋、元、明、清四代邵武军（府）进士人数分别为第7、4、8、9名。从排名顺序上看，若不考虑人数较少的元代，邵武军（府）进士人数排在全省的后面，排名逐渐下降，到清代甚至落后于汀州。其中重要的原因跟所辖的区域范围小，地理位置偏僻有关，当然也跟地方官吏对文化教育的重视程度有关。

在无法摆脱科名低迷状况的情况下，邵武府各县长官及生员便求助于风水气数，希望迁改校址能够带来好运气。邵武县学在府治西北，即宋邵武军学，该处"地接熙春之脉，秀水出焉"。可是到明中叶的嘉靖二十年（1541）邵武县学的学生又嫌原有校址不好了，他们得知县城九龙观"有二活石，观石隐隐地中，卫石出地三尺，上有宋篆十二字。俗名观石为龙头，卫石为龙尾。诸生爱此二瑞，故请于上官，以学宫易之。"[1]于是提出将县学迁至九龙观。此外，还有建成于明万历四十四年（1616）的灵杰塔，主要目的也是培植文脉。时任邵武郡丞万恒麓解释说："往时羊角峰突起，人文最胜。后为草寇邓茂七所平，科名从兹逊于昔。"[2]清康熙邵武知府汪丽日撰的《修灵杰塔记》也认为建塔能够"以兴起人文，追昔时之盛"。究其原因，都是希望风水轮流转，保佑士子们科举成功。邵武府的其他县也是一样讲究风水，如光泽的县学对着文峰，泰宁的县学靠近天王寺，建宁县学则称"山水佳处"。

对邵武府诸县一再因考虑风水而迁徙的现象，明代嘉靖《邵武府志》编撰者陈让感叹道：

愚次邵阳学校，未尝不废书而叹曰：甚哉！士之惑也！不求诸身，而惓惓堪舆气数之说，屡议改迁。尝谓夫子之宫，樵川三绕其南，盖低回观之不能去云。

---

[1] ［明］何乔远撰：《闽书》卷三十六《建置志·邵武府·邵武县·儒学》，1994年点校本，第905-906页。
[2] ［清］邹若虚：《灵杰塔记》，载光绪《邵武府志》卷三《山川》，2017年点校本，第26页。

县学据九龙之胜,光泽学对文峰,泰宁学近天王寺,建宁称山水佳处矣。士惑未已也。此与商贾易肆之见何异?夫不有明德新民止至善乎?明德既明,禄在其中矣。①

迁改校址并没有带来更好的运气。正如陈让所批评的,学校办得好坏主要靠士子自身的努力。如果文化积累不够,风水再好也无助于万一。终明一代,按道光《福建通志》所载,邵武府考中38名进士,在八府中倒数第一;考中举人179人,在八府中也是倒数第一。而且自嘉靖中县学搬迁后,科名也未见复兴,100多年间光泽未有中进士者,仅中举人4人;泰宁中进士4人、举人7人;建宁中进士2人、举人3人。②隆庆年间(1567—1572)邵武府未考中1名进士,此后,直到明朝末年(1644)也才考中6名进士。

---

① [明]何乔远编撰:《闽书》卷三十六《建置志·邵武府》,1994年点校本,第911页。
② [清]陈寿祺:《福建通志》卷一五二《明·选举·进士》,清同治十年刻本,2011年影印原书,第355-387页。

附录一　邵武历代举人名录

"科举"即分科举人之意。古代科举考试大多分四级：院试—乡试—会试—殿试。院试未中试前叫"童生""孺子"，中试后称"生员"，俗称"秀才"；生员中优秀者送省城参加乡试，三年一次，合格者为举人，考期在八月，故有"秋闱"之称。次年的春天，在京城由尚书省礼部主持会试，亦称"春闱"，即礼部试；省试后的当年举行殿试，由皇帝亲自主持。

需要说明的是宋代乡举（举人）并没有出身，只是具备了参加京城会试的机会，并无做官的可能，且举人的资格仅是一次性的。要获得功名需要不断参加考试，直到"累举不第，然后有推恩，则谓之特奏名。"[1]考不上，但获得特奏名才算有了功名，才有做官的可能。到了明清时代，举人的含金量才高起来，进退从容。进，可参加京城会试，乃至殿试，向进士出身冲刺，且举人资格终身有效，下次科举可直接参加会试；退，举人则已经具备了做官的资格，一旦朝廷有相应官职空缺，举人便可以补缺。明清的举人所任官职都是知县、候补知县，或者教谕、训导等，这种情况对宋代举人来说是不可能的。

一、宋代举人

邵武历代方志仅载有龚氏和上官氏两个家族的举人，计41人，其资料来源主要采自家谱，概因这两个家族自宋初就有撰修家谱，而其他姓氏并非没有举人，而是资料佚失。事实上，宋代进士也必须先考取举人，然后才有参加进士考试的资格。宋代邵武举人数量至少要比进士多上4倍，推测人数应该在千人以上，但志书记载的宋乡举仅有41名。兹将宋代邵武县乡举列表如下：

---

[1]［清］咸丰《邵武县志》卷十二《选举》，1986年点校本，第282页。

附表 1　宋代邵武县乡举列表

姓名	年榜	备注
龚顺	太平兴国五年(980)庚辰科	据《龚氏家谱》
龚颜	太平兴国七年(982)壬午科	邕溪令,据《龚氏家谱》
龚绶	咸平二年(999)己亥科	驾部员外郎,据《龚氏家谱》
龚康	大中祥符元年(1008)戊申科	吏部侍郎,据《龚氏家谱》
龚觊	天圣四年(1026)丙寅科	泗州功曹军,据《龚氏家谱》
龚松卿	嘉祐七年(1062)壬寅科	兵部外郎,据《龚氏家谱》
龚宏	嘉祐七年(1062)壬寅科	据《龚氏家谱》
龚邦杰	治平三年(1066)丙午科	柳州判,据《龚氏家谱》
龚履元	元丰元年(1078)戊午科	翰林,据《龚氏家谱》
龚宗亮	元丰元年(1078)戊午科	据《龚氏家谱》
龚适	元丰四年(1081)辛亥科	据《龚氏家谱》
龚迪	元丰七年(1084)甲子科	据《龚氏家谱》
龚能	元符三年(1100)庚戌科	宁国推官,据《龚氏家谱》
龚凤	元符三年(1100)庚戌科	云州判,据《龚氏家谱》
龚泰	崇宁四年(1105)乙酉科	台州教授,据《龚氏家谱》
龚椿	大观二年(1108)戊子科	据《龚氏家谱》
龚奭	政和四年(1114)甲午科	官谏议,从二帝北狩,卒五国城,据《龚氏家谱》
龚铎	宣和五年(1123)癸卯科	据《龚氏家谱》
龚台	宣和五年(1123)癸卯科	据《龚氏家谱》
龚朝	绍兴元年(1131)辛亥科	宣议郎,《龚氏家谱》
上官仲昇	绍兴十年(1140)庚戌科	
龚元保	绍兴十年(1140)庚戌科	宜黄县丞,据《龚氏家谱》
龚宸	绍兴二十年(1150)庚午科	据《龚氏家谱》
龚选	绍兴三十二年(1162)壬午科	据《龚氏家谱》

续表

姓名	年榜	备注
龚桢	乾道四年(1168)戊子科	据《龚氏家谱》
龚安中	乾道七年(1171)辛卯科	据《龚氏家谱》
龚文彦	乾道七年(1171)辛卯科	据《龚氏家谱》
龚圆	淳熙七年(1180)庚子科	据《龚氏家谱》
龚会	绍熙三年(1192)壬子科	据《龚氏家谱》
龚全	绍熙三年(1192)壬子科	本军解元,据《龚氏家谱》
龚图	年榜无考	载咸丰志
上官泷	庆元四年(1198)戊午科	
上官铭	嘉泰元年(1201)辛酉科	举和州
上官衡孙	开禧三年(1207)丁卯科	举和州
龚士表	嘉定元年(1208)戊辰科	据《龚氏家谱》
上官涣申	嘉定三年(1210)庚午科	
上官澡	嘉定三年(1210)庚午科	举和州
上官益明	嘉定九年(1216)丙子科	
上官彦华	嘉定十二年(1219)己卯科	案,特奏名亦有上官彦华
上官文正	嘉定十五年(1222)壬午科	
上官涣元	绍定四年(1231)辛卯科	举和州,再举镇江

资料来源:光绪《邵武府志》卷十六《选举·宋乡举》,2017年点校本,第440-443页。

二、元代举人

元初,无开科取士,直至皇庆二年(1313),仁宗下诏,始议科举取士之方,考录天下贤能,设进士科,分左右榜。福建省则赴试于浙江行省。邵武有记载的举人有2人。

附表2　元代邵武县乡举列表

姓名	年榜	备注
龚良彦	延祐元年(1314)甲寅科	
黄清老	泰定三年(1326)丙寅科	以春秋应浙省乡试第一,见《进士》

资料来源:光绪《邵武府志》卷十六《选举·元乡举》,2017年点校本,第443页。

三、明代举人

明清以来,乡试已固定成为省级地方考试层级。举人出身者可以授予官职,因此竞争十分激烈,乡试中举也比前代更为荣耀风光。有明一代生员考中举人的比率最高约1%,一名举人的背后往往是近百名科场失意者。据统计,明代举人考中进士的比率为23.85%,即平均每4个举人最多1人考中进士,考举人的难度不亚于进士。从竞争的激烈程度来看,举人比进士还更难能可贵,有"金举人、银进士"之说。[1]明代邵武县举人计101人,兹列表如下:

附表3　明代邵武县乡举列表

姓名	年榜	备注
周文通	洪武十七年(1384)甲子科	官终给事中
吴言信	洪武二十三年(1390)庚午科	终翰林院编修
陈容	建文元年(1399)己卯科	砀山县丞
花润生	永乐元年(1403)癸未科	历知古田、太和县,终浙江学政
刘永贤	永乐元年(1403)癸未科	终贵州布政司左参政
黄埜	永乐元年(1403)癸未科	历知江西万载、彭泽县、湖南宁远县
王定	永乐元年(1403)癸未科	官御史
吴禔	永乐元年(1403)癸未科	江西按察司佥事
黄成宗	永乐元年(1403)癸未科	南昌府训导

[1] 刘海峰:《福建教育史》,福建教育出版社,1996年,第145页。

续表

姓名	年榜	备注
高诚	永乐元年(1403)癸未科	以岁贡中应天府乡试,潮州知州
邓希宁	永乐三年(1405)乙酉科	宜兴教谕
张安	永乐三年(1405)乙酉科	广昌教谕
黄惠	永乐三年(1405)乙酉科	历安定、庐江知县,浙江盐运司判官
吴玺	永乐六年(1408)戊子科	户部右侍郎
詹柜	永乐六年(1408)戊子科	四川布政司副理问
许铭生	永乐六年(1408)戊子科	
周贤生	永乐六年(1408)戊子科	扬州府经历
魏达	永乐九年(1411)辛卯科	临高知县
朱满	永乐九年(1411)辛卯科	清运训导
朱维桢	永乐九年(1411)辛卯科	知县
曾真保	永乐九年(1411)辛卯科	浮梁知县
黄克昕	永乐十二年(1414)甲午科	官至和州同知,调德庆州
杨孟	永乐十二年(1414)甲午科	知县
官本	永乐十二年(1414)甲午科	歙县县丞
官琚	永乐十二年(1414)甲午科	一作"官驹",户部郎中
李得全	永乐十二年(1414)甲午科	河南道监察御史
李居正	永乐十五年(1417)丁酉科	萍乡教谕
上官祐	永乐十五年(1417)丁酉科	新城教谕,擢弋阳知县,见《文苑传》
王靖	永乐十五年(1417)丁酉科	石城知县
张先	永乐十五年(1417)丁酉科	程乡知县
朱莆	永乐十五年(1417)丁酉科	杭州判官,《通志》作"辰州府阮州判官"。
危继	永乐十五年(1417)丁酉科	蓝田训导,《通志》作"衡州府蓝山训导"

续表

姓名	年榜	备注
吴环	永乐十五年(1417)丁酉科	鬱林州州判,以招抚蛮徭功升本州同知
邱继	永乐十五年(1417)丁酉科	工部主事
黄子禄	永乐十八年(1420)庚子科	严州训导,应贵溪教谕,升桂林教授。学政修举
谌敬	永乐十八年(1420)庚子科	巫山教谕,《通志》作"宁波府奉化教谕"
曾昶	永乐十八年(1420)庚子科	海宁人,台州教授。未载籍
曹泰	永乐二十一年(1423)癸卯科	后复姓陈。右副都御史
王勉	永乐二十一年(1423)癸卯科	
王广	永乐二十一年(1423)癸卯科	北流教谕
李文祯	永乐二十一年(1423)癸卯科	惠州知府
李惟恭	宣德元年(1426)丙午科	光化训导
邱九思	宣德四年(1429)己酉科	嘉兴府教授,为人端方耿直
龚敦	宣德七年(1432)任子科	都转运使
徐溥	正统十二年(1447)丁卯科	监察御史
谢燫	正统十二年(1447)丁卯科	监察御史
朱浚	景泰元年(1450)庚午科	历内府承运库、鸿胪寺序班、光禄寺录事
上官启和	景泰元年(1450)庚午科	上官祐子。咸丰志作"上官肇和"
闻永	景泰元年(1450)庚午科	海丰训导
卢孟	景泰元年(1450)庚午科	宜黄教谕。咸丰志作"虞孟"
杨靖	景泰元年(1450)庚午科	历瑞金、仪陇训导
周灏	景泰四年(1453)癸酉科	历海盐知县、惠州同知,朝议大夫致仕
谢频	景泰四年(1453)癸酉科	钱塘知县。咸丰志作"谢颍"
李富	景泰七年(1456)丙子科	善化知县,有惠政。《通志》作"惠州府归善知县"
朱钦	成化四年(1468)戊子科	终官右副都御史

续表

姓名	年榜	备注
宁坚	成化七年(1471)辛卯科	官凤阳同知。纂修明成化《邵武府志》
崔中	成化十年(1474)甲午科	府学教授盛之子,占籍邵武,官霍山知县
孔经	成化十三年(1477)丁酉科	官南京户部主事
罗绅	成化十九年(1483)癸卯科	惠州府推官
朱浩	弘治五年(1492)壬子科	
危行	弘治十一年(1498)戊午科	监察御史
谢珂	弘治十七年(1504)甲子科	燫子,以岁贡中应天府乡试
谢璠	弘治十七年(1504)甲子科	珂弟,寿王府伴读
朱瀚	正德二年(1507)丁卯科	知县
尧瑄	正德二年(1507)丁卯科	惠州府通判。咸丰志作"饶瑄"
陈怀	正德五年(1510)庚午科	知县
黄铣	正德十四年(1519)己卯科	中牟知县
米荣	嘉靖七年(1528)戊子科	兵部主事,湖广按察司佥事
王锡	嘉靖十三年(1534)甲午科	事母孝,辞官不受
王埙	嘉靖十六年(1537)丁酉科	
何廷钰	嘉靖十九年(1540)庚子科	云南道御史
陈谟	嘉靖二十二年(1543)癸卯科	崖州知州
朱枬	嘉靖二十五年(1546)丙午科	
尧世美	嘉靖二十五年(1546)丙午科	授通判,事母孝,未入仕。咸丰志作"饶瑄子"
朱焌	嘉靖三十一年(1552)壬子科	
徐美	嘉靖三十一年(1552)壬子科	连城知县
何廷锦	嘉靖三十四年(1555)乙卯科	武进知县,调益都县
谢邦泰	隆庆元年(1567)丁卯科	由岁贡中顺天乡试

续表

姓名	年榜	备注
杜钟秀	隆庆四年(1570)庚午科	知黄岩县、惠州通判,迁知儋州
黄思道	隆庆四年(1570)庚午科	中浙江乡试
陈一鲲	万历十六年(1588)戊子科	选六合知县,未赴卒
黄守经	万历十六年(1588)戊子科	江西中式,扬州府同知
陈之美	万历二十五年(1597)丁酉科	官终按察司副使
袁继愈	万历二十五年(1597)丁酉科	
黄克谦	万历二十五年(1597)丁酉科	知仁和县,官至广东右参政
王洵	万历二十八年(1600)庚子科	承天府推官、苏州督捕同知
方遇熙	万历二十八年(1600)庚子科	兖州府运河同知
危纯中	万历二十八年(1600)庚子科	历琼州推官、夔州府同知
黄克俭	万历三十一年(1603)癸卯科	中浙江乡试
龚而安	万历三十一年(1603)癸卯科	中江南解元
吴嘉泰	万历三十四年(1606)丙午科	考授知州,以父老不就选
高崇谷	万历四十年(1612)壬子科	初授归安、清河教谕,历官户部主事
张于屏	万历四十三年(1615)乙卯科	四川金堂令
陈所知	万历四十三年(1615)乙卯科	
高佐	万历四十六年(1618)戊午科	知福山县
王拱昌	万历四十六年(1618)戊午科	
米嘉穗	万历四十六年(1618)戊午科	官终南京兵马司正指挥
何望海	天启元年(1621)辛酉科	揭阳知县
张能恭	崇祯三年(1630)庚午科	未入仕
陈其柱	崇祯六年(1633)癸酉科	开平知县
黄兆舟	崇祯十二年(1639)己卯科	华亭知县

资料来源:光绪《邵武府志》卷十六《选举·明乡举》,2017年点校本,第446—453页。

三、清代举人

清初循明制,自顺治五年迄光绪二十三年,248年间,邵武产生举人计95人。

附表4　清代邵武县乡举列表

姓名	年榜	备注
李惟华	顺治五年(1648)戊子科	第一名,官阳信知县
冯可参	顺治十一年(1654)甲午科	知郯城县
吴迪化	顺治十七年(1660)庚子科	
吴震	康熙二年(1663)癸卯科	康熙十二年癸丑(1673)进士
蔡奎	康熙五年(1666)丙午科	第一名,未入仕
黄金铉	康熙八年(1669)己酉科	未入仕
黄华衮	康熙二十三年(1684)甲子科	知砀山县
陈洪	康熙二十九年(1690)庚午科	知新化县
梁芑	康熙三十八年(1699)己卯科	知栾城县
丁继离	康熙三十八年(1699)己卯科	官定安知县
张霖	康熙四十一年(1702)壬午科	未入仕
沈璇	康熙四十四年(1705)乙酉科	知安平县
吴芮	康熙五十年(1711)辛卯科	官香山知县
黄衍	康熙五十年(1711)辛卯科	知凤阳县
袁晋	康熙五十二年(1713)癸巳恩科	未入仕
李杜	康熙五十三年(1714)甲午科	未入仕
王恒	雍正元年(1723)癸卯恩科	
黄炅	雍正二年(1724)甲辰科	历常山、仁和知县,终太湖同知
朱笔	雍正二年(1724)甲辰科	
王犹	雍正二年(1724)甲辰科	
陈彦开	雍正四年(1726)丙午科	诗人,未仕

续表

姓名	年榜	备注
叶为舟	雍正四年(1726)丙午科	历蕲水、汉川知县
王畿	雍正七年(1729)己酉科	选仁怀知县,改福清教谕
梁惟燮	雍正十年(1732)壬子科	官吴堡知县致仕。
宁士璋	乾隆元年(1736)丙辰恩科	
张名标	乾隆元年(1736)丙辰恩科	官永定教谕
曾勉	乾隆元年(1736)丙辰恩科	榜名晋,新津知县
李笃生	乾隆三年(1738)戊午科	四川金堂知县
朱敏求	乾隆六年(1741)辛酉科	长沙府益阳知县
罗炳	乾隆六年(1741)辛酉科	知医,未仕
吴澍	乾隆十二年(1747)丁卯科	闽县教谕
廖瑛	乾隆十二年(1747)丁卯科	建阳训导
曾澜	乾隆十二年(1747)丁卯科	四会知县
陈翊	乾隆十二年(1747)丁卯科	
黄镛	乾隆十八年(1753)癸酉科	
熊铠	乾隆十八年(1753)癸酉科	官河南南召知县
周旋	乾隆十八年(1753)癸酉科	
梅源	乾隆二十一年(1756)丙子科	
刘松	乾隆二十一年(1756)丙子科	广西博白县令
杨灿	乾隆二十一年(1756)丙子科	官常州、苏州知府,海门同知
饶鹏飞	乾隆二十一年(1756)丙子科	平阴知县
罗均	乾隆二十四年(1759)己卯科	历长乐、松滋、麻城、德兴知县
饶炯	乾隆二十四年(1759)己卯科	官河南安阳令
王礲	乾隆二十四年(1759)己卯科	
杨唐佑	乾隆二十五年(1760)庚辰恩科	抚州府金谷知县
杜师牧	乾隆二十五年(1760)庚辰恩科	

续表

姓名	年榜	备注
高倬	乾隆二十七(1762)年壬午科	
朱锵	乾隆三十三(1768)年戊子科	官永春州学正
黄利通	乾隆三十五年(1770)庚寅恩科	官延平、汀州教授
沙隽	乾隆三十五年(1770)庚寅恩科	官连城教谕
王节	乾隆三十六年(1771)辛卯科	官永福、崇安、归化教谕
陈得虬	乾隆三十六年(1771)辛卯科	
张履震	乾隆三十六年(1771)辛卯科	
江南金	乾隆三十九年(1774)甲午科	
吴滨	乾隆三十九年(1774)甲午科	福安教谕,《通志》作"浦城人"
罗墀	乾隆三十九年(1774)甲午科	漳平教谕
赵有成	乾隆四十二年(1777)丁酉科	
廖光增	乾隆四十二年(1777)丁酉科	官闽清教谕
胡盼	乾隆四十五年(1780)庚子科	
吴瀰	乾隆四十八年(1783)癸卯科	
傅吕	乾隆五十一年(1786)丙午科	历惠安、海澄、台湾训导
张锥	乾隆五十四年(1789)己酉恩科	官长乐、尤溪教谕,
龚正调	乾隆六十年(1795)乙卯科	官刑部奉天司员外郎
李见龙	乾隆六十年(1795)乙卯科	
魏昉	乾隆六十年(1795)乙卯科	恩赏举人,官检讨
梅树德	嘉庆三年(1798)戊午科	官浙江西安令
葛绅	嘉庆三年(1798)戊午科	广西知县
魏德睆	嘉庆六年(1801)辛酉科	广西西宁知县、湖南靖州知州
刘烈	嘉庆六年(1801)辛酉科	历建阳、永福、龙溪、台湾、南平五庠
上官鋆	嘉庆九年(1804)甲子科	
黄源治	嘉庆九年(1804)甲子科	官定州州同

续表

姓名	年榜	备注
龚正谦	嘉庆十二年(1807)丁卯科	顺天中式,正调弟。历官云南通海、建水知县
杨兆璜	嘉庆十三年(1808)戊辰恩科	官金华令,知柳州府、广平府
徐引之	嘉庆二十三年(1818)戊寅恩科	
危宿	道光元年(1821)辛巳恩科	官长乐训导
萧煊	道光元年(1821)辛巳恩科	历广西上思州、岑溪县、义宁县、龙胜通判、德胜同知
米文杰	道光元年(1821)辛巳恩科	
张冕	道光二年(1822)壬午科	官泉州府、建宁府教授
元赝善	道光二年(1822)壬午科	善官归化教谕
饶学汉	道光五年(1825)乙酉科	
朱华衮	道光十一年(1831)辛卯恩科	历官直隶、内邱、香山、阜城知县
张垣	道光十二年(1832)壬辰恩科	榜名敦善
朱杞	道光十四年(1834)甲午科	官瓯宁教谕
赵炳蔚	道光十五年(1835)乙未恩科	
朱霞	道光十五年(1835)乙未恩科	
严玉堂	道光二十六年(1846)丙午科	官仙游训导
李树芬	道光二十九年(1849)己酉科	
梁时泰	咸丰元年(1851)辛亥恩科	
洪思本	咸丰元年(1851)辛亥恩科	
傅作梅	咸丰九年(1859)己未科	
萧经堂	同治六年(1867)丁卯科	
黄定中	同治九年(1870)庚午科	教习,挑选教谕
江心筠	光绪二年(1876)丙子科	分发四川知县
杜琨	光绪二年(1876)丙子科	改名璘光,江西金溪知县
萧钟英	光绪二十三年(1897)丁酉科	

资料来源:光绪《邵武府志》卷十六《选举·清乡举》,2017年点校本,第472-483页。

附录二　宋代邵武宰辅任期集证

宰辅，即辅政大臣，本书指宰相与执政（副宰相）。《宋史》云："宰相之职，佐天子，总百官，平庶政，事无不统。"①尚书左、右丞与参知政事等为执政官，为宰相佐贰。宰辅位于权力中枢，身系封建王朝安危，他们的活动基本构成了一代政治史。有宋一代，邵武位居宰辅的历史名人有四位，其中，李纲、黄潜善官居宰相；黄履、任希夷位至执政。他们作为重臣卿相，对宋朝的政治、经济、文化及社会思想产生过深刻的影响，也是邵武历史文化遗产的重要组成部分。

宋代宰辅官制经过五次改革，各时期宰相与辅臣（副宰相）名称不尽相同。邵武宰辅官名有左仆射、右仆射，尚书右丞、参知政事。《宋史·职官志》载：

左仆射、右仆射：掌佐天子议大政，贰令之职，与三省长官皆为宰相之任。南渡后置左右丞相，省仆射不置。②

尚书左丞、右丞：掌参议大政，通治省事，以贰令、仆射之职。③

参知政事：掌副宰相，毗大政，参庶务……元丰新官制，废参知政事，置门下、中书二侍郎，尚书左右丞以代其任，建炎三年，复参知政事入故。④

近年，邵武有人提出邵武宰相应该为4人，认为执政（副宰相）也应计入宰相之列。对于这个观点，《宋史·宰辅表一》有明确的解读：

宋宰辅年表，前九朝始建隆庚申，终靖康丙午，凡一百六十七年，居相位者七十二人，位执政者二百三十八人。后七朝始建炎丁未，终德祐丙子，凡一百四十九年，居相位者六十一人，位执政者二百四十四人。⑤

---

① [元]脱脱：《宋史》卷一百六十一《职官一》，中华书局，1977年，第3773页。
② [元]脱脱：《宋史》卷一百六十一《职官一》，中华书局，1977年，第3789页。
③ [元]脱脱：《宋史》卷一百六十一《职官一》，中华书局，1977年，第3789页。
④ [元]脱脱：《宋史》卷一百六十一《职官一》，中华书局，1977年，第3775页。
⑤ [元]脱脱：《宋史》卷二一〇《宰辅一》，中华书局，1977年，第5415页。

《宋史·宰辅表一》明确区分了宰相与执政,因此,副宰相应为"执政者",不能列为相位。

邵武四位宰辅的为官经历、历史贡献,历代各种文献资料有较为详细的记载。本章通过核对《建炎以来系年要录》《宋宰辅编年录校补》《宋史》《宋会要辑稿》等正史资料,着重考证他们作为宰辅的任职和罢免时间,同时补充四位邵武宰辅的葬地情况。

一、李纲

李纲是北宋末、南宋初的国家重臣。他在南北宋之交的动荡时代,组织军民抗金,使金国南下战略受挫,从而为南宋的建立奠定了基础。他一生实践了儒家以民为本的思想,信念坚定,忠于国家,不管受到什么打击,报国之心矢志不改,为南宋的复兴作出了重大的贡献。

李纲(1083—1140),字伯纪,政和二年(1112)进士及第。宣和七年(1125)为太常少卿。建炎元年(1127)六月初六日,拜尚书右仆射兼中书侍郎(右相),八月初五日迁左仆射兼门下侍郎(左相),八月十八日罢相位。关于李纲宰相的任职时间有75天、77天两种说法,具体日期也有多种记载,现综合各种史料汇考如下:

(一)拜相时间

1.《建炎以来系年要录》:"甲午,资政殿大学士、新除领开封府职事李纲为尚书右仆射兼中书侍郎,趣赴阙"。[1]辛更儒点校:"上在济州与纲书,已称'伯纪观文相公'而此独大资政除,盖未有成命也"。[2]

《建炎以来系年要录》:"建炎元年六月己未朔,新除尚书右仆射李纲至行在……纲复固辞,犹未受命也"。[3]

---

[1] [宋]李心传撰:《建炎以来系年要录》卷五"建炎元年五月",辛更儒点校,上海古籍出版社,2018年,第123页。
[2] [宋]李心传撰:《建炎以来系年要录》,辛更儒点校,上海古籍出版社,2018年,第123页。
[3] [宋]李心传撰:《建炎以来系年要录》卷六"建炎元年六月",辛更儒点校,上海古籍出版社,2018年,第146页。

《建炎以来系年要录》:"壬戌(初五日),尚书右仆射兼中书侍郎兼御营使李纲守尚书左仆射兼门下侍郎。"①

2.《宋史》:"五月甲午(初五日),李纲自资政殿大学士、领开封府职事除正议大夫,守尚书右仆射兼中书侍郎。七月壬寅(十四日),自右仆射除银青光禄大夫、尚书左仆射、同平章事、御营使兼门下侍郎"。②附校勘记:"左右仆射加同平章事始于建炎三年,是时未有此制。"

3.《李纲全集》:"六月一日,对于殿内,面辞新命。……六月二日,再对力辞。……六日公即拜命"。③

4.《宋宰辅编年录校补》:"甲午,李纲右仆射。自资政殿学士领开封府职事,除正议大夫、守尚书右仆射兼中书侍郎"。④"七月壬寅李纲左仆射,自右仆射除银青光禄大夫、尚书左仆射、同平章事、御营使兼门下侍郎。"⑤王瑞来校证:"二相之除当在八月壬戌。"⑥

综上所述,李纲任右仆射时间有两种说法,《建炎以来系年要录(卷五)》《宋史》《宋宰辅编年录校补》均载为"建炎元年五月甲午(初五日)"。而《建炎以来系年要录》更为明确地说明:"建炎元年六月己未朔,新除尚书右仆射李纲至行在……纲复固辞,犹未受命也。"⑦辛更儒对这一记载点校说,此时"上在济州与纲书,已称'伯纪观文相公'而此独大资政除,盖未有成命也。"⑧五月甲午日不是李纲正式任右仆射的时间。其背景是靖康之变,宋徽宗、钦宗及宗室悉数被掳往金国,钦宗的弟弟康王赵构,此时远在相州(河南安阳),他是徽宗九子中唯一没有被俘的亲王,在黄潜善、汪伯彦等人的拥立下,于建炎元年五月庚寅日在应天府(今河南商丘)登极皇位,改元建炎。此时李纲尚在长沙,他收到高宗皇帝写于五月甲午日的书信,拟拜李纲为尚书右仆射兼中书侍郎,但书信不能作为

---

① [宋]李心传撰:《建炎以来系年要录》卷八"建炎元年八月",辛更儒点校,上海古籍出版社,2018年,第204页。
② [元]脱脱:《宋史》卷二百一十三《宰辅四》,中华书局,1977年,第5543页。
③ [宋]李纲《李纲全集》附录一《李纲年谱》,王瑞明点校,岳麓书社,2004年,第1688页。
④ [宋]徐自明:《宋宰辅编年录校补》卷十四"高宗建炎元年",王瑞来点校,中华书局,1986年,第890页。
⑤ [宋]徐自明:《宋宰辅编年录校补》,王瑞来点校,中华书局,1986年,第898页。
⑥ [宋]徐自明:《宋宰辅编年录校补》,王瑞来点校,中华书局,1986年,第910页。
⑦ [宋]李心传撰:《建炎以来系年要录》卷六"建炎元年六月",辛更儒点校,上海古籍出版社,2018年,第123页。
⑧ [宋]李心传撰:《建炎以来系年要录》,辛更儒点校,上海古籍出版社,2018年,第146页。

任命文书。这一点《李纲全集》写得更为详细:"六月一日,对于殿内,面辞新命。……(六月)二日,再对力辞。……六日……公既拜命。"①因此,李纲任右仆射的时间应为建炎元年六月初六日。

虽然左右仆射"皆为宰相之任",虽然左大于右,但李纲初任右仆射时并无左仆射,"上即位,左右揆皆虚位,首以李纲为右揆"。②这个阶段李纲是唯一的宰相。

李纲由右相迁任左相也有两种说法。《宋史》《宋宰辅编年录校补》载为"七月壬寅(十四日)",王瑞来校证认为"二相之除当在八月壬戌(初五日)"。《建炎以来系年要录》亦载为"八月壬戌(初五日)"。是年八月壬寅(初五日)高宗皇帝任命黄潜善为尚书右仆射、兼中书侍郎(右相),李纲迁左仆射兼门下侍郎(左相)。笔者赞同八月初五日之说,因此,从六月初六日到八月初五日,李纲任右相时间当为62天。

(二)罢免时间

李纲罢相时间史料也有多种记载,摘录如下:

1.《建炎以来系年要录》:"乙亥(十八日),尚书左仆射兼门下侍郎兼御营使李纲罢。"③"纲在相位凡七十五日。"④该书卷八辛更儒点校:"纲以六月己未入朝,八月癸酉(十六日)免去。《日历》纲免相在八月二十日。纲行状云'八月十八日告廷',汪伯彦《时政记》亦同,今从之。"⑤

2.《宋史》:"八月丁丑(二十日),李纲罢左相,以观文殿大学士提举杭州洞霄宫。"⑥

3.《李纲全集》:"公求去之意亦决矣……章三上,降麻除观文殿大学士,提举杭州洞霄宫。时十八日也。"⑦

---

① [宋]李纲:《李纲全集》附录一《李纲年谱》,王瑞明点校,岳麓书社,2004年,第1688页。
② [宋]徐自明:《宋宰辅编年录校补》,王瑞来点校,中华书局,第900页。
③ [宋]李心传撰:《建炎以来系年要录》卷八"建炎元年八月",辛更儒点校,上海古籍出版社,2018年,第207页。
④ [宋]李心传撰:《建炎以来系年要录》,辛更儒点校,上海古籍出版社,2018年,第209页。
⑤ [宋]李心传撰:《建炎以来系年要录》,辛更儒点校,上海古籍出版社,2018年,第209页。
⑥ [元]脱脱:《宋史》卷二百一十三《宰辅四》,中华书局,1977年版,第5543页。
⑦ [宋]李纲《李纲全集》附录一《李纲年谱》,王瑞明点校,岳麓书社,2004年,第1688页。

4.《宋宰辅编年录校补》:"八月丁丑(二十日),李纲罢左仆射。"①

5.《宋会要辑稿》:"(建炎元年)八月二十五日,银青光禄大夫、守尚书左仆射、兼门下侍郎、充御营使李纲罢为观文殿大学士、提举杭州洞霄宫。"②

上述李纲罢左仆射时间有4种记载,"八月癸酉(十六日)""八月乙亥(十八日)""八月丁丑(二十日)""八月二十五日",参照辛更儒的点校及《李纲年谱》,李纲宰相罢职当为建炎元年八月十八日。

高宗皇帝在任命李纲为左仆射的同时,又擢升黄潜善为右仆射,如此一来,李纲处处受掣肘。于是李纲决定辞职,告廷而去。左相任职时间为13天,合计"纲在相位凡七十五日"。其中八月二十日、八月二十五日可能为各种文书下达时间。

附:李纲葬地

《李纲全集》:"公年五十八。正月十五日,公薨。初,公之叔弟校书公博学多识,公所以期待者甚远,入馆未几,不幸早世。公悼恨不已,适上元具祭,抚几号恸,仓卒感疾,即薨于楞严精舍。……十二月十四日,葬于福州怀安县桐口大家山之原。"③

李纲是邵武人,故里为邵武一都,晚年寓居福州。按古代丧葬规制"叶落归根,魂归故土",为何葬于今闽侯县荆溪镇大嘉山?

这个问题《建炎以来系年要录》是这么解读的:

观文殿大学士、提举临安府洞霄宫李纲薨于福州。纲之弟校书郎经早卒,纲悼恨不已,会上元节,纲临其丧,哭之恸,暴得疾,即日薨,年五十八。上方遣中使徐珣抚问,讣闻,赠少师,徙其弟两浙东路提点刑狱公事维于闽部以治其丧,令所居州量给葬事。④

原来,李纲葬福州是高宗皇帝下的诏令。"令所居州,量给葬事"就是诏令李纲所寓居的福州知州,按照级别要求给予办理丧事。闽侯时为福州辖地,是为皇帝敕葬。

---

① [宋]徐自明:《宋宰辅编年录校补》卷十四"高宗建炎元年",王瑞来点校,中华书局,1986年,第902页。
② [清]徐松辑:《宋会要辑稿》职官七八《罢免(下)》,刘琳等点校,上海古籍出版社,2014年,第7560页。
③ [宋]李纲:《李纲全集》附录一《李纲年谱》,王瑞明点校,岳麓书社,2004年,第1691页。
④ [宋]李心传撰:《建炎以来系年要录》,辛更儒点校,上海古籍出版社,2018年,第2241页。

二、黄潜善

黄潜善(1078—1130),字茂和,邵武人。黄潜善和李纲二人都是邵武人,都在南宋初做过高宗皇帝的宰相,且沾亲带故。黄潜善是北宋尚书右丞黄履的远房堂弟,都是黄膺的第十世孙①,而李纲的奶奶黄夫人是黄履的姐姐②,按辈分,李纲得叫黄潜善为舅公。李纲力主抗金,黄潜善却屈辱求和,二人政见不一,在特定的历史阶段,成为历史上的一忠一奸。

元符三年(1100)黄潜善登进士第。政和中,提举利州路学事;八年(1105),提点利州路刑狱;宣和初为左司郎,擢户部侍郎;后以徽猷阁待制知河间府,为高阳关路安抚使。高宗即位,拜中书侍郎。建炎元年(1127年)八月,擢尚书右仆射;二年,进左仆射兼门下侍郎。三年,张澄等劾其误国二十大罪,乃罢相。建炎三年卒。其拜罢相位时间考证如下:

(一)拜相时间

1.《建炎以来系年要录》:"壬戌(初五日),门下侍郎兼权中书侍郎兼御营使黄潜善守尚书右仆射兼中书侍郎"③。

2.《建炎以来系年要录》:"己巳(十九日),尚书右仆射兼中书侍郎黄潜善迁左仆射,兼门下侍郎;知枢密院事汪伯彦守右仆射,兼中书侍郎,仍并兼御营使。"④

3.《宋史》:"同日(七月壬寅),黄潜善自守门下侍郎除正议大夫、尚书右仆射、同平章事兼中书侍郎、御营使。"⑤"十二月己巳(十九日),黄潜善自右仆射兼

---

① 参见明弘治《八闽通志》卷五十二《选举·邵武府》)载:"黄潜善,履之从弟,终尚书左仆射。"(2006年修订本,下册,第305页)
② 参见杨时为李纲的父亲李夔所作《李修撰墓志铭》"考以公贵,累赠正议大夫,妣黄氏,资政殿大学士履之姊"。
③ [宋]李心传撰:《建炎以来系年要录》卷八"建炎元年八月",辛更儒点校,上海古籍出版社,2018年,第146页。
④ [宋]李心传撰:《建炎以来系年要录》卷十八"建炎二年十二月",辛更儒点校,上海古籍出版社,2018年,第387页。
⑤ [元]脱脱:《宋史》卷二百一十三《宰辅四》,中华书局,1977年,第5544页。

中书侍郎除光禄大夫,守左仆射兼门下侍郎。"①该条目附校勘记云:"左右仆射加同平章事始于建炎三年,是时未有此制。"②

4.《宋宰辅编年录校补》:"八月壬戌(初五日),黄潜善右仆射。自守门下侍郎除正议大夫、尚书右仆射兼中书侍郎、御营使。"③王瑞来校证云:"二相之除当在八月壬戌。"④

《宋宰辅编年录校补》:"十二月己巳,黄潜善左仆射自右仆射兼中书侍郎除光禄大夫、守左仆射兼门下侍郎。"⑤

(二)罢职

1.《建炎以来系年要录》:"己巳(十六日),尚书左仆射兼门下侍郎兼御营使黄潜善、尚书右仆射兼中书侍郎兼御营使汪伯彦罢。"⑥

2.《宋史》:"二月己巳(十六日),黄潜善罢左相,以观文殿大学士知江宁府。"⑦

3.《宋宰辅编年录校补》:"(二月)己巳,黄潜善、汪伯彦并罢相。潜善观文殿大学士知江宁府。"⑧

黄潜善由门下侍郎兼权中书侍郎、兼御营使迁尚书右仆射、兼中书侍郎与李纲迁左仆射为同日,即建炎元年八月壬戌(初五日),《宋史·宰辅表四》记为七月壬寅(十四日),是为误载,前文已述。由右仆射迁左仆射为建炎二年十二月己巳(十九日),诸志记载一致,建炎三年二月己巳(十六日)罢相职的记载亦同。期间,任右仆射十五个月,左仆射任职仅三个月,居相位计十八个月。

---

① [元]脱脱:《宋史》卷二百一十三《宰辅四》,中华书局,1977年,第5545页。
② [元]脱脱:《宋史》,中华书局,1977年,第5603页。
③ [宋]徐自明:《宋宰辅编年录校补》卷十四"高宗建炎元年丁未",王瑞来点校,中华书局,1986年,第899页。
④ [宋]徐自明:《宋宰辅编年录校补》,王瑞来点校,中华书局,1986年,第901页。
⑤ [宋]徐自明:《宋宰辅编年录校补》卷十四"建炎二年戊申",王瑞来点校,中华书局,1986年,第910页。
⑥ [宋]李心传撰:《建炎以来系年要录》卷二十"建炎三年二月",辛更儒点校,上海古籍出版社,2018年,第416页。
⑦ [元]脱脱:《宋史》卷二百一十三《宰辅四》,中华书局,1977年,第5546页。
⑧ [宋]徐自明:《宋宰辅编年录校补》卷十四"建炎三年乙酉",王瑞来点校,中华书局,1986年,第914页。

附：黄潜善葬地及逝后追复

黄潜善是邵武故县黄膺支第十世孙。南宋人王庭珪《卢溪文集》有黄潜善之子黄秠《故右朝奉郎通判筠州黄公墓志铭》，铭文载：

未几，敌复饮马淮泗，言者归罪于仆射，贬岭南，以疾卒于梅州。仆射唯公一子，获其枢以归，冒兵盗，间关梗涩，至吉州，遂留以葬，因家焉。……葬于庐陵县儒林乡凤凰洲刘家岭仆射坟之次。[①]

黄潜善父子均葬庐陵县（今江西省吉安市吉州区赵公塘一带）。黄潜善贬谪岭南（责置英州，卒于梅州），不足一年，卒。其子黄秠"获其枢以归"，有可能打算将棺椁运抵故土邵武，无奈兵荒马乱，路途遥远，阻于吉州，"遂留以葬，因家焉"。黄秠本人去世后也葬于黄潜善坟茔旁。

黄潜善去世二十多年后，高宗皇帝两度下诏，追复功名，并予其子孙授官。《建炎以来系年要录》载："庚戌，诏：故追复中大夫黄潜善，再复观文殿大学士、左光禄大夫，官子孙各三人。"[②]《建炎以来系年要录》载："己巳，故责授向德军节度副使王庶追复资政殿学士，故责授秘书少监黄潜厚追复左通议大夫，官子孙有差。"[③]可见，宋高宗对于黄潜善是心存感念的。

三、黄履

黄履（1030—1101），字安中，邵武故县人。他是北宋变法大臣，为了使王安石变法得以实现，和变法派一道对保守派进行不懈的斗争。嘉祐元年（1056）黄履以上舍释褐第一人授南京（今河南商丘）法曹；熙宁元年（1068），擢为监察御史。元丰中迁翰林侍讲学士、礼部尚书；元丰六年（1083），为御史中丞。元丰八年（1085），神宗去世，高太后垂帘听政，司马光拜相，排斥变法，改革派首领蔡确罢相，章惇免职，黄履也受牵连，贬为龙图阁直学士，知越州。再降天章阁待制，历知五州三府。绍圣初，召复龙图阁学士、御史中丞，排击吕大防等元祐大

[①]［宋］王庭珪：《卢溪先生文集》卷四十二，明嘉靖五年刻本。
[②]［宋］李心传撰：《建炎以来系年要录》卷一百七十七"绍兴二十七年六月"，辛更儒点校，上海古籍出版社，2018年，第3099页。
[③]［宋］李心传撰：《建炎以来系年要录》《卷一百八十二》"绍兴二十九年闰六月"，辛更儒点校，上海古籍出版社，2018年，第3225页。

臣。绍圣四年(1097),拜尚书右丞。元符中,以为邹浩辩护,罢知亳州。徽宗立,复召为尚书右丞。建中靖国元年(1101)十月卒。

(一)任执政时间

1.《宋宰辅编年录校补》:"闰二月壬寅,黄履尚书右丞。自试吏部尚书迁中大夫除。"①

《宋宰辅编年录校补》:"二月庚申(二十三日),黄履尚书左丞,自资政殿学士、右通议大夫兼侍读依前官除。"②王瑞来校证:"黄履所除当为尚书右丞,《徐录》作左丞,误。"③

2.《宋史》:"哲宗可之,遂定郊议。拜尚书右丞。"④"徽宗立,召为资政殿学士兼侍读,复拜右丞。未踰年,求去,加大学士、提举中太一宫,卒。"⑤

(二)罢职

1.《宋宰辅编年录校补》载:"(元符二年)闰九月辛巳,黄履罢尚书右丞。自通议大夫守本官知亳州。"⑥

《宋宰辅编年录校补》载:"(黄)履自元符三年正月除尚书左丞,是年十一月罢,在执政仅一年罢。寻卒。"⑦王瑞来校证:"左丞当为右丞之误,正月当为二月之误。"⑧

2.《宋会要辑稿·职官七八罢免上》载:"二年闰九月十二日,通议大夫、守尚书右丞黄履罢,守本官知亳州。"⑨

---

① [宋]徐自明:《宋宰辅编年录校补》卷十"绍圣四年丁丑",王瑞来点校,中华书局,1986年,第651页。
② [宋]徐自明:《宋宰辅编年录校补》卷十一"徽宗元符三年庚辰",王瑞来点校,中华书局,1986年,第659页。
③ [宋]徐自明:《宋宰辅编年录校补》,王瑞来点校,中华书局,1986年,第661页。
④ [元]脱脱:《宋史》卷三百二十八《黄履传》,中华书局,1977年,第10574页。
⑤ [元]脱脱:《宋史》,中华书局,1977年版,第10574页。
⑥ [宋]徐自明:《宋宰辅编年录校补》卷十"元符二年己卯",王瑞来点校,中华书局,1986年,第657页。
⑦ [宋]徐自明:《宋宰辅编年录校补》卷十一"元符三年庚辰",王瑞来点校,中华书局,1986年,第680页。
⑧ [宋]徐自明:《宋宰辅编年录校补》,王瑞来点校,中华书局,1986年,第681页。
⑨ [清]徐松辑:《宋会要辑稿》,刘琳等点校,上海古籍出版社,2014年,第7552页。

《宋会要辑稿·职官五四·宫观使》载:"(徽宗元符三年)十一月十八日,左正议大夫、尚书右丞黄履为资政殿大学士、提举中太一宫,仍免朝参。履自春初召还,即苦舌疡,不能奏事,久乞罢退,至是得请。"[1]

黄履在晚年两度担任尚书右丞,各史志记载一致。第一次为绍圣四年(1097)闰二月壬寅,是年67岁,由礼部尚书迁尚书右丞,至元符二年(1099)闰九月辛巳(十二日),罢知亳州,任职二年七个月。第二次是元符三年(1100)二月庚申(二十三日),是年70岁,自资政殿学士、右通议大夫兼侍读任尚书右丞,是年十一月十八日,"即苦舌疡,不能奏事,久乞罢退"。任职仅九个月。次年卒。

附:黄履葬地

黄履葬于邵武大竹镇官墩村杨梅垅。20世纪90年代,村民修路时捣毁墓葬,墓志铭被敲碎回填,其"宋故尚书右丞黄公之墓"盖尚存。江富《五经黄氏宗谱》载:"履公,汝济公次子,行二,字安中……官至尚书右丞、资政殿学士……敕葬龙潭官墩杨梅。娶张氏,封河南郡夫人,享年四十有五而卒,葬涧洲招樟,后改右丞同墓。舍田三十石,坐落龙潭官墩溪西洒口寺处,入于安国寺永为香灯之业。"[2]由此可知,此碑为黄履墓志盖。

四、任希夷

任希夷(1156—?),字伯起,号斯庵,其先眉山(今四川眉山)人,四世祖伯雨为谏议大夫,其后仕闽,徙居邵武。任希夷从朱熹学,登孝宗淳熙二年(1175)进士第。调浦城簿、萧山丞。累迁礼部尚书兼给事中。嘉定十二年(1219),签书枢密院事,十三年,兼权参知政事。十四年,罢参知政事,出知福州。卒赠少师,谥宣献。著有《斯庵集》(已佚)。

---

[1] [清]徐松辑:《宋会要辑稿》,刘琳等点校,上海古籍出版社,2014年,第6773页。
[2] 江富《五经黄氏宗谱》卷二《世系》,清光绪二十四年第三次修本,谱存邵武市大埠岗镇江富村。

（一）任执政时间

1.《宋宰辅编年录校补》载："七月丙午（十九日），任希夷知枢密院事兼参知政事。"①

2.《宋史》载："进端明殿学士，签书枢密院事兼权参知政事。"②

3.《宋会要辑稿·礼四三》载："二十四日，诏中书令奉册宝差知枢密院事、兼参知政事郑昭先，撰谥册文官差签书枢密院事、兼权参知政事任希夷……"③

（二）罢职时间

1.《宋会要辑稿·职官七八·罢免（下）》载："嘉定十四年八月三日，诏端明殿学士、通议大夫、签书枢密院事、兼权参知政事任希夷除资政殿学士知福州，兼权参知政事任希夷除。以病上章丐闲，故有是命。"④

《宋宰辅编年录校补》载："八月乙卯（初三日），任希夷知枢密院事。史弥远柄国久，执政皆具员，议者讥希夷为拱默。寻提举临安洞霄宫。卒赠少师，谥宣献。"⑤

任希夷自嘉定十三年（1220）七月丙午（十九日）至嘉定十四年（1221）八月三日知枢密院事兼权（代理）参知政事，任职一年。其间宰相史弥远把持朝政，"议者讥希夷为拱默"，言下之意担任参知政事的任希夷拱手缄默，碌碌无为。

附：任希夷葬地

任希夷墓在今江西铅山县青溪镇银村畈东，临江寺东侧。墓高约2米，墓盖及墓框铺砌石块均已不存，唯墓基两层砌石尚存，后人增立"大宋兵部侍郎任希夷之墓"碑刻。

---

① [宋]徐自明：《宋宰辅编年录校补》续录校补之二"嘉定十三年庚辰"，王瑞来点校，中华书局，1986年，第1399页。
② [元]脱脱：《宋史》卷三百九十五《任希夷传》，中华书局，1977年，第12050页。
③ [清]徐松辑：《宋会要辑稿》，刘琳等点校，上海古籍出版社，2014年，第2786页。
④ [清]徐松辑：《宋会要辑稿》，刘琳等点校，上海古籍出版社，2014年，第7591页。
⑤ [宋]徐自明：《宋宰辅编年录校补》续录校补之二"嘉定十四年辛巳"，王瑞来点校，中华书局，1986年，第1400页。

附录三　邵武历代尚书考

尚书,尚书令省称,始于汉魏。视二品官,总掌内尚书省事。[①]

作为中国封建王朝高官,相当于现今国家各部委部长(主任)。宋代置吏部、户部、礼部、兵部、刑部、工部六部。明初废除。清代,六部和理藩院等部门的主官均称为尚书。六部尚书位列重臣,在封建社会的政治舞台上扮演着重要角色,对中国古代历史有重要影响力。

邵武地处闽北山区,但在古代属于科举和教育事业比较发达的地区之一。尤其是南宋以来,长江以北战争不断,而邵武远离战乱,距离南宋的政治中心临安不远,教育事业发展迅速,造就了一大批名垂青史的治国能臣。

近三十年来,邵武官方文献早先有说10个尚书,近年又说7个尚书,甚至表述为7个兵部尚书。究竟多少个尚书,具体是谁?笔者通过梳理历代方志、史志,整理出有文献记载的邵武尚书11人。方志的资料来源,有的采自家谱,有的来自传闻,或有误讹。本文结合《宋史》《宋会要辑稿》等正史资料,对方志记载的邵武尚书作进一步考证,对有疑问的记载提出考辨,对于可信的记载补充正史记载(以任职时间为序)。

一、龚会元

礼部尚书。天圣八年(1030)王拱辰榜进士。龚会元,字千龄,龚询之子,随父祖迁江苏昆山。邵武龚氏家族尊为八世祖,历官至太常少卿。

[①] 龚延明:《中国历代职官别名大词典》(增订本),中华书局,2021年,第643页。

(一)方志记载

清咸丰《邵武县志》卷十二《选举志》、光绪《重纂邵武府志》卷十六《选举》、民国《邵武县志》卷十五《选举·进士》都记载,龚会元"官至礼部尚书"。①

(二)辩疑

龚会元在清代邵武府志、县志载为礼部尚书,但明代方志却载为"礼部郎官"或"礼部郎"。

1.明弘治《八闽通志》载:"龚会元,太常少卿。诇之子。邵武人。礼部郎官。"②

2.明嘉靖《邵武府志》载:"仕至礼部郎。"③

查《宋史》《宋会要辑稿》没有关于龚会元为礼部尚书的记载,亦无龚会元为礼部郎官的记载。按照史志资料可信度顺序,年代更早的资料更为可信,清代邵武地方志记载可能有误,或为礼部郎官所讹。

《宋登科记考(上册)》卷三还载有另一个同名的龚会元,为龚识侄,咸平三年(1000)进士及第,④均邵武龚愈后裔。龚氏家族大多外迁外省,本书第四章《邵武进士家族及地理分布》之《进士家族的地理分布》已有叙述。

二、吴尚

兵部尚书。绍圣元年(1094)甲戌毕渐榜进士。

(一)方志记载

清光绪《重纂邵武府志》:"历官兵部尚书,性至孝,蒙君赐红丝藕奉母,因种之池,遂名焉。采《吴氏家谱》。"⑤

---

① [清]咸丰《邵武县志》,1986年点校本,第278页;[清]光绪《邵武府志》,2017年点校本,第127页;[民国]《重修邵武县志》,民国二十五年刻本,邵武市地方志编纂委员会影印原书,第240页。
② [明]弘治《八闽通志》卷五二《选举·科第·邵武府》,2006年修订本,下册,第303页。
③ [明]嘉靖《邵武府志》卷八《选举·进士·宋》,明嘉靖刻本,2004年点校本,第761页。
④ 傅旋琮主编:《宋登科记考》卷三,江苏教育出版社,2009年,上册,第59页。
⑤ [清]光绪《邵武府志》卷十六《选举》,2017年点校本,第430页。

(二)辩疑

吴尚为兵部尚书仅见于清光绪《重纂邵武府志》,且注明"采《吴氏族谱》"。邵武和平茶源《延陵吴氏族谱·源流遗考》载:

侥公:由南丰迁邵武武阳镇三十七都鸡宿窠,生子一:明。明公:以子贵赠尚书,葬樵□花园。宋建祠于常(南)丰寿君右,享春秋祀祭。生子一:尚。查南丰金斗历来谱本支并无侥公名字,即将石谱亦无其名,原谱载侥公生明,明生尚,登宋哲宗元年(元祐元年)清臣榜进士,官兵部尚书,谥文庆。致仕赐红丝藕回家,栽布藕塘,而家焉。且赐藕事迹将石谱载在奂定公名下,奂定公生哲宗朝,祖孙相距历五世,其年代之不符,实为可疑。①

其实《延陵吴氏族谱》对先祖吴尚这个人物也持怀疑态度,"致仕赐红丝藕回家,栽布藕塘"这个故事也载在邵武市肖家坊镇将石《吴氏家谱》上,但将石村的兵部尚书却记在奂定公名下。至今邵武市桂林乡扬名坊吴氏宗祠还将"兵部尚书吴尚"作为祖宗牌陈列神龛。

清光绪《重纂邵武府志》采用了和平茶源《吴氏家谱》的含糊记载,未予考究,民国《邵武县志》大概发现这个问题未予转载。查《宋史》《宋会要辑稿》"职官""选举"章节,没有吴尚为兵部尚书的记载。除光绪《邵武府志》外,历代志书无载,其为孤证,且来源资料记不可靠,应予剔除。

三、陈琼

兵部尚书。

(一)方志记载

地方志仅见于清光绪《重纂邵武府志》载:"陈琼,字汉琳,河南固始人。……琼官兵部尚书,徽宗季年,朝议东征,命琼督粮,语忤当事,谪昭武镇。"②邵武市肖家坊镇石壁《陈氏族谱》载:"第二世,汉瑢,字陈琼,实任南京兵

---

① 茶源《延陵吴氏族谱》,民国二十八年(1939年)六修本,谱存邵武市和平镇茶源村。
② [清]光绪《邵武府志》卷十五《名宦·镇将·宋》,2017年点校本,第383页。

部尚书,生于大宋仁宗庆历四年三月初七日寅时,殁于徽宗宣和己亥年十二月廿三日戌时,葬泰邑崇化堡鸡笼山。"①泰宁县上青乡至今留存"宋故二世祖兵部尚书讳琼字汉瑢陈公墓"。为道光九年(1829)三月陈氏后裔重立。

(二)辩疑

光绪《重纂邵武府志》卷十五《名宦》载,陈琼为"河南固始人",故不能列为邵武籍。查邵武其他地方志无陈汉琳或陈琼记载,《宋史》《宋会要辑稿》"职官""选举"亦无陈琼或陈汉琳为兵部尚书的记载。

四、黄履

礼部尚书。嘉祐元年(1056)上舍释褐第一人。历知制诰、御史中丞,仕至尚书右丞,终资政殿大学士。

(一)方志记载

历代方志关于黄履为礼部尚书的记载,仅见于清光绪《重纂邵武府志》卷十九《黄履传》:"遭母忧去。服除,召为礼部尚书,迁御史中丞。"②

(二)补充资料

1.宋代名相李纲在为黄履的女婿、龙图阁直学士张根夫人撰写的《宋故龙图张公夫人黄氏墓志铭》中提道:"右丞公时为礼部尚书,一见以国士许之,且曰'器度凝远,真吾女之配也'遂以夫人归焉。"③

2.宋人汪藻为张根撰写的《朝散大夫直龙图阁张公行状》也记载:"礼部尚书黄公履闻其名,以女妻之。"④

---

① 石壁村《陈氏族谱》,民国丙子(1936年)六修本,谱存邵武市肖家坊镇石壁村。
② [清]光绪《邵武府志》卷十九《黄履传》,2017年点校本,第545页。
③ [宋]李纲:《李纲全集》卷一百七十,岳麓书社,2004年,第1569页。
④ [宋]汪藻:《浮溪集》卷二四《朝散大夫直龙图阁张公行状》,文渊阁四库全书本,第8页。

3.《宋史·黄履传》载:"黄履,字安中,邵武人。少游太学,举进士……遭母忧去,服除,以礼部尚书召。"①

需要说明的是北宋前期的尚书是寄禄官,有名衔而无职事。元丰改革官制后方为实职,《中国历代职官别名大词典》载:"宋前期仅存空名,元丰新制始振其职"②。

五、黄潜厚

潜善兄,户部尚书。历官京东路转运副使、直秘阁、户部侍郎、户部尚书、延康殿学士提举醴泉观。

(一)方志记载

方志仅见于《八闽通志·科第》黄潜善条:"兄潜厚为户部尚书"③。

(二)补充资料

1.《建炎以来系年要录》载:"迁户部侍郎黄潜厚为本部尚书,提举巡幸一行事务。"④是月,高宗皇帝即将巡幸南阳,因潜厚"通于财计,熟于边事",命其负责皇帝南巡的一切事务。这个决定遭到中书舍人刘珏的反对,刘珏认为:"臣窃以潜厚乃右仆射潜善之亲兄,祖宗以来,未有弟为宰相,兄为八座,而同居一省者。"⑤是年九月,中书舍人刘珏建言,潜善、潜厚为亲兄弟,且在同一部门应予回避,但这个建议没有被高宗皇帝立即采纳,而是拖到当年十二月"于是潜厚卒改命"⑥"乃以潜厚为延康殿学士、提举醴泉观,同提举户部措置财用。"⑦其任户部尚书一职仅六个月。

---

① [元]脱脱:《宋史》卷一六一《职官一》,第3787页。
② 龚延明:《中国历代职官别名大词典》(增订本),中华书局,2021年,第643页。
③ [明]弘治《八闽通志》,2006年修订本,第1118页。
④ [宋]李心传撰:《建炎以来系年要录》卷十七"建炎元年七月",上海古籍出版社,辛更儒点校,2018年,第191页。
⑤ [宋]李心传撰:《建炎以来系年要录》卷九,上海古籍出版社,辛更儒点校,2018年,第227页。
⑥ [宋]李心传撰:《建炎以来系年要录》卷九,辛更儒点校,上海古籍出版社,2018年,第227页。
⑦ [宋]李心传撰:《建炎以来系年要录》卷十一"建炎元年十二月",上海古籍出版社,辛更儒点校,2018年,第267页。

2.《宋会要辑稿·食货四三》："(建炎元年)六月二十七日,户部尚书黄潜厚言:'已得指挥,诸路起发上供钱物并赴东京送纳。'"①

3.黄潜厚并非科举出身。《建炎以来系年要录》"(建炎二年正月癸卯)黄潜厚之除延康也,言者论其无名进职。"②

六、施宜生

礼部尚书(金国)。施宜生,原名施逵,字必达。后改名宜生,字明望,晚号三住老人。其博闻强记,少时即由乡贡入太学。政和四年(1114),擢上舍第,试学官,为颍州教授,从赵德麟游。金兵入汴,投顺刘豫,入金为翰林学士。从范汝为义军,后获罪愆,乃北上,仕伪齐,复入金,官至翰林讲学士。绍兴三十年,施宜生作为金国贺使来到宋国,其间向宋国泄密,被金国"烹而死"。

(一)方志记载

1.《八闽通志·拾遗》载:"施宜生,邵武人……廷试多士,遂以命题……亮览而喜,擢为第一。不数年,仕至礼部尚书。"③

2.嘉靖《邵武府志·外志》载:"《一统志》云'邵武人,博闻强记,政和中为颍州教授。后入金,试《日射熊三十六赋》,擢第一,累官礼部侍郎,翰林侍讲学士。'"④

(二)补充资料

1.《建炎以来系年要录》载:"先是,宜生坐范汝为事远窜,遂奔伪齐。事见绍兴二年二月甲子。齐废复为金用,累迁礼部尚书。"⑤

---

① [清]徐松辑:《宋会要辑稿》,刘琳等点校,上海古籍出版社,2014年,第9918页。
② [宋]李心传撰:《建炎以来系年要录》卷十二"建炎二年正月",辛更儒点校,2018年,第281页。
③ [明]弘治《八闽通志》卷八十六《拾遗·邵武府》,2006年修订本,下册,第1433页。
④ [明]嘉靖《邵武府志》,明嘉靖刻本,2004年点校本,第515页。
⑤ [宋]李心传撰:《建炎以来系年要录》卷一百八十三,辛更儒点校,上海古籍出版社,2018年,第3255页。

2.《金史·施宜生传》载:"施宜生字明望,邵武人也。博闻强记,未冠,由乡贡入太学,宋政和四年,擢上舍第,试学官,授颍州教授。及王师入汴宜生走江南。……正隆元年,出知深州,召为尚书礼部侍郎,迁翰林侍讲学士。"①

七、黄中

兵部尚书。绍兴五年(1135)中进士第二人,授左文林郎、保宁军节度推官。累拜兵部尚书兼侍读,以龙图阁学士致仕,进端明殿学士。卒谥简肃。

(一)方志记载

1.《八闽通志·人物》载:"乾道中,召为兵部尚书兼侍读,会遣使请山陵,中言钦宗梓宫之不宜置不问。"②

2.嘉靖《邵武府志·乡贤》载:"孝宗即位……授兵部尚书兼侍读。"③

3.道光《福建通志·人物志》载:"……孝宗嘉纳,除权兵部尚书兼侍读"④

4.咸丰《邵武县志·人物志》载:"居六年,召对劳问甚渥,授兵部尚书兼侍读。"⑤

光绪《邵武府志》、民国《邵武县志》之人物志皆从载。

(二)补充资料

1.《宋史》卷三八二《黄中传》:"乾道改元,中年适七十……以为兵部尚书兼侍读。"⑥

2.《宋会要辑稿·致仕(下)》:"(乾道)六年(1170)正月二十四日,诏黄中落致仕,除权兵部尚书兼侍读。"⑦

---

① [元]脱脱:《金史》卷七十九《施宜生传》,中华书局,1975年,第1786-1787页。
② [明]弘治《八闽通志》卷七十《人物·邵武府·名臣》,2006年修订本,下册,第936页。
③ [明]嘉靖《邵武府志》,明嘉靖刻本,2004年点校本,第467页。
④ [清]陈寿祺撰:《福建通志》,清同治十年刻本,影印原书,第七册,第166页。
⑤ [清]咸丰《邵武县志》,1986点校本,第332页。
⑥ [元]脱脱:《宋史》卷三八二《黄中传》,中华书局,1977年,第11764页。
⑦ [清]徐松辑:《宋会要辑稿》,刘琳等点校,上海古籍出版社,2014年,第7517页。

3.朱熹《端明殿学士黄公墓志铭》载:"乾道七年(1171)以为兵部尚书兼侍读……至是不能卒岁……遂以龙图阁学士致仕。"①

需要说明的是《宋史》及朱熹《端明殿学士黄公墓志铭》载"乾道七年(1171)以为兵部尚书兼侍读",而《宋会要辑稿》记载的是"乾道六年(1170)正月二十四日,除权兵部尚书"时间有一年之差,且无"权"字,道光《福建通志》亦载为"权兵部尚书"。以朱熹撰墓志铭为准。

八、谢源明

工部尚书。登绍兴三十年(1160)进士第。谢源明是今邵武市谢坊人,南宋兵部尚书黄中的女婿。该村有谢浚、谢如意、谢如圭、谢源明等祖孙进士,宋代邵武谢氏进士计13人,多与该家族相关。富屯溪谢坊段至今留存谢源明的题字的石刻"绣溪"。

(一)方志记载

1.《八闽通志·科第》载:"绍兴三十年庚辰梁克家榜(进士)谢源明,如奎之子,终尚书,成都安抚使。"②
2.《嘉靖邵武府志·选举》载:"仕至尚书。"③
3.《咸丰邵武府志·选举》载:"官至尚书,成都安抚使。"④
光绪《邵武府志》、民国《邵武县志》皆有转载。

(二)补充资料

1.《宋会要辑稿》载:"(庆元)五年八月七日,工部尚书兼给事中谢源明放

---

① 朱熹:《晦庵集》卷九一。
② [明]弘治《八闽通志》卷五十二《选举·科第·邵武府》,2006年修订本,下册,第307页。
③ [明]陈让编《邵武府志》,明嘉靖二十二年(1543),1964年上海古籍书店据宁波天一阁藏明嘉靖刻本景印原书。
④ [清]咸丰《邵武县志》,1986年点校本,第280页。

罢。"①检索《宋会要辑稿》"职官",谢源明先后任"左司谏,中书舍人、兼侍讲""吏部侍郎""太中大夫、提举江州太平兴国宫""显谟阁直学士、通议大夫、知建宁府",尽管谢源明身为朝廷重臣,但地方志并没有他的传记,可能因为他的名声并不好,《宋会要辑稿》载:"(开禧三年十二月八日)以右正言黄中言:其阴险反覆,朋邪害正。"②近代资料将其记作"兵部尚书",是为讹误。

2.《宋提举参谋开国谢公墓志铭》载:"公讳蘧,字季玉,世家邵武之绣溪。工部尚书、四川制置使井斋先生讳源明之季子也,系录国史有传。"③墓主为谢源明之子谢蘧,撰文人黄公绍,字直翁,邵武人,音韵训诂学家。咸淳元年(1265)进士,时任迪功郎、庐州合肥县主簿。

九、任希夷

工部尚书。淳熙二年(1175)登进士第,授建宁府浦城县主簿。累拜端明殿学士、签书枢密院事兼权参知政事。卒赠少师,谥宣献。

(一)方志记载

1.《八闽通志·人物志》载:"任希夷,字伯起。其先眉州人。祖贤臣始家邵武……迁礼部尚书兼给事中。"④

2.嘉靖《邵武府志·乡贤》载:"累迁礼部尚书兼给事中。"⑤

3.咸丰《邵武县志·人物志》:"迁礼部尚书兼给事中。"⑥

4.光绪《邵武府志·人物志》载:"迁礼部尚书兼给事中。"⑦

---

① [清]徐松辑:《宋会要辑稿》职官七五《降黜官·内外任》,刘琳等点校,上海古籍出版社,2014年,第7361页。
② [清]徐松辑:《宋会要辑稿·职官》七四《黜降官》,刘琳等点校,上海古籍出版社,2014年,第7302页。
③ 李军、蔡忠明、傅再纯等编著:《邵武历代碑铭集录》,西南大学出版社,2023年,第393页。
④ [明]弘治《八闽通志》,2006年修订本,第1535页。
⑤ [明]嘉靖《邵武府志》,明嘉靖刻本,2004年点校本,第473页。
⑥ [清]咸丰《邵武县志》,1986年点校本,第411页。
⑦ [清]光绪《重纂邵武府志》,2017年点校本,第561页。

(二)补充资料

《宋会要辑稿·选举一·举士十一》载:"(嘉定)十年三月一日,以兵部尚书黄畴若知贡举,工部尚书任希夷……得合格奏名进士陈塤以下二百六十九人。"①

十、杜杲

工部、刑部、吏部尚书,邵武城关人。南宋抗蒙名将、学者。杜杲出身官宦之家,宋宁宗嘉定年间以荫补起家,后入江、淮制置使幕府。嘉定十二年(1219),率军往援滁州,解金人之围。累官知安丰军,于安丰之战及庐州之战中大败南下蒙古军。历任淮西制置副使兼转运使、沿江制置使、知建康府、工部尚书、权刑部尚书、吏部尚书等职,晚年以宝文阁学士致仕。淳祐八年(1248),杜杲去世,享年七十五岁。获赠开府仪同三司。杜杲淹贯多能,为文丽密清严,擅写行草,晚年专意理学,是难得的文武全才。现存杜杲墓志铭《宋吏部尚书龙学光禄赠开府杜公之墓》出土于邵武城东黑松林(今邵武技校)。

(一)方志记载

1.《八闽通志·人物志》载:"杜杲,字子昕。邵武人。父颖,仕至江西提刑。杲用荫补官,辟江淮帅幕……除知庐州……知建康府……官至龙图阁学士。"②

2.清咸丰《邵武县志·名贤》载:"淳祐元年,擢工部尚书……进敷文阁学士,迁刑部尚书。引见,帝加奖劳,乞归,不许。亲书'安淮堂'以褒之,兼吏部尚书。"③

3.嘉靖《邵武府志·乡贤》载:"淳祐元年,乞去愈力,擢工部尚书……进敷文阁学士迁刑部尚书……乞归,不许亲书'安淮'二字以褒之,兼吏部尚书。"④

(二)补充资料

1.《宋史·杜杲传》载:"淳祐元年,乞去俞力,擢工部尚书,遂以直学士奉

---

① [清]徐松辑:《宋会要辑稿》,刘琳等点校,上海古籍出版社,2014年,第4653页。
② [明]弘治《八闽通志》卷七十《人物·名臣》,2006年修订本,下册,第938页。
③ [清]咸丰《邵武县志》,1986年点校本,第335-336页。
④ [明]嘉靖《邵武府志》,明嘉靖刻本,2004年点校本,第480页。

祠。……进敷文阁学士,迁刑部尚书,引见,帝加奖劳。乞归不许,兼吏部尚书。"①

2.《宋吏部尚书龙学光禄赠开府杜公之墓》载:"十二月,御笔除权刑部尚书……六月,兼权吏部尚书。"②墓志铭今存邵武市博物馆。

十一、黄机

礼部、户部、刑部、吏部尚书。顺治四年(1647)登进士第。

(一)方志记载

1.咸丰《邵武县志·选举》:"黄机,顺治四年丁亥吕宫榜,随父克谦,中浙江乡试,累官大学士、吏部尚书。"③

2.光绪《邵武府志·选举》载:"黄机,随父克谦,中浙江乡试,累官大学士、吏部尚书。"④

(二)补充资料

黄机并非成长于邵武,他的父亲黄克谦是邵武人,后迁杭州钱塘县。该支黄氏为元代由山东迁邵武,黄机的父亲黄克谦是明万历二十六年(1598)进士。《万历二十六年进士登科录》载:"第二甲五十七名赐进士出身:黄克谦,贯浙江杭州右卫官籍,福建邵武府邵武县人。"⑤明代北京邵武会馆创始人即黄克谦,撰有《邵武会馆创始志》碑文"胜国时,愚始祖与戎马从龙起家邵阳,随沂而南航,遂世阀阅,迨余历仕……"⑥

---

① [元]脱脱:《宋史》卷四百一十二《杜杲传》,中华书局,1977年,第12382页。
② 李军、蔡忠明、傅再纯编著:《邵武历代碑铭集录》,西南大学出版社,2023年,第378页。
③ [清]咸丰《邵武县志》卷十二,1986年点校本,第285页。
④ [清]光绪《邵武府志》卷十七,2017年点校本,第470页。
⑤ 龚延明、邱进春编著:《明代登科总录》,广西师范大学出版社,2021年,第11386页。
⑥ 李景铭:《闽中会馆志》卷一《邵武会馆》,1943年铅印本。

尚书作为朝廷重臣，历代史志基本不会将其遗漏，而地方志则有可能出现讹误，尤其是采自家谱的资料往往会夸大其词。唐初颜师古《汉书注》云："私谱之文，出于闾巷，家自为说，事非经典。"在宋代资料较多歧见的情况下，引用方志资料尚需审慎。经查阅核对《宋史》《宋会要辑稿》《建炎以来系年要录》等史志，邵武地方志记载的11个尚书，可以确认的有8人，其中宋代7人：黄履、黄潜厚、施宜生、谢源明、黄中、任希夷、杜杲；清代1人，黄机。应排除3人：龚会元、吴尚，陈琼。

后 记

我们在整理地方文史资料期间,发现邵武近代文献对进士人数有过多种表述,查阅省志、府志、县志,又发现各种文献对邵武市历代进士名录的记载也不尽相同,尤其是宋代进士人数差异较大,于是产生了系统梳理邵武进士人物的想法。

邵武市政协领导班子一致认为,翔实考证邵武市进士对于传承弘扬邵武优秀传统文化具有重大意义,并将编撰《邵武历代进士辑考》作为贯彻落实2021年3月习近平总书记来闽考察重要讲话精神的主要工作之一。

2021年,《邵武历代进士辑考》编撰工作循序渐进地展开。首先是收集资料、分类摘录、梳理核对,然后分朝代、考仕历、辨真伪、补遗漏。这个过程并不是一件容易的事,不但要准确、科学地分章节概述,还要对内容进行大量的考究,其工作量之大、难度之巨异乎寻常。编撰者们相继查阅了13部与邵武相关的史志、方志,几十套家谱,以及48部与科举相关的文献资料。有时为了考证一条资料,或是寻找一本书,都得花上几天时间。

历经三年多,编撰团队精诚协作、共同努力,《邵武历代进士辑考》总算付梓。编著者之一时任邵武市政协党组书记、主席蔡忠明系统地阅读了《建炎以来系年要录》《宋会要辑稿》《宋登科记考》《明代登科总录》等文献的相关章节,摘录大量与邵武进士相关的史料,并提出编辑该书的主题思想、框架结构和编排体例,为本书的撰写打下坚实的基础,起到不可或缺的作用。西南大学李军博士发挥专业优势,对每一章进行详细的修改和校对,并提供了40余部科举研究的电子版文献,正因为有了这些基础资料,我们才有可能对邵武进士有一个更加清晰的认识。邵武市政协文史委二级主任科员傅再纯作为主笔者,把主要精力放在书稿的编撰工作中,放弃许多节假休息时间,时常工作到深夜。编撰团队都有一个共同信念:披荆斩棘,一定要高质量完成邵武进士研究这项基础性工作。

　　此外,邵武市政协文史委原主任刘小明利用春节休息时间,对初稿的部分章节内容进行认真细致的核对修改。进士人物较多的三个邵武姓氏文化研究会负责人黄承坤、龚建雄、官道辉对本族进士人物进行认真核对。邵武市李纲文化研究会会长李标国、邵武市博物馆副馆长高绍萍、邵武市党史方志办副主任王娜及文史撰稿员杨家茂等同志,对本书的编撰也提出了许多参考性意见。福建师范大学博士生导师陈庆元教授拨冗作序,为本书增添异彩。西南大学出版社人文社科分社段小佳副社长亲自担任本书的责任编辑,他以严谨的专业态度,对本书的最终出版严格把关。正是因为有众人的通力合作和帮助,才能够使这本书在较短的时间里顺利出版面世,在此表示诚挚的谢意。

　　由于编撰者学识、能力有限,《邵武历代进士辑考》肯定存在阙漏、讹误之处,敬请方家、读者不吝批评指正。

著 者
2024 年 6 月